図解 建築工事の進め方

新版 鉄骨造

監修
藤本盛久・大野隆司

執筆
福本　昇・高見錦一・鈴川　衛・久保正年

市ヶ谷出版社

新版発行にあたって

『〈鉄骨造〉建築工事の進め方』の初版が発行されてから10年が経過した。

その間，環境問題に対する社会的関心の高まりから，建設行為の環境に対する影響を管理して環境保全を助長するために，多くの建設業者が「環境マネジメントシステム」を導入し，「品質マネジメントシステム」の導入と相まって，より良い建物を顧客・社会に提供する努力を払ってきた。また，建築基準法の改正によって，従来の建築基準が仕様規定から性能規定化されて，一定の性能を満たせば，さまざまな材料，設備，構造方法などが採用できるようになった。そのため，設計の自由度が高まり，技術開発や海外資材の導入が促進されるようになった。さらに，公共工事品確法や改正独占禁止法が施行され，公正で自由な競争を育み，誰もが自由に参入できる市場が形成されつつある。このように，建設工事を受注し工事を完成させていく上では，環境に配慮して，品質を保証する優れた技術が非常に重要になってきている。

今回，新版を発行するにあたっては，この10年間における技術・施工方法の進歩および建築基準法の改正や各種標準仕様書・指針などの改訂に基づいて，旧版の内容を変更するとともに，必要な事項を新しく書き加えた。また，鉄骨造建物の例を新たに追加し，その中で採用された工法について記載した。さらに，第6章に設備工事を追加し，完成・引渡し・維持保全を第7章へ移行した。設備工事に関しては，概要を述べるとともに，建築工事との関わりを主として記載した。

本書は，2つの鉄骨造建物の実例を参考にして，工事の着手から完成に至るまでを，一連の工事の流れに沿って，具体的にわかりやすく述べている。建築技術者を目指す人，および建築技術者になってまだ経験の浅い人におかれては，本書を参考にすることで鉄骨造への理解を深め，今後の業務に役立てていただければ幸いである。

最後に，本書を執筆するにあたり，初版発行時と同様，懇切丁寧な指導をいただき，監修してくださいました東京工業大学・神奈川大学 藤本盛久名誉教授および東京工芸大学 大野隆司教授には，深く感謝いたします。また，本書を発行する機会を与えてくださいました株式会社市ケ谷出版社には厚く御礼申し上げます。

なお，本書の執筆から完本までには，多くの方々に相談し，ご意見をいただきました。ここに謝意を表します。

平成18年9月

執筆者代表　福本　昇

監修にあたって　（初版発行時）

　1960年代の後半に鉄骨造建物は，着工床面積で鉄筋コンクリート造を超え，1980年代の後半には木造をも抜いた。このように鉄骨造は最も代表的な構造であるにも拘わらず，工事方法を説明する本となるとほとんどが鉄筋コンクリート造中心の記述となっている。これは鉄骨造が小規模な住宅から超高層ビル，あるいは超大スパン構造物まで極めて多様な建物に対応するために，記述の焦点が定まりにくいという問題が大きなネックになっていたと思われる。今回は鉄骨造として最も典型的と思われる中規模ビルに敢えて絞り，一貫した現場記録写真をもとに記述していただいた。

　高度になりがちな内容を，学生あるいは実務初心者レベルにわかりやすくと，相当の箇所について書き直しをお願いした。ただし，鉄骨工事において実務上，問題となることの多い点については，なるべく本文中で記述してほしいとお願いしたつもりである。また，業界団体発行の各種の資料については現場での使用も考えて巻末にまとめていただいた。

　鉄骨造といっても基礎は鉄筋コンクリート造であり，その面の記述は欠かせない。鉄骨造建物として標準的な仕上げ・下地についてもある程度は触れておきたい。あれやこれやで一時は相当なボリュームのものになってしまったが，まさに必要最小限に絞り込んだものがこの本である。二人の監修者からいろいろ注文をつけられ，時間をかけて調べたもの，まとめたものをバッサリ切り捨てる作業は辛いものがあったと思われるが，遠慮なく申し上げさせていただいた。

　二人の監修者は何れも，長年大学で建築学の教育・研究に取り組んで来た経験をもつ者であるが，執筆者との遣り取りは，文字通り，微に入り細にわたり，二人三脚で進められた。こうした経過からいってこの本の内容について問題があるとすれば，その責任の多くは監修者にあるといえる。

　さて，この度の兵庫県南部地震では鉄骨造においても多くの被害があった。その中には，工事方法が原因の一つとみられるものも少なくないという。本書の刊行にあたっては，被害を教訓に再度の見直しを行ったことはいうまでもない。

平成7年9月

藤本　盛久

大野　隆司

執筆にあたって　（初版発行時）

　建築物が高層化，大型化されていく中にあって，超高層建築物も鉄筋コンクリート構造で建設される時代となったが，やはり設計の自由度の高い，また耐風・耐震性に優れる鉄骨構造が，現在でもその主流を占めており，中小規模の事務所・店舗なども，鉄骨構造で建設される例が多くみられる。鉄骨造建物は，柱・梁などの主要部材を製作工場で製作し，それらを現場に持ち込み組み立てるだけで建物としての骨組みが出来上がるので，工期が短くて済むだけでなく作業の省力化が図られることから，これまでの建築工法の中でも数少ないプレハブ工法として重宝がられてきた。しかし，現場での組立作業は，いまだに手作業に頼るところが多く，その上不安定な姿勢で作業を行うこともあり，いかに鉄骨造建物を品質良く，安全に建設出来るかが，鉄骨工事を進める上での重要なポイントとされている。

　本書は，規模は小さいが鉄骨構造の建物を一つ例にあげて，その工事が発注されてから竣工するまでの間，建物がどのような工事過程を経て建設されていくかを，工程順に図・写真などを多く挙げながら，読者が理解しやすいようにわかりやすく解説したつもりである。また，品質の良い建物を造るためには，どんなことに注意が必要かなどについても，詳しく記述した。

　しかし，建築工事ではいろいろな工法，材料が使い分けされており，例示した建物だけでは，現在使用されているすべての材料・工法まで踏み込んで解説することはできないので，各章または各工事の初めに概説の欄を設け，そこに現在使われている工法・材料などの種類と内容を，簡単に紹介した。

　本書は，「鉄骨工事の進め方」を主題として編修したものであり，鉄骨工事を進める上で知っておかなければならない基本事項は，すべて網羅したつもりである。本書を読んでいただくことによって，鉄骨工事を含む工事全体の進め方について，現場実習を受けられた人以上に理解を深めていただけるものと確信している。

　すべての工事に共通していえることであるが，特に鉄骨工事では，施工精度を含めた品質管理のほか，工程管理・安全管理，その他工事との納まりなど，注意すべき事項が非常に多い。今後とも実務を重ねられ，鉄骨工事を深く理解できるよう精進してほしいと念じるとともに，本書がそのための礎となることを期待している。

　最後に，本書を編修するにあたって，監修をお引き受けいただき懇切なご指導をいただきました藤本盛久，大野隆司両博士に対し，深甚なる謝意を表します。

平成7年9月

執筆者を代表して　　森口　五郎

目　　次

序　章　建築生産　　1
序-1　建築生産の概要　　2
序-2　鉄骨造建物の実例　　9

第1章　着工準備　　15
1-1　概説　　16
1-2　契約図書の確認　　16
1-3　現地調査　　17
1-4　工事着手前の諸手続き　　19
1-5　施工計画　　20
1-6　実行予算と発注　　24

第2章　仮設工事　　25
2-1　概説　　26
2-2　仮囲い・門扉　　27
2-3　仮設建物　　28
2-4　揚重設備　　29
2-5　動力・給排水設備　　30
2-6　縄張り・遣り方・ベンチマーク　　30
2-7　足場　　32
2-8　安全防災設備　　34
2-9　環境に対する配慮　　34

第3章　基礎工事　　35
3-1　基礎工事の名称と工事の種類　　36
3-2　杭工事　　37
3-3　土工事　　49
3-4　鉄筋コンクリート工事　　57

第4章　鉄骨工事　　79
4-1　概説　　80
4-2　工事概要　　95
4-3　製作工場の選定と発注　　97

4 – 4		鉄骨の製作	99
4 – 5		鉄骨建方工事	111
4 – 6		床の施工	130
4 – 7		鉄骨階段の施工	135
4 – 8		耐火被覆	136

第5章　仕上工事　　　　　　　　　　　　　　　　　　　　　　　　　139

5 – 1	外壁工事	140
5 – 2	建具工事	148
5 – 3	ガラス工事	153
5 – 4	防水工事	156
5 – 5	金属工事	162
5 – 6	石工事	164
5 – 7	タイル工事	167
5 – 8	内装工事	172
5 – 9	吹付け工事	182
5 –10	塗装工事	184

第6章　設備工事　　　　　　　　　　　　　　　　　　　　　　　　　189

6 – 1	概説	190
6 – 2	電気設備工事	191
6 – 3	給排水衛生設備工事	195
6 – 4	空気調和設備工事	200
6 – 5	昇降機設備工事	202

第7章　完成検査・引渡し・維持保全　　　　　　　　　　　　　　　　205

7 – 1	完成検査・引渡し・維持保全	206

付　録　　　　　　　　　　　　　　　　　　　　　　　　　　　　　　209

付録1	鋼材の名称および種類	210
付録2	鉄骨製作要領書のポイント	211
付録3	代表的な溶接内部欠陥	211
付録4	通しダイアフラムタイプの鉄骨柱の加工順序	212
付録5	鉄骨精度検査基準(JASS 6 抜粋)	213
付録6	耐火性能時間	215
付録7	内装制限に関する基準	216

索　引　　　　　　　　　　　　　　　　　　　　　　　　　　　　　　217

序章　建築生産

序-1　建築生産の概要
序-2　鉄骨造建物の実例

序-1　建築生産の概要

建築生産とは，建築物が企画された後，設計および施工を経て，目的の建築物が完成するまでの行為をいう。建築物が完成した後も長期間にわたって，維持保全の手が加えられつつ使用され，最終的に新しい目的のために建物が解体されるまでのことを，広い意味で建築生産と呼ぶ場合がある。以下はその建築生産活動を示したものである。

```
①　企　　　画 ……………………………………………┐
②　設　　　計 ……………………………┐            │
③　施　　　工 …………（狭義の生産）├（一般にいう生産）………┤
④　維持・運用 ……………………………………………┤（広義の生産）
⑤　解　　　体 ……………………………………………┘
```

本書は，鉄骨造の建築物の施工を中心とする工事の進め方を主題として編集したものであるが，本文に入る前に建築生産の産業構造について，そのあらましを述べる。

1.　建築生産の特徴

建築物は，一般の製造物に比べて規模が大きく多額の資金が用いられ，また，その利用年限も長い。生産に係わる労働者および調達される資機材は大量かつ多様であり，複雑な相互関係をもっている。したがって，建築生産が社会的，経済的な面に及ぼす影響は非常に大きい。

生産の各過程においても次のような特殊性がある。

1) 生産物（建物）の目的・用途が様々で一定しないため，多品種・一品生産である。
2) 注文を受けてから生産が行われる受注生産である。一般製造業のように見込生産ができない。
3) 生産の場（工事場所）が常に変わる。工場生産のように生産環境が一定でなく，また，継続的でない。
4) 生産に関係する人および物の量と種類が多い。
5) 生産方式は労働力集約型であり，工業化できる部分が少ない。
6) 生産組織が建築プロジェクト（工事）ごとに編成される。

建築生産がもつこのような特殊性は，生産の効率化，生産組織の合理化・近代化を阻害している面がある。しかし，これらの問題点を解消するための努力が鋭意なされており，材料の規格化，プレハブ化，作業の機械化・自動化，IT化，作業環境の快適化などが積極的に推し進められている。また，工事の発注面についても入札方式・請負方式が見直され，その改善が進められている。

2. 建築生産の組織
　① 建築主（発注者）
　② 設計者
　③ 監理者
　④ 施工者

　建築生産は，建築主が建築物を企画することからはじまる。

　建築主は資金を投じて建築物をつくろうとする**発注者**であり，公共建築を発注する官公庁と，民間建築を発注する民間の企業・団体・個人等とがある。

　設計者は，建築主が意図する内容に基づいて，種々の法的規制を満足する安全な建築物を設計する。

　監理者は建築主の委託を受けて，工事が設計図書どおり施工されるように，検査・承認などを行う。通常は設計者が監理者を兼ねることが多い。官公庁や大企業では発注者自体が設計・監理の業務を行うこともあるが，一般には，建築主は設計・監理を建築設計事務所に発注し，施工は建築業者に発注する。場合によっては，設計部門をもつ建築業者に設計・監理および施工を発注する。

　施工者は，建築主と工事請負契約を結んで工事を請け負う。建築主と工事請負契約を行う建築業者を**元請施工者（元請業者）**とよぶ。元請施工者は直に労働者組織をもっていないので，請け負った工事を細分化して，それぞれ専門の下請施工者（下請業者）に請け負わせて，その工事の総合管理を行って建物を完成させる。

3. 設計者とその業務

　建築物は人命・財産に関与し，社会文化の向上に大きな影響を与えるものであり，新しい意匠や構法が要求される現代では設計者の資質が重要な問題にあげられる。

　このため，国は建築士制度を設け，免許を受けた建築士でなければ建築物の設計はできないとしている。**建築士**には，一級建築士・二級建築士および木造建築士の別があり，建築物の用途・規模・構造によってそれぞれの業務範囲が定められている。建築士が，他人の求めに応じ，報酬を得て設計を行う場合には，事務所を定めて建築士事務所の登録を受けることとされている。

　設計者は，建築主の要求を的確に把握し，専門的知識をもって建築主の要求を具現するとともに提案を行う。同時に法令その他による規制や条件をふまえて，建物の形状，使用する材料などを含めた建物全体の品質・性能を調整する。さらに建築に要する工事費や，将来の維持保全に必要な費用なども考慮して**設計図書**にまとめる。

　設計は，通常，**企画設計**から**基本設計・実施設計**へと進められる。企画設計では，事業主の意図する事業計画・使用目的に従って，建物の概略の規模とイメージを示すまでのことを行う。基本設計は企画設計に基づき，それに技術的検討を加えて，建物のアウトラインを平面図・立面

図・断面図などに表現し，設計説明書・工事費概算書を添えて建築主の了解を得たうえで，実施設計の基本とする。実施設計では，細部の寸法・材料・構法などを詳細に示した図面や，構造計算書・仕様書など工事の実施に必要な設計図書を作成する。

仕様書は，設計図面で表現が不十分な事項を補うもので，工事の請負契約の際に設計図とともに契約書の一部をなす重要な書類である。

仕様書には，どの工事にも適用できる**共通仕様書**と，共通仕様書のなかの部分的な変更事項や，共通仕様書に定めていない事項を記載した**特記仕様書**とがある。共通仕様書には何種類かのものがあり，いずれの共通仕様書を適用するかは特記仕様書に記載されている。日本建築学会制定の**建築工事標準仕様書**（略称JASS）は，そのなかでも代表的な共通仕様書である。公共工事では，公共建築協会編の**公共建築工事標準仕様書**が通常用いられる。

4．工事契約

設計図書ができあがると，建築主は施工業者を選定して工事を行う。その工事の実施方式には，建築主が自ら労務・資材・工事機器を調達して施工する**直営方式**と，建設業者に工事を請け負わせて工事を行う**請負契約方式**とがある。直営方式は，建築主が生産技術に精通している場合には，工事を直接監理して思い通りの施工ができる利点がある。請負契約方式は，施工者に工事が一任されて行われるため，工事上の諸手続，出来ばえの責任，各種のリスク負担などが建築主から解放されるという多くの利点があり，通常この請負契約方式による場合が多い。

請負契約方式は，施工方式によるものと工費体系によるものとから，次のように分類することができる。

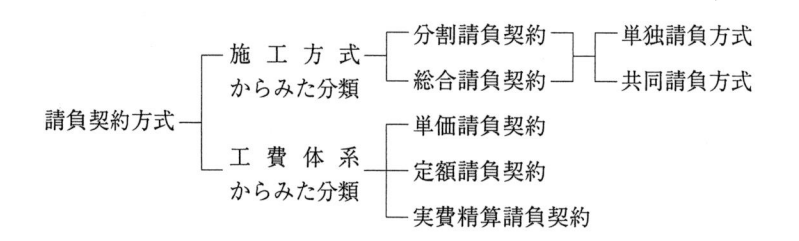

```
                ┌─施工方式── ┌─分割請負契約─┬─単独請負方式
請負契約方式 ──┤ からみた分類  └─総合請負契約─┴─共同請負方式
                │
                └─工費体系── ┌─単価請負契約
                   からみた分類 ├─定額請負契約
                                └─実費精算請負契約
```

施工方式からみた分類として，一つの工事をいくつかに分割して複数の施工業者に請け負わせる**分割請負契約**と，工事全体を一つの業者に請け負わせる**総合請負契約**とがある。後者の契約方式により工事を請け負う業者を**総合請負業者**（略称**ゼネコン**；General Contractor）とよんでいる。

もう一つの工費体系からみた分類として，**単価請負契約・定額請負契約・実費精算請負契約**による方式がある。単価請負契約は，工事単価（コンクリート1 m^3 当たりの単価，鉄筋1 t 当たりの単価等）のみを契約時に決めておき，工事実施後，実施した数量に応じて請負金額を精算する方式である。定額請負契約は，工事費の総額を決めて契約する方式である。一般的には，定額請

負契約による場合が多い。この他に，施工者がその工事に要した実費と，出来高に合わせた一定比率報酬を施工者に支払う実費精算請負契約の方式もある。実費精算方式は不確定要因の多い工事（土工事・特殊構造物工事など）に適している。

以上述べた請負契約方式のなかのいずれの請負契約にも，工事全体を1社単独で請け負う**単独請負方式**と複数の業者が共同して工事を請け負う**共同請負方式**とがある。共同請負方式はリスクの分散，地元業者の技術育成などを考慮して採用されることが多い。**ジョイント・ベンチャー（Joint Venture）方式**とよばれており，その組織を共同企業体という。企業体を組織する業者間で協定を結び，資材・労働力・設備・資金などを相互に提供して工事を行う。

建物を建設する方法として，上記の請負方式以外に**CM（Construction Management）方式**が採用される場合がある。CM方式は，建築主が直接に専門工事業者に工事を発注する方法であり，建築主側のカウンセラーおよび調整役として**CMr（Construction Manager）**が採用される。

請負契約によって工事を実施する場合，請負者を選定する方式には次のようなものがある。

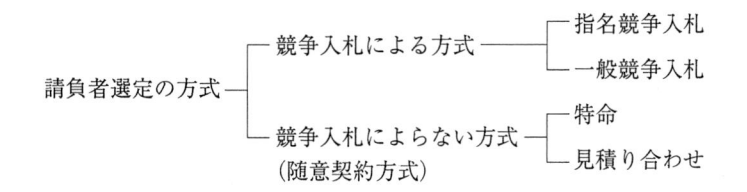

```
請負者選定の方式 ─┬─ 競争入札による方式 ─┬─ 指名競争入札
                  │                        └─ 一般競争入札
                  └─ 競争入札によらない方式 ─┬─ 特命
                     （随意契約方式）        └─ 見積り合わせ
```

競争入札は，いくつかの建設業者から提出された工事請負金額を比較して，施工者を決定する方法である。**一般競争入札**は，入札者（施工者）を公募して入札を行う方法である。建設業者の資力・技術・経歴などを参考にして，入札業者を指名して入札を行う方式を**指名競争入札**という。

公共工事では，原則として競争入札によることとされている。従来は指名競争入札が多かったが，最近では一般競争入札が増えてきている。

競争入札に対して，他の建設業者と競争させずに，適切と考えられる施工者を決定する方式を**特命**という。また，いくつかの建設業者からの見積りを取り寄せ，その内容を検討して施工者を決める方式を**見積り合わせ**という。競争入札によらないこれらの方式は，民間工事に限られる。

入札その他の方式によって施工者が決定されると，建築主と施工者との間に工事請負契約が結ばれる。工事請負契約書には，**契約約款・設計図・仕様書**などが添付される。契約約款は，工事請負契約が一つの商取引として法的に問題が起きないように，契約の一般事項をまとめたものである。標準的な約款には，公共工事では**公共工事標準請負契約約款**が，民間工事では**民間（旧四会）連合協定**[1]**工事請負契約約款**がある。

---

1) 日本建築学会，日本建築協会，日本建築家協会，全国建設業協会が中心。昭和56年に，建築業協会，日本建築士会連合会，日本建築士事務所協会連合会も参加。

5. 施工者とその業務

建築物の施工の良否は，これを利用する人びとの生命・財産に関わり，また社会全体に与える影響力が大きいので，設計者同様に工事を請け負う施工者の資質が問題とされる。このため，建設工事が適正に実施され，また建設業の健全な発展を目的として，建設業法が制定されており，そのなかで建設業者の許可制度が定められている。建設業者は次の区分によって建設大臣または知事の許可を受けることとされている。

① 建設大臣の許可　　二つ以上の都道府県に営業所を設ける場合
② 都道府県知事の許可　一つの都道府県のみに営業所を設ける場合

許可は工事の規模によって，**特定建設業者**と**一般建設業者**に区分される。特定建設業者は建築工事では4,500万円以上の工事を下請に発注して工事を行うことが可能であり，一般建設業者ではそれ以下の工事しか下請業者に発注できない。そのため，特定建設業者に対しては多くの事項について許可基準が厳しくなっている。

建築主（発注者）と直接工事請負を行う業者を**元請業者**とよぶ。通常，元請業者は管理業務のみを行い，工事は細分化してそれぞれを専門の工事業者に下請させて行われる。この下請業者を**サブコン**（Sub Contractor）または**協力業者**とよんでいる。場合によっては，さらに下請業者が行う工事の一部分を**再下請（孫請）**させて行うこともある。建設業法では，建設業者が受注した工事を一括して他人に請け負わせることを禁止している。また，特定建設業者が行う工事では施工技術を確保するために，工事現場ごとに国家資格をもった**監理技術者**（一級建築士・一級建築施工管理技士）を，一般建設業者が行う工事では，主任技術者（二級国家資格者以上・実務経験者）をおいて，技術面の管理を行うことが義務づけられている。公共工事では監理技術者は専任でなければならないとされている。

工事を請け負った施工者は，設計図書に基づいて，すみやかに工事計画をたて，所要の資材や労力などを集めて工事にあたる。

最近の建築工事では，数十階の超高層建築物，免震・制震建築物，大空間建築物などが建設されるようになり，請負業者に対し，高度な施工技術が要求されるようになってきた。綿密な品質管理・原価管理・工程管理・安全管理が求められている。

6. 工事監理者とその業務

工事監理者は，建築主の技術的補佐役として，工事請負契約書に添付された設計図書どおりに，建築工事が実施されているかどうかを確認する役割をもっている。一般に，工事監理は設計者（設計事務所）によって行われることが多いが，設計図書どおりに工事が行われるためには，厳正で中立的立場で監理が行われなければならない。工事監理は，その重要性から，設計者と同様に建築物の用途・規模・構造のレベルに応じて，一級建築士・二級建築士または木造建築士が行うものと定められている。

工事監理者の主要な業務は次のとおりである。
1) 工事契約に関する事務
   ① 工事請負契約の締結，請負者の選定，契約方式の決定および契約書案の作成に協力する。
   ② 請負業者の提出した工事費内訳書の内容を調査し，それらについて意見を述べる。
   ③ 民間工事の場合には，建築主と請負者との契約に際し工事監理者としての責任を明らかにするために記名捺印をする。
2) 施工中の検査・指導・監督および承認
   ① 設計図書の要求品質を施工者に正確に伝える。
   ② 請負業者が作成する施工計画を検討し助言する。
   ③ 請負業者が提出する施工図・工作図・材料および仕上げの見本などを検討し，工事契約書および設計図書に基づいて，その採用を承認する。
   ④ 材料および施工の品質が工事契約書および設計図書に合致しているか否かについて判定・確認する。
   ⑤ 請負業者が提出する請負代金支払請求に対し，既済部分の検査または竣工検査を行い，その請求内容を確認して，建築主に報告する。

7．建築生産に対する社会の変化

1995年以降，建設業にもISO9001の認証を取得する企業が増加し，品質保証の体系が確立され始めた。2000年には「品質マネジメントシステム」として規格が大改定され，多くの企業がISO9001を通じて，顧客満足度の提供，改善活動の継続を実施することにより，社会信用の維持とともに技術力の向上を図っている。また，2000年には，住宅に係わるトラブルをなくし，消費者を保護する立場から「住宅品質確保の促進などに関する法律（品確法）」が施行された。これにより基本構造部分などの瑕疵担保期間が10年に延長され，構造耐力や遮音性などの住宅性能を客観的に評価する住宅性能表示制度および住宅専門の紛争処理機関が発足した。

1998年には「改正建築基準法」が公布され，そのなかの主たるものとして，①建築確認・検査が民間に開放され，指定確認検査機関がその業務を代行できる，②従来の仕様書的な規定を極力減らし，一定の性能さえ満たせば多様な材料・設備・構造方法などを採用できる規制方式（性能規定化）の導入などがある。

そして2005年に「公共工事品質確保促進法（公共工事品確法）」が，2006年には「改正独占禁止法」が施行された。コンプライアンス（法令順守）を徹底する方針が打ち出され，建設業界は全面的な技術競争時代がスタートして，建築主・設計者・施工者が係わる建設産業の構造改革がはじまった。

一方，環境問題に関しては，社会経済活動が一貫して拡大していく中で，廃棄物の排出量の増大，最終処分場の残余容量のひっ迫，不法投棄の増加などによって社会問題を引き起こしている。

そのため廃棄物の発生を抑制（リデュース）し，建設副産物の再使用（リユース）および再利用（リサイクル）を進め，最後に適正に処分するという物質循環を可能にし，環境負荷が低減された循環型社会の形成を目指して，2000年に「循環型社会形成推進基本法」をはじめとして「建設リサイクル法」などが制定され，「廃棄物処理法」も強化された。

また，土壌中に含まれる有害物質が国民の健康に被害を及ぼすことが問題視され，土壌汚染状況の把握および健康被害防止のための措置を図り，国民の健康を保護する目的で2003年に「土壌汚染対策法」が施行された。

序-2 鉄骨造建物の実例

1. 一般的な鉄骨造建物の例

建築物はその構造を構成する材料によって，木造・鉄骨造・鉄筋コンクリート造・鉄骨鉄筋コンクリート造などに分類できる。鉄骨造は，材料強度が高く，じん性が大きいことから構成する部材が軽量化できるため，大スパン構造・超高層などの大規模建築物から住宅・車庫などの小規

大スパン構造・空港ビル

中高層事務所ビル

大スパン構造・工場

共同住宅

超高層事務所ビル

図序-1 鉄骨造の建築物

模なものまで広く用いられ，その建築物の用途も種々多様なものにわたっている（図序-1）。

2. 実例建物の概要

本書は，鉄骨造の建築物の施工について，着工から竣工までの作業をどのように進めるかを，具体的にわかりやすく解説することを目的としている。しかし，建物によって，用途・規模・構法がそれぞれ異なり，工事の進め方のすべてについて述べることは困難であるので，ここでは理解しやすいように，ある小規模な事務所建築（A建物）と比較的高層の建築（B建物）を実例として取り上げ，工事写真や図を使って施工の進め方を詳しく説明する。以下に，その実例建築物の概要と基本設計図の一部を示す。

(1) A建物の例（図序2～4）

工事名称　　○○○株式会社本社ビル新築工事
工事場所　　○○市○○区○○○町
工　　期　　平成○年4月1日～平成○年11月30日
建　築　主　　○○○株式会社
設計・監理者　株式会社○○○○建築事務所
建物概要
・建物用途　　事務所
・構造　　　柱・梁　鉄骨，床板　鉄筋コンクリート，外壁　ALC板
・階数・高さ　地上　5階　塔屋　1階　軒高17.36m　最高高さ20.86m
・敷地面積　　265.25m²
・建築面積　　236.86m²（建ぺい率88.5％）
・延床面積　　1,156.44m²（容積率426.0％）
・外部仕上　　屋根　塩化ビニルシート防水
　　　　　　　壁　　45二丁モザイクタイル張り
・内部仕上　　床　　Pタイル，タイルカーペット（一部OAフロア下地），防塵塗料塗り（コンクリートこて押え下地）他
　　　　　　　幅木　ソフト幅木，防塵塗料塗り他
　　　　　　　壁　　吹付けタイル（ALC下地），クロス張り他（LGS，ALC下地PB張り）
　　　　　　　天井　ロックウール板（LGS下地），クロス張り他（LGS下地PB張り）

　　　　注）ALC板：軽量気泡コンクリート　　OAフロア：OA機器配線用二重床
　　　　　　PB：せっこうボード　　LGS：軽量鉄骨

序-2 鉄骨造建物の実例 11

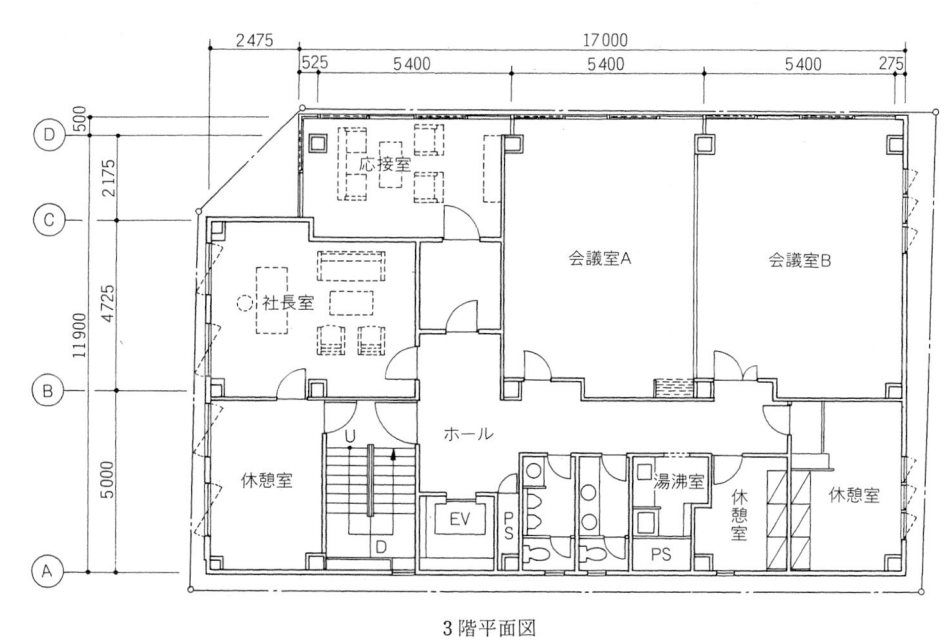

3階平面図

図序-2 基準階平面図

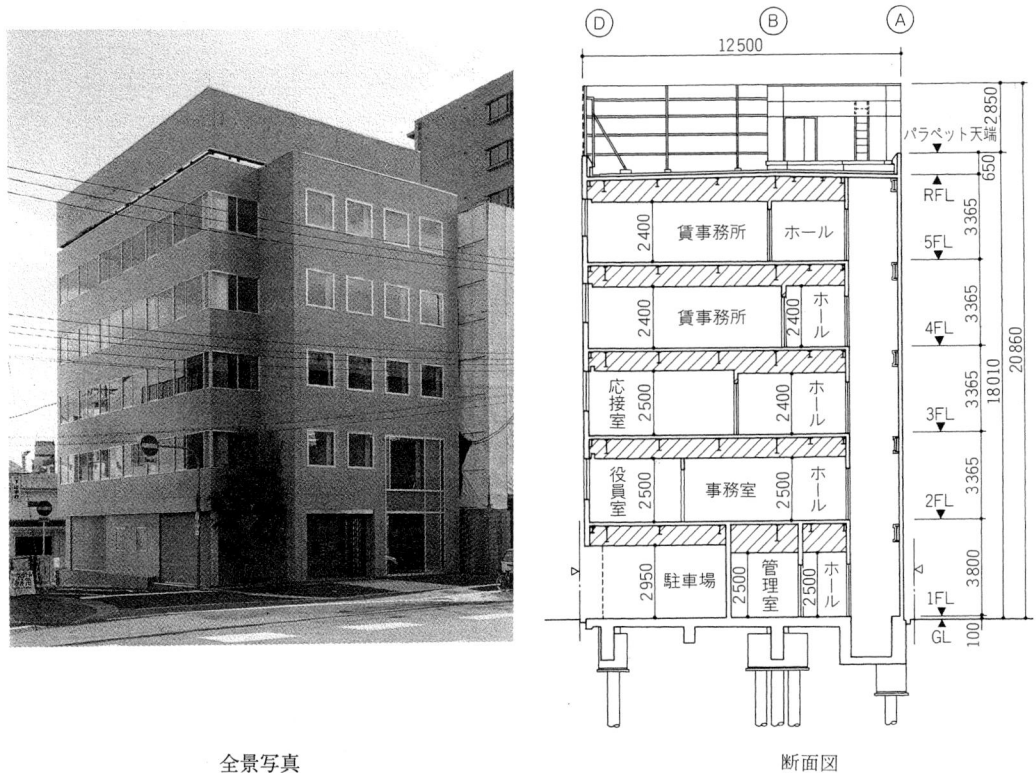

全景写真

断面図

図序-3 全景写真および断面図

12 序章 建築生産

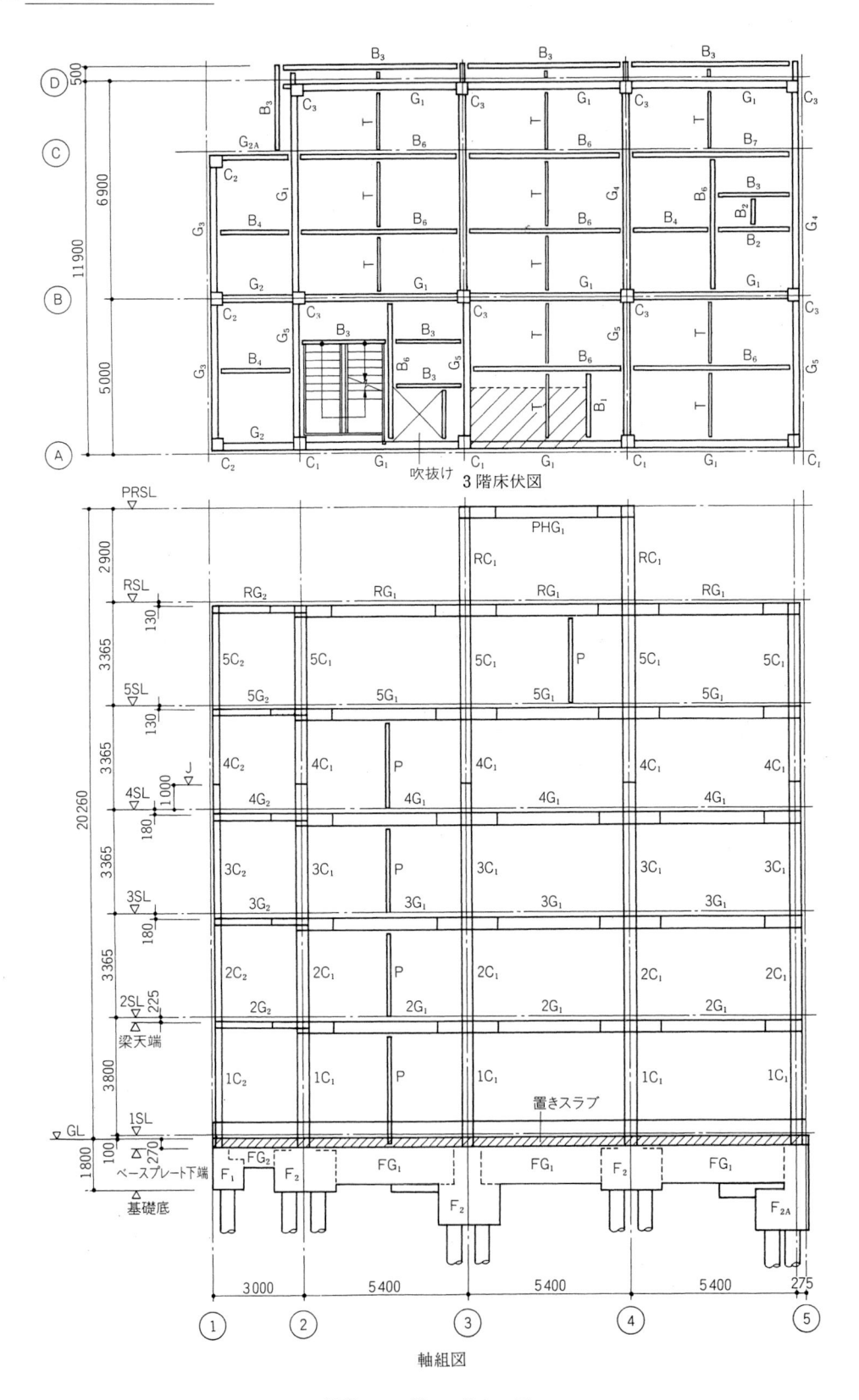

3階床伏図

軸組図

図序-4 構 造 図

(2) **B建物の例（図序5～6）**

工 事 名 称	○○○ビル新築工事
工 事 場 所	○○区○○町○○
工　　　　期	平成○年2月4日～平成○年11月30日
建　築　主	○○○株式会社
設計・監理者	株式会社○○○○建築事務所

建 物 概 要

- ・建物用途　　事務所
- ・構造　　　　柱・梁　鉄骨，床板　鉄筋コンクリート，外壁　メタルカーテンウォール，アルミパネル張り
- ・階数・高さ　地上13階　塔屋　1階　軒高50.43m　最高高さ55.53m
- ・敷地面積　　1,823.68m²
- ・建築面積　　1,060.58m²（建ぺい率58.15%）
- ・延床面積　　8,985.58m²（容積率439.35%）
- ・外部仕上　　屋根　アスファルト防水
  　　　　　　　壁　　アルミパネル張り　フッ素塗装
- ・内部仕上　　床　　Pタイル，タイルカーペット（一部OAフロア下地），防塵塗料塗り（コンクリートこて押え）他
  　　　　　　　幅木　ソフト幅木，防塵塗料塗り他
  　　　　　　　壁　　合成樹脂エマルション塗装（LGS下地PB張り）他
  　　　　　　　天井　ロックウール板（LGS下地），ビニルクロス張り（LGS下地PB張り）他

　　注）OAフロア：OA機器配線用二重床　　LGS：軽量鉄骨　　PB：せっこうボード

14　序章　建築生産

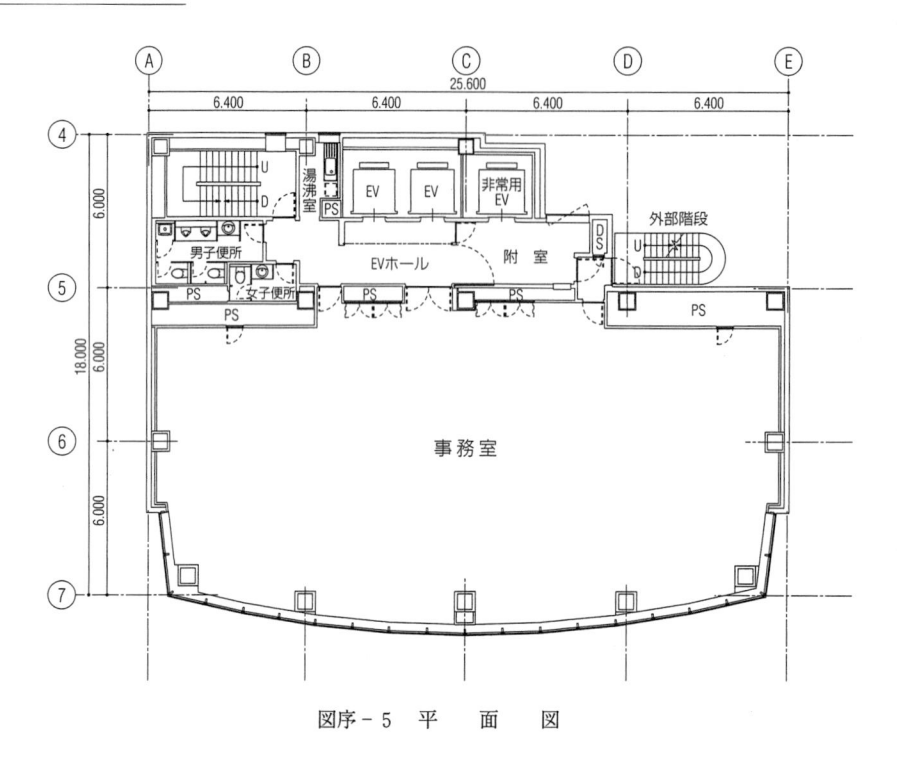

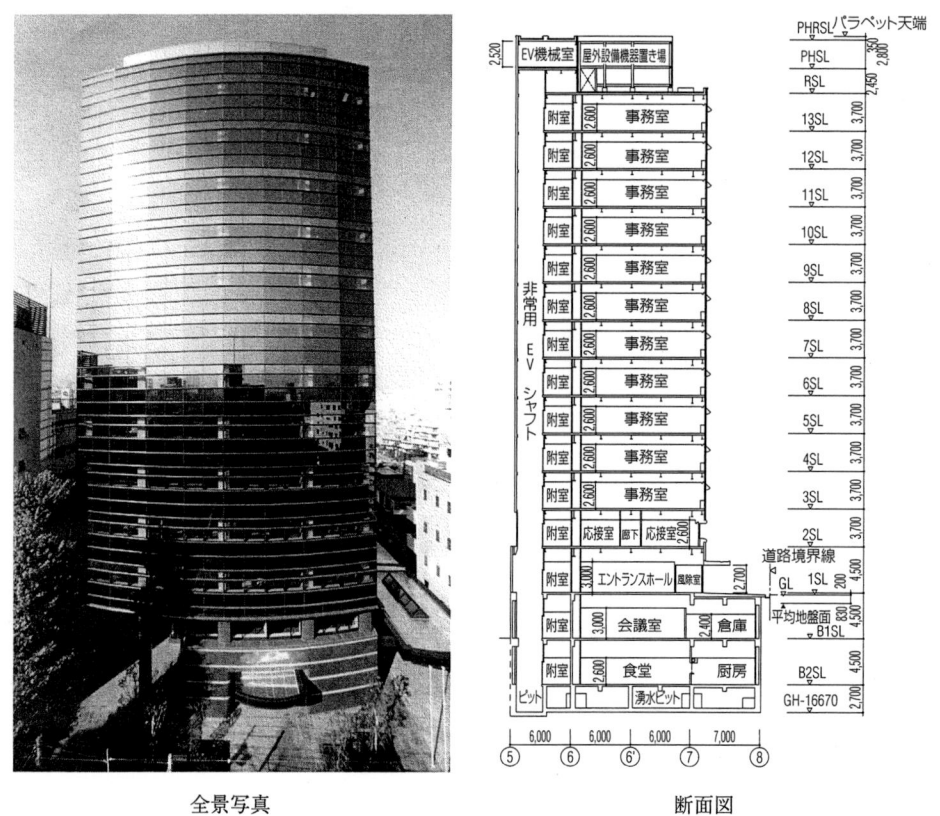

図序-5　平　面　図

全景写真　　　　　　　　　断面図

図序-6　全景写真および断面図

第1章　着工準備

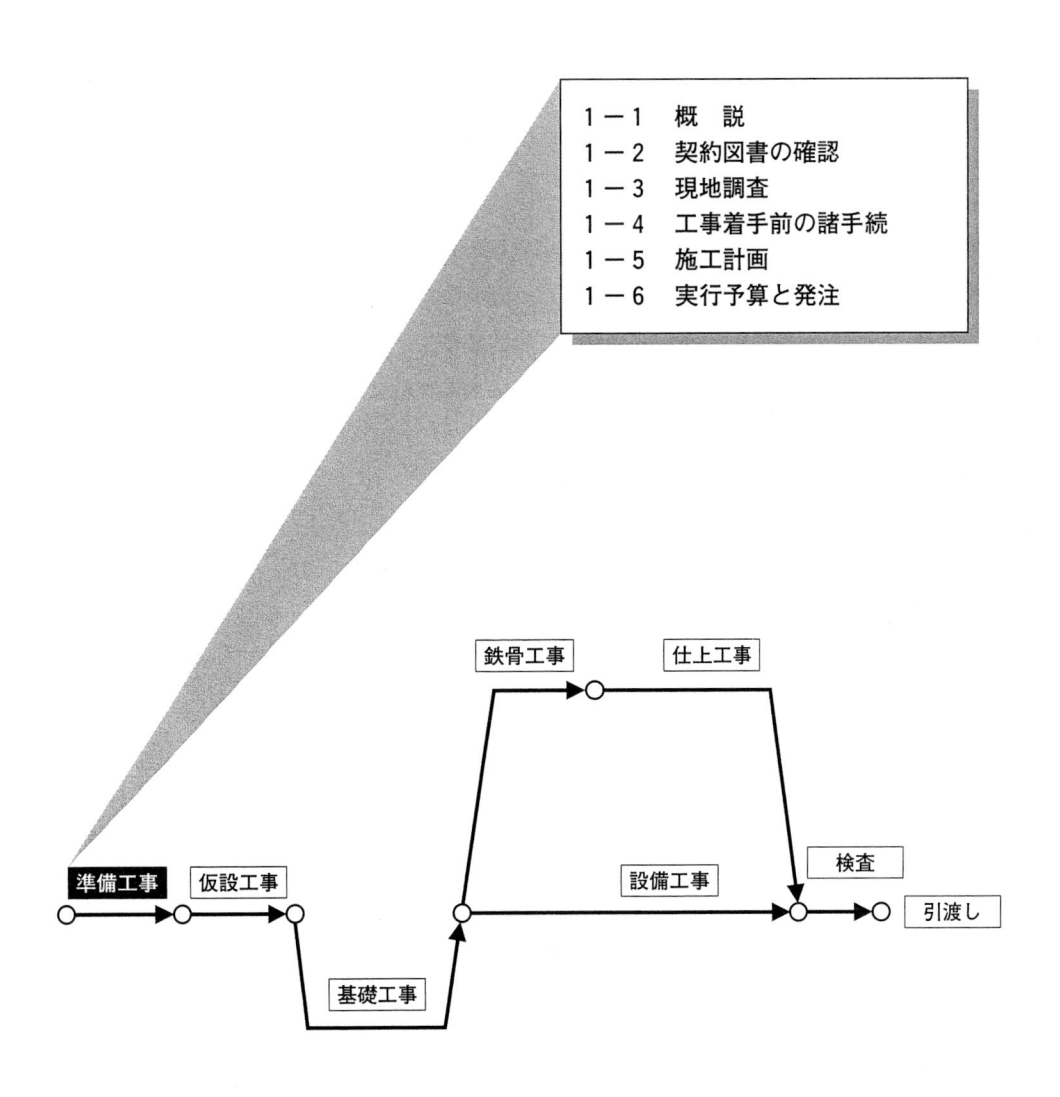

1－1　概　説
1－2　契約図書の確認
1－3　現地調査
1－4　工事着手前の諸手続
1－5　施工計画
1－6　実行予算と発注

準備工事　仮設工事　基礎工事　鉄骨工事　仕上工事　設備工事　検査　引渡し

1-1 概　　説

　工事の請負契約が，建築主（発注者）と請負者（施工者）との間に締結されると，請負者はすみやかに施工業務を担当する作業所所長および担当職員を選任し，作業所管理組織を編成して，着工準備にとりかかる。作業所の組織は，工事の規模，施工会社の形態によって異なるが，一般的には次のような組織になる。

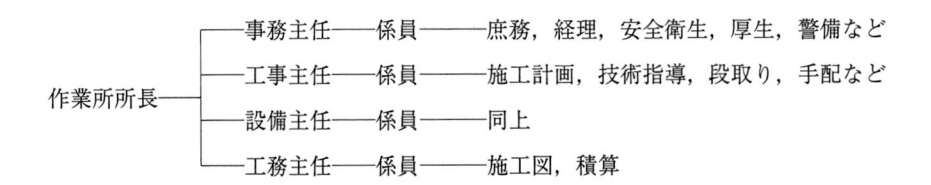

```
                    ┌─事務主任──係員──庶務，経理，安全衛生，厚生，警備など
                    ├─工事主任──係員──施工計画，技術指導，段取り，手配など
作業所所長──────────┤
                    ├─設備主任──係員──同上
                    └─工務主任──係員──施工図，積算
```

　作業所所長は，一般に現場代理人となり，請負者の代理として広い権限が与えられている。
　現場代理人は，工事契約の履行に関して工事の運営取締りを行う全責任者である。
　着工するにあたって必要な準備の業務としては，建築主・設計者への挨拶にはじまり以下に示すように数多くある。建物を設計図書どおりに完成するためには，これらの業務を短時間に順序よく適切に処理しなければならない。

　① 設計内容および契約条件の把握
　② 現地調査
　③ 施工計画の立案
　④ 諸官庁，関係機関への届出
　⑤ 周辺居住者への工事説明会の開催
　⑥ 資材の発注および専門工事業者への発注

以下，それぞれの項目について，その概要を述べる。

1-2 契約図書の確認

　工事を準備するにあたって，まず，設計内容および契約条件を把握する。契約書に添付されている**設計図書**（設計図・仕様書），**現場説明書**（見積要項），**質疑応答書**などによって工期，請負金額，建物の規模・構造・仕上げ内容などのほか，工法・使用資材および施工業者の指定の有無などを確認する。また，建築主や設計者から建物の用途・目的・設計意図などについても直接説明を受け，意思の疎通をはかり相互理解を深める。
　なお，工事受注時点で，当該敷地の利用のされ方など，土地に関するヒアリングを行い，当該敷地の地盤が有害物質によって汚染されていないことを確認しておく。

1-3 現 地 調 査

　工事を円滑に安全に合理的に進めるためには，設計図書の内容を理解するだけでなく，現地に出向いて敷地の状況，周辺の状況などの**事前調査**を行い，図面でわからない部分を補足する。現地調査の内容としては，敷地の境界線・形状・状況のほか，隣接建物，敷地内外の埋設物，地盤の状況，周辺道路の構造と交通事情，工事用の上下水道・電気設備の有無などがある。

1．敷地内外の現状調査

　設計図には敷地の形状，面積が記載されているが，往々にして現状とは異なる場合がある。したがって，工事に着手する前には**敷地境界線**を確認したうえで測量を行い，設計図と照合して，差異がないかどうかを確認する。

　敷地境界線には，道路との境界線，隣地との境界線がある。道路との境界線については，その道路の管理者（国道事務所，地方自治体の場合はその道路課等）に申請して境界明示を受ける。隣接民有地との境界は，当事者の立会いのもと，**境界標石**（または標識）を確認する（図1-1）。

　工事中に，境界の標石が移動したり，紛失したりすることがあるので，図1-2（A建物）のように，各ポイントの引照点（逃げ杭等）を工事に影響のない所に移し取っておく。その際，それを図面化し，また記録写真を撮り保管する。

　測量は，敷地の平面形状だけでなく，縦断面についても行い，道路や隣地との高低差についても確認する。

　敷地内には，地上に出ているもの以外に地中に既存建物の基礎構造物が残っていたり，上下水道やガスなどの配管が埋設されたままになっていることがある。過去の図面を調べたり，試掘などをしてその有無を確認する。

図1-1　境界標石

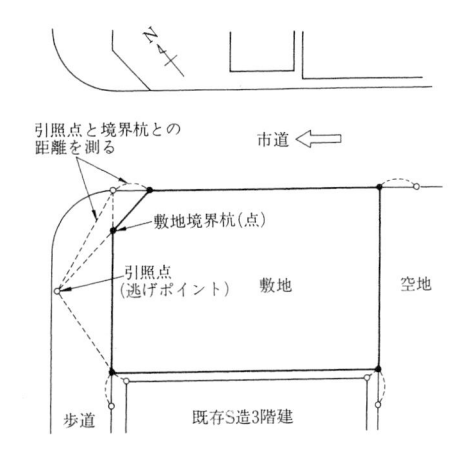

図1-2　敷地境界杭の引照点

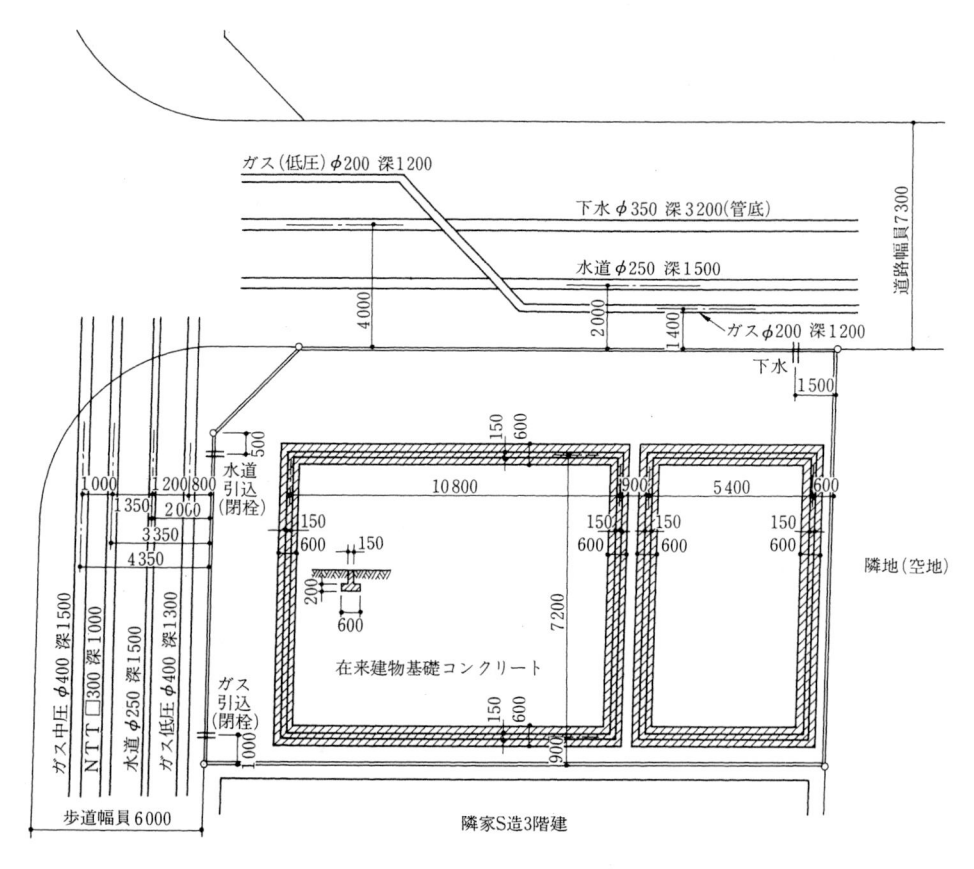

図1-3　埋設物調査

　建築しようとする建物と隣接建物および周辺道路などに埋設されている上下水道管やガス管などとの相互位置関係や隣接建物の構造・外観等について調査を行う。周辺の鉄道および架空の電線についても，同様に調査する。図1-3は実例工事（A建物）の敷地内外の埋設物の調査結果を図面化したものである。

　とくに，隣接する建築物の外壁にひび割れ，汚れ等がみられたときは，現状の写真撮影を行っておく（図1-4）。また，場合によっては近接建物の室内の現状を調査することがある。調査を行うにあたっては，前もって建物の所有者および居住者に調査の趣旨を説明し了解を得ておくことが必要である。

　調査を詳しく行うことによって，山留め工事や足場・養生設備などの施工計画が適正に行えるだけでなく，電波障害とか，万一，工事によって第三者に損害を与えた場合などの対策資料として活用することができる。

2. 地盤の調査

　敷地の**地盤調査**（ボーリング）は，一般に設計時点で行われており，設計図書にその資料が添

付されているが，基礎の構造設計を目的に行ったものが多いので施工計画をたてるためには，さらに現場近辺の調査資料や以前にその近くで施工した工事があればその記録を参考にすることが重要である。**土質柱状図**は杭・掘削・山留め工事などの施工計画をたてる際に必要不可欠なものであり，地盤の地質だけでなく，地下水位の位置，被圧水の有無などがわかるものでなければならない。

図1-4 周辺建物現状調査

3．道路・交通事情の調査

建築資材や工事用機械などの現場への搬出入計画をたてるために，付近の交通事情や敷地周辺および工事現場に至るまでの道路状況を調査する。道路の有効幅員，重量制限，一方通行や通行時間帯の制限等の交通規制の有無，および敷地との高さ関係などを調査して，現場へ出入りする車両や資機材の大きさ，その搬入経路・時間帯などを決定する。やむを得ないときは一時的に規制緩和の処置を申請することもある。

土工事におけるダンプトラックやコンクリート工事におけるミキサー車などは，周辺道路を頻繁に通行することになるので，地元の住民にあらかじめ工事計画の内容を十分に説明して理解を求め，必要に応じて誘導員（ガードマン）を配置するなどして工事を進める。

4．工事用上・下水道や電気の調査

工事用の上・下水道や電気の引込み地点，受水・受電可能な容量および排水の放流先について関係機関に問い合わせ，問題があればその処理方法について協議する。

1-4 工事着手前の諸手続

1．報告・届出書

契約から着工までの期間に，官公庁・関係機関に対して済ましておかなければならない諸手続，および会社内で提出する書類は非常に多い。書類を提出してから許可がおりるまでにはかなりの日数を要するものもあるので，工程計画にあわせて，急ぐものからタイミングよく処理していかなければならない。書類の提出の遅れや手落ちは工事の進捗に重大な影響を及ぼすので，慎重に，かつすみやかに措置をする。

手続には，労務関係のように事務担当者で処理できるものと，工程表の作成，安全対策，道路の使用および占用許可願など技術的要素を含むため，工事担当者でないと処理できないものとが

ある。おもな手続・届出書類には表1-1のようなものがある。

表1-1 工事開始時の手続提出書類

書　類　名	関 係 法 令
確認申請（確認済証の表示），建築着工届	建築基準法
監理技術者の選任，建設業の許可票の表示	建設業法
適用事業報告，時間外労働・休日協定届，就業規則届	労働基準法
労働保険関係成立届（労災関係成立票の表示）	労働保険法
特定元方事業者の事業開始届（統括安全衛生責任者・元方安全衛生管理者の選任），建設工事計画，建設物・機械等設置届，クレーン・エレベーター・建設用リフトの設置届	労働安全衛生法
工事用仮設建物届，危険物貯蔵届	消防法
特定建設作業実施届	騒音・振動規制法
道路占用許可申請書，道路使用許可申請書，沿道土地掘削願い，道路境界明示申請書	道路法・道路交通法
臨時電力・電灯申込み，ガス工事申込み，排水設備計画確認申請書，公共下水道使用開始届	その他

図1-5　地鎮祭

2. 祭　事

　工事における**祭事**（祭典）は，工事そのものではないが，昔からのしきたりとして，工事の節目に種々の式典が行われる。式典には**地鎮祭，上棟式，定礎式，竣工式**などがある。着工前に行う地鎮祭（起工式）は，敷地の地主神を鎮め，工事の円滑な進行と安全を祈念して行われるものである。建築主などの意向に従って，祭場の設営，出席者への通知，祝宴の準備等を行う。
　図1-5は神式による祈願の情景である。

1-5　施　工　計　画

1. 工法の選択

　設計図書や現場調査によって，建物の要求品質や施工条件を確認すると，それをもとにして次に施工計画をたてる。施工計画は工法の選択からはじまるといってよく，以下にあげる三つの事項を考慮したうえで，施工コストが最少となるように計画する。

(a) **品質の確保**　施工者は設計図書で示される品質を確保できるように，計画の段階から施工性がよく，よい品質を得られる工法を採用する。

(b) **工期の遵守**　工期も契約条件の一つであり，工事数量，施工の難易度，労働力，資材・製品の発注から納入されるまでの期間等を考慮して，契約工期内に工事が完了できるように発注・施工時期・工事期間などを綿密に計画する。工程計画の良否は，建物の品質・コスト，

施工の安全性に大きく係わるので計画は綿密に行う。

(c) **作業の安全確保，第三者災害の防止** 工事作業員の安全と第三者への災害防止についても十分考慮する。事故や災害が発生すると，工期やコストなどの面で多大の損失を招き，社会的責任にも波及する。とくに仮設構造物の強度確認，大型重機の転倒防止対策，安全施設の完備などに留意し，事故や災害の防止に努める。

2. 施工計画書・施工計画図

(1) 施工計画書

施工計画書には一般に下記の内容を記載する。

① 建物概要・工事概要（施工場所・工期・施工範囲・数量など）
② 設計条件（設計仕様・要求品質・使用材料・工法など）
③ 施工管理組織（施工体制・専門工事業者との関係など）
④ 工法（工法が選択できる場合はその理由など）
⑤ 施工条件（交通，近隣環境による作業日・時間の制約，地盤など）
⑥ 工程計画（施工図・見本決定・着工・完了の時期など）
⑦ 仮設計画（仮設設備・運搬および揚重の方法・足場など）
⑧ 安全・公害対策
⑨ 品質管理（管理値・検査方法など）
⑩ 記録の方法（検査・進捗など）

(2) 施工計画図

施工計画図には下記にあげる事項をできるだけ詳しく具体的に記入する。

①	仮設計画図	仮設建物，仮設電気・給排水の配線・配管，一般足場，揚重機の位置，進入路
②	杭打ち計画図	機械の配置，打設順序
③	根切り計画図	根切り手順，機械の配置，土砂の搬出計画
④	山留め計画図	山留め方法，作業手順，撤去計画，計測位置，隣接建物との関係
⑤	揚重計画図	揚重機の種類・配置，作業半径，揚重機の組立・解体
⑥	型枠計画図	型枠工法，転用計画 （労働安全衛生法 第88条4項）
⑦	コンクリート打設計画図	ポンプ車の配置，配管方法，打設順序
⑧	鉄骨建方計画図	鉄骨材の搬入方法，建方順序，足場計画，建方精度のチェック方法

3. 工程計画

(1) 工程計画の方針

工程計画は施工計画のなかでも，重要な項目の一つである。施工の手順を明確にし，むだやむりのない合理的な工程で工期内に工事を完成できるように工程計画を立案する。短期間に多量の作業員を集中させたり，工事を停滞させたりすることのないように，平均化した合理的な工程計画をたてる。

工程計画をたてるにあたっては，工事内容の把握（設計図書・工事数量），工事条件の確認（敷地・近隣条件，労務・材料事情等），決定した工法などに基づいて，どのような作業（または工事）が行われるか作業項目を抽出し，各作業の前後関係（先行・後続・平行）を考えて適切に配列し，それぞれの作業に必要な日数を計算して全体工期を算出する。各作業の所要日数の算出にあたっては，工事数量，作業員や機械の投入数量，作業能力（1日当たりの作業量：歩掛り），資材・製品等の納入期間などを十分考慮し，天候・休日などによる作業不可能日数なども考慮する。

全体工期（工程）を算出しても必ずしも指定工期とは一致しない。このため，各工種に投入する資源の増減，工法の変更などを行って対処する。

(2) 工程表

工程計画は工程表で示す。工程表のなかには，各作業を行うために完了しておかなければならない資材の発注，施工図の作成などの期日を記載しておき，また工程上の区切りとしたい時期（マイルストーン）や検査日なども記載して，工事関係者に必要事項を周知徹底し，工程管理に役だてる。

工程表には，表示方法や表示内容によって次のような種類がある。

(a) **表示方法による分類**
① ネットワーク工程表
② 横線式工程表（バーチャート）
③ 斜線式工程表
④ 列記式工程表

(b) **表示内容による分類**
① 総合（基本）工程表
② 工事別（詳細）工程表
③ 機械・使用電力工程表
④ 手配予定表

横線式工程表は従来から最もよく使われてきたものであるが，近年では，作業の前後関係がわかりやすいネットワーク工程表が多く用いられている。ネットワーク工程表は，各作業を矢印でつなぎ各作業の所要日数・開始時期・完了時期などを記入してネットワーク（アローダイヤグラム）として表し，各作業の関連づけを行うことによって，最短工程（クリティカルパス）を見いだせるように工夫されたものである。

実例工事（A建物）のネットワーク工程表を図1-6に示す。

1−5 施工計画

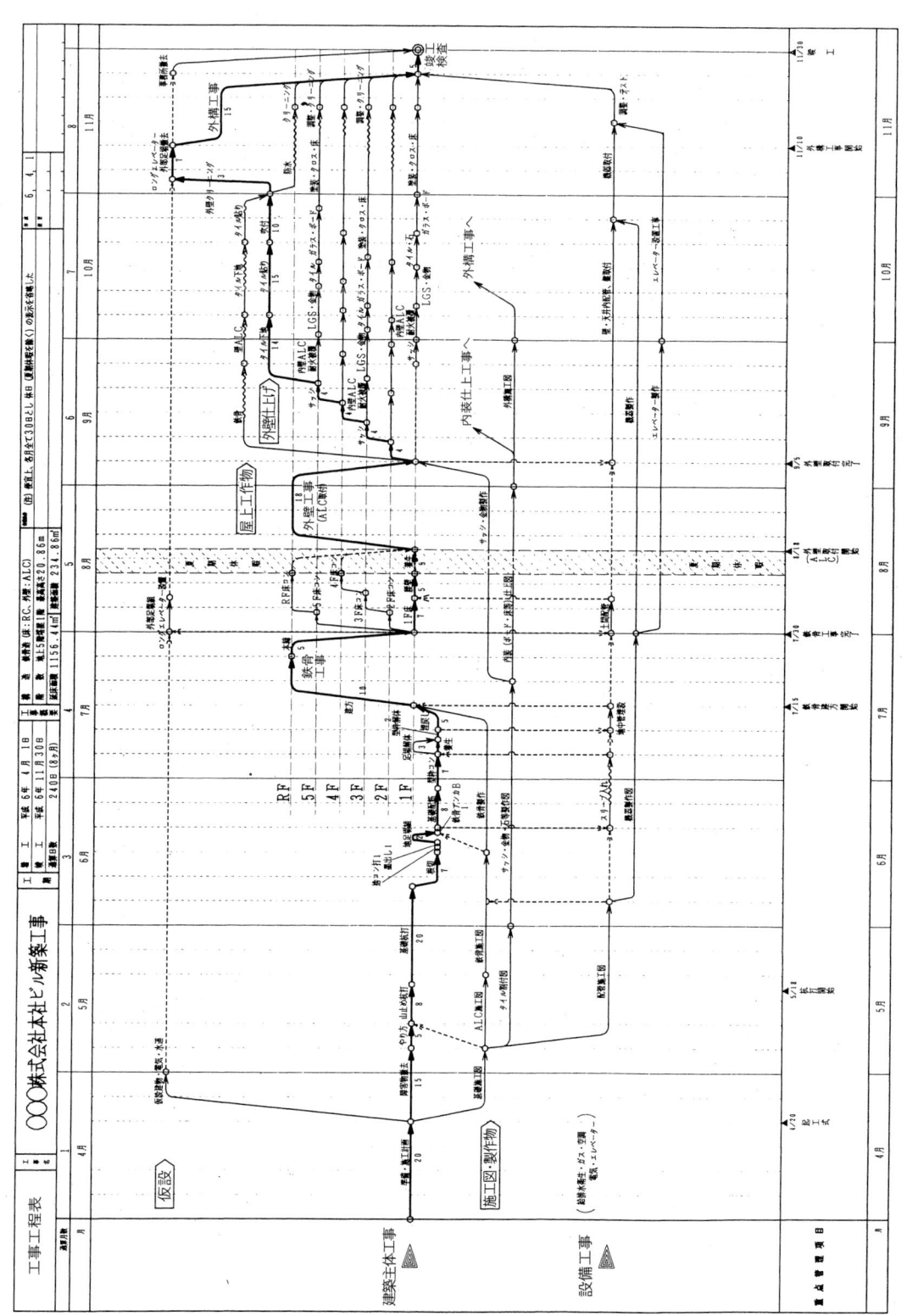

図1−6 ネットワーク工程表（A建物）

1－6　実行予算と発注

　建築工事は，所定の工期内に，設計図書どおりの建物を，品質を確保しつつ安全に完成することが大切である。施工業者として企業を維持発展させていくためには，厳密な原価管理のもとに，必要かつ妥当な利潤をあげることが重要である。施工計画と並んで準備作業の一つとして実行予算の編成と発注業務がある。

1．実行予算書の作成

　請負契約が結ばれると，請負者は，請負金額の内容を示す**工事費内訳明細書**を発注者に提示する。この工事費内訳明細書は，工事監理者の調査を経て，その後における設計変更による請負代金の増減や，請負代金の請求または支払いの基準として使われる。

　しかしながら，この契約における工事費内訳明細書は，短日数でつくられるため，数量・単価には多少概算的要素が含まれている。また，明細書は，部分工事別ないし部位別にまとめられ，単価も複合価格的に示されているため，請負者の原価管理に直接使える内容にはなっていない。したがって，請負者側では，工事に着手する前にこの工事費内訳明細書の内容をさらに詳しく検討し直して，**実行予算書**を作成し，それをもとに**工事の原価管理**を行う。

　実行予算書では，実際に各工事を施工する下請業者や材料納入業者に対する発注・契約が便利に行えるように，それらの業者との取決め条件を考慮して，工種・品目ごとに，材料費・労務費・外注費・経費の四要素に区分して，それぞれの数量・単価がわかるようにしている。

2．発　　注

　下請業者や材料納入業者への発注は，複数の業者を指名して見積り合わせをするか，または，1業者に見積りをさせ，折衝を行って決定する。その発注価格は，実行予算書に示された価格が重要な目安となる。

　業者の選定は，価格だけでなく，下記の事項を考慮して，工事の規模・用途・工期・場所などを勘案して行う。

① 信　用　　経理および社会的信用
② 能　力　　請負業者としての組織力および施工能力
③ 技　術　　保有技術の優劣（出来ばえ，精度の均一性）
④ 所在地　　工事現場との距離（運搬・通勤時間と作業効率）
⑤ 単　価　　単価の妥当性

第2章　仮設工事

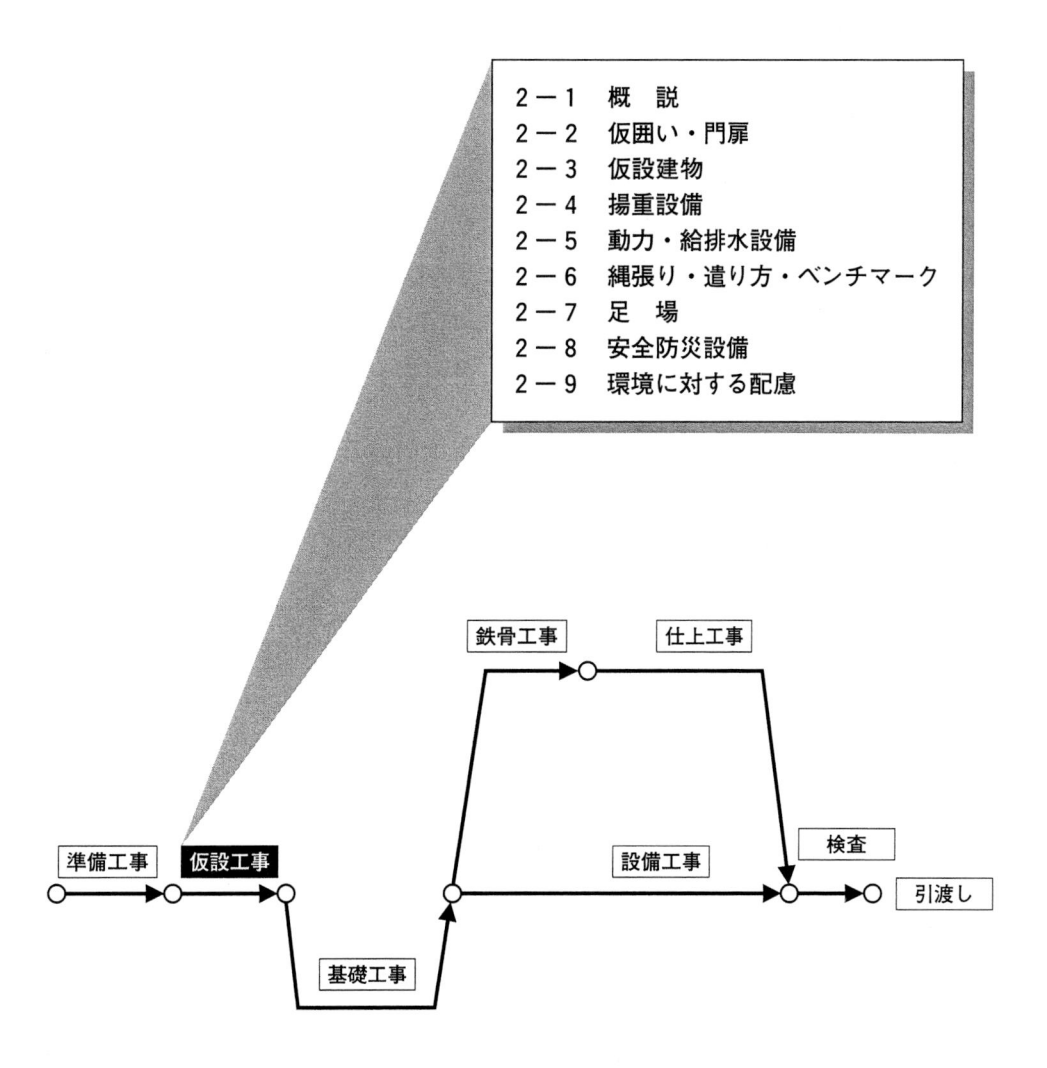

2－1　概　説
2－2　仮囲い・門扉
2－3　仮設建物
2－4　揚重設備
2－5　動力・給排水設備
2－6　縄張り・遣り方・ベンチマーク
2－7　足　場
2－8　安全防災設備
2－9　環境に対する配慮

準備工事 → 仮設工事 → 基礎工事 → 鉄骨工事 → 仕上工事 → 検査 → 引渡し
設備工事

2-1 概　　説

　工事現場での作業はまず仮設工事からはじめる。**仮設工事**とは，目的とする建築物を建設するために必要とする工事用の仮設材料・設備を組立または据付け，工事の完了後は，これらを解体・撤去する工事である。

　仮設工事は一般に施工者の責任において計画・実施され，その適否が建築物の品質，施工の能率，経済性などを左右するといってよい。そのうえ，災害や公害の発生にも直接係わってくる重要な工事であり，着工前には綿密な計画をたて，計画どおりに実施することが大切である。

　仮設工事は，各種工事に共通して使用される共通仮設工事と，特定の工事のみに使用される直接仮設工事に分類される。

　仮設工事のうち，その主要なものを計画図にまとめて示したものに**総合仮設計画図**がある。実例工事（A建物）の総合仮設計画図を図2-1に示す。計画図には，仮囲い・仮設建物・揚重機械設備・安全設備・足場・動力用水設備の他，仮設道路などの位置・大きさを表示し，工事が円滑に安全に進められるよう仮設物を配置する。この総合仮設計画に基づいて，各工事に必要な仮設計画をたて，それらの計画に従ってそれぞれの工事を施工する。

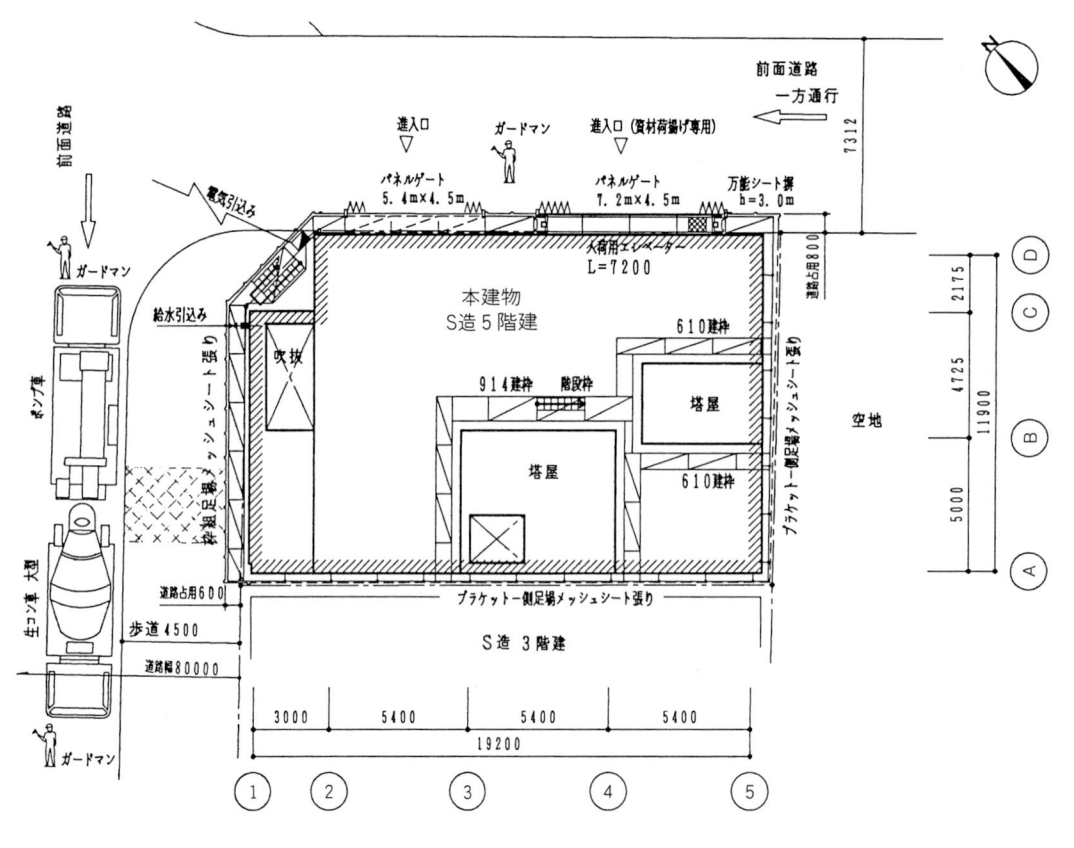

図2-1　総合仮設計画図

2-2 仮囲い・門扉

　仮囲いは工事現場を外部から隔離して，第三者災害，盗難，ごみの飛散の防止，および美観維持を目的として設置するものであり，できるかぎり早期に施工する（図2-2）。一般に，足場用丸鋼管を使って下地を組み，それに鉄板（万能鋼板）を張り付けて仮設塀とすることが多いが，敷地に余裕がない場合は外部足場に直接万能鋼板を張って仮囲いとすることもある。高さは3m程度とすることが多い。強風などによって倒れることのないように控えを設けるなど堅固な構造にする（図2-3）。万能鋼板には現場のイメージアップを図るため，また周辺環境の美観を目的として風景やマンガなどを描くこともある。

図2-2　仮囲いの設置状況

　出入口は，道路と場内の施設・建物との関係，出入りする車両の状況などを考慮して，その位置と大きさを決定する。出入口の門扉にはシャッターを用いることもあるが，ジャバラ型に折りたためるハンガー方式のもの（パネルゲート）を使用することが多い。

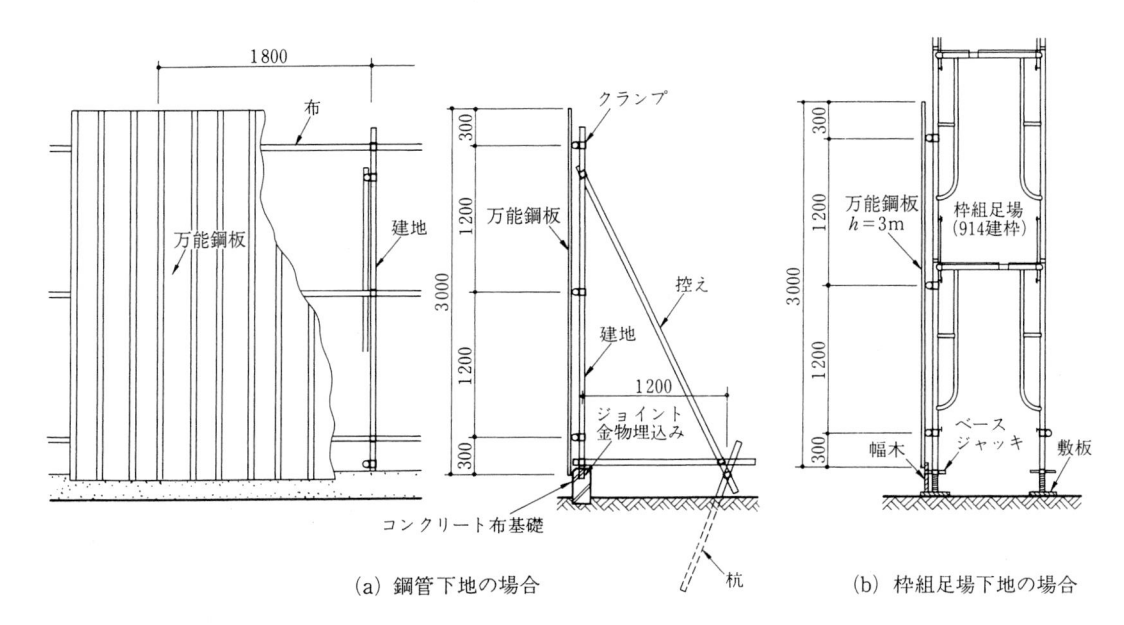

(a) 鋼管下地の場合　　(b) 枠組足場下地の場合

図2-3　仮囲いの構造

2-3 仮設建物

1. 工事事務所

工事事務所は，建築物を施工するために作業所職員が工事現場で執務を行う所である。敷地の広さ，建築する建物との位置関係，工事の規模などによって，事務所の位置・面積・形状などは一定していない。建設位置は作業員の出入りや諸資材の管理がしやすく，工事現場全体を見渡せるところが望ましい。敷地内に事務所を建てる余地がない場合は，借地して建てるなり，貸室などを借りて事務所とすることもある。

事務所建物は，通常，設営・撤去に簡便な軽量鉄骨造の組立ハウスを用いる。建てた事務所が外構工事に支障をきたすときは，施工中の建物内へ移転することもある。内部の仕上げは天井・壁を化粧せっこうボード，床をシート張り程度として，冷暖房を行い簡素ながらも快適な環境にする。

図2-4 工事事務所

事務所には事務・会議・製図・更衣などができる部屋またはスペースが必要であり，広さは8～10m²／人が目安とされる。おもな備品としては，事務机・書庫・図面キャビネット・見本棚・黒板・掲示板・更衣ロッカーのほか，電話・ファクシミリ・コピー機・パソコンなどのOA機器を備える（図2-4）。便所は別棟にユニット形式のものを設けるのが一般的である。

2. 監理事務所

監理事務所は設計図書にその面積・仕様・備品などが示されているが，事前に監理者の意向を確かめてから施工する。通常，施工者の事務所と隣接して建てるか，または上階に設ける。

3. 作業員休憩所

作業員休憩所は作業員が更衣・休憩・食事等を行ったり，小道具を保管したりするところである。休憩所は組立ハウスとするのが普通である。最近は，とくに清潔で快適であることが求められており，更衣ロッカー・机・いすなどを備え，冷暖房も行う。

4. 倉庫

工事作業所には，材料・器具類を収納・保管するための倉庫が必要である。雑品倉庫・セメント倉庫・危険物貯蔵庫（ペンキ・ボンベ置場など）などがある。

雑品倉庫は，管理がしやすいように事務所の1階に設けることが多い。セメント倉庫は，設置されることが少なくなったが，雨漏りのないようにする。

危険物貯蔵庫は，貯蔵する危険物の種類や数量などによって，「消防法」および「労働安全衛生法」に適合する構造にする。扉の施錠，消火器の設置，換気などについて基準が定められている。

5. 下 小 屋

下小屋は，型枠工や鉄筋工などが雨や炎暑を避けて下準備のための工作を行うところである。使用する材料は工場で加工してから現場へ搬入することが多くなり，工事現場に設けることが少なくなっている。ただし，左官用の下小屋は，現場で材料を調合するため現場内に設ける。

2-4 揚 重 設 備

工事現場に搬入した資材の荷降し，高所への荷揚げ，横移動などを行うためには揚重機が不可欠である。仮設計画を行う時点で，揚重資材の重量，大きさなどを検討し，使用目的にかなった機種と，その設置位置を選定する。

揚重機の果たす役割は大きく，その利用も年々増大しているが，その反面，機械に係わる災害の発生も多くみられる。作業の安全確保・災害防止を図るため，「クレーン等安全規則」をはじめとする諸法規が定められており，機械の設置・取扱いは慎重に行うことが必要である。

おもな揚重機の種類と形状を図2-5に示す。

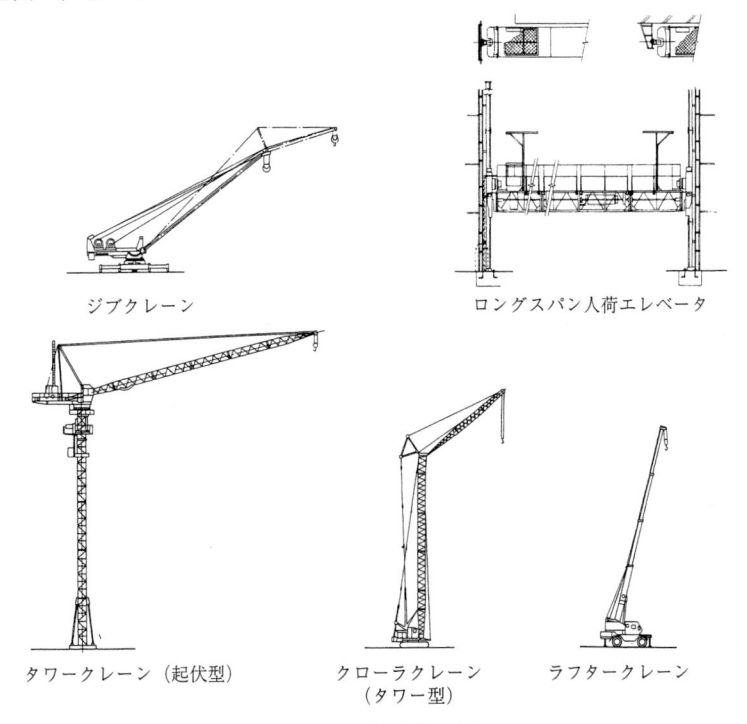

ジブクレーン　　　　　　　ロングスパン人荷エレベータ

タワークレーン（起伏型）　　クローラクレーン　　ラフタークレーン
　　　　　　　　　　　　　　（タワー型）

図2-5　揚重機の種類

2-5 動力・給排水設備

　電力のおもな用途は各種機械や溶接機などの動力用と照明などの電灯用である。小規模な作業所の場合は低圧受電でまかなうことができるが，消費電力が大きく受電容量が一定量（50KVA）以上になる場合は，変電設備を場内に設けて高圧受電とする。

　水は生活用水のほか，工事用として清掃・散水用およびモルタル類の練混ぜ用として使われる。杭打ち工事などがあると，短期間ながらも多量の水を必要とするので，水道の引込み管径はその杭打ち工事に必要な水量によって決まることが多い。

　電力・給水とも，申込みからその引込みまでに相当の日時を要するので，工事が決定すると，すみやかに必要容量を決定して引込み手続をする。

　工事現場で発生する雑排水・雨水・地下水などは公共下水道に直接放流してもよいが，杭打ち工事・コンクリート工事および左官工事などから発生するアルカリ分や泥分を含んだ汚水は条令に従い中和処理や除害処理をしたうえで排水する。

2-6 縄張り・遣り方・ベンチマーク

1. 縄張り

　工事に着手する前に，敷地内に，これから建築しようとする建物の位置に縄張りを行う。**縄張り**とは，建物と敷地との位置関係，道路や隣接建物との位置関係を確認するために，地面に縄またはビニールひも・石灰などを使って建物の平面図形をつくり出す作業である。一般に，建物の外郭線に沿って縄張りを行う。庇やバルコニーなどがあれば，それらも表示する。

　縄張り時には監理者（設計者）の立会いを受け，設計図の読取り方，縄張り作業の順序や経過を報告し，建物の設計の基本となっている建物と境界線や隣接建物との距離などについて，承認を受ける。

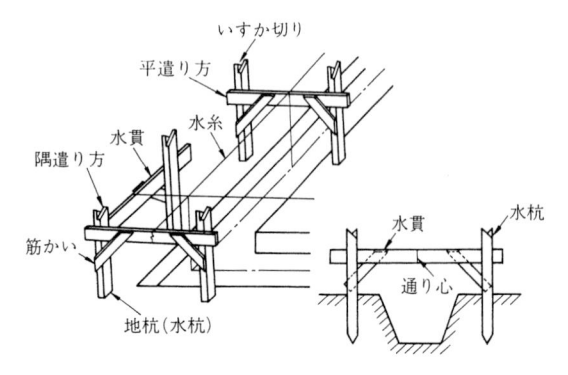

図2-6　小規模工事での遣り方の例

2. 遣り方

　縄張りによって建物の位置が決定されると，それを基準にして遣り方を行う。遣り方は建物の通り心のほか，高さの基準を明確に表示するためのものである。したがって，作業は正確に行い，監理者の確認を受け，遣り方が動いたりこわれたりしないように堅固に設置する。

　図2-6は，昔から行われている遣り方の一例

である。遣り方は杭と貫板で構成されており，高さの基準を示すために貫板を水平に打ち付け，その貫板に通り心を墨付けする。

このような遣り方は，小規模な一般の住宅程度の建物の場合には利点があるが，大型工事の場合や多くの機械作業が行われる工事では，遣り方がこわれたり作業に支障をきたしたりすることがあるので，このような遣り方の方法によらず，次項にあげるようにベンチマークを設け，基準とすることが多い。

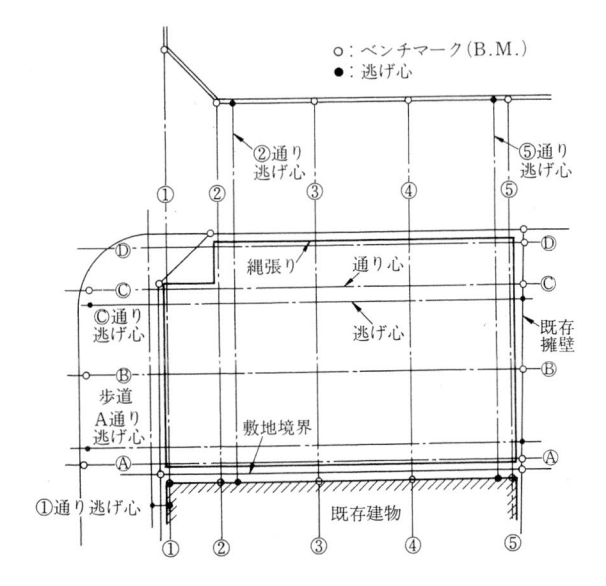

図2-7 B.M.のとり方

3. ベンチマーク

建築工事における**ベンチマーク**（B.M.）は，建物の位置と高さを決める基準点をいう。そのためベンチマークは工事を進める際の基準となるものであるため，移動のおそれがなく，また，工事が完了するまでの間，保全のしやすい見通しのよい位置に設ける。

ベンチマークは，一般に図2-7のように通り心の延長線上の両端に設けることが多い。

図2-8のように木杭を打ち込み，杭の天端に通り心を墨で表示する。あとで墨が消えてわからなくなることがあるので，心墨には釘を打ち込んでおく。また，杭が移動しないように，足元をコンクリートで固め，さらに破損防止のため周囲を囲って防護する。杭のかわりにコンクリート舗床などの動かないところに表示することもある（図2-9）。いずれの場合も，トランシットを据え付けることのできる場所を選ぶ。

高さの基準とするベンチマークは，沈下のおそれのない周辺の既存建物の壁などに標示する。位置の基準とするベンチマークと同一場所である必要はない。高さの表示は基準高さより1000

図2-8 木杭に位置出ししたB.M.

図2-9 コンクリート壁または舗床に位置出ししたB.M.

mm上がりとすることが多いが，その場合Z_0＋1000mmまたはG.L.＋1000mm等と表示する。

図2－10は隣接建物の壁面にG.L.＋1000mmと標示したのを示したものである。

現地盤高さと図面に記載されている設計G.L.との位置関係を理解しておくことが必要である。

図2－10　既存壁に設けた高さを示すB.M.

2－7　足　　場

高所での作業を行うために**足場**を設置する。足場には，建物の外周面に沿って架設し，躯体工事から外装仕上げ工事までの作業に使用する**外部足場**と，建物の内部で壁・天井などの作業に使用する**内部足場**とがある。特に鉄骨造建物では，鉄骨建方を行うために吊り足場を設置する。

足場は使用目的，設置場所，材料によっていろいろな種類があり，作業床，資材の仮置場，または通路としても使われたりする。いずれの場合も，構造・形状・設備が安全かつ能率的で，しかも経済的でなければならない。特に，安全面からその構造・維持管理について，「労働安全衛生法」に詳しくその基準が定められている。

足場の材料は，昔は丸太が使われていたが，現在は鋼製あるいはアルミ製のものが使用されており，構造・形式などによって分類すると，次のようになる。

各足場の種類を図2－11に示す。

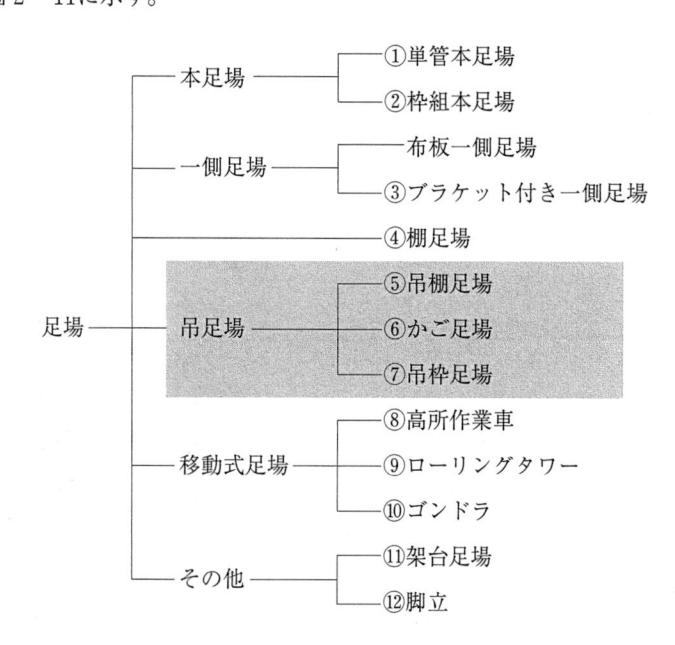

```
足場 ─┬─ 本足場 ─┬─ ①単管本足場
       │            └─ ②枠組本足場
       ├─ 一側足場 ─┬─ 布板一側足場
       │             └─ ③ブラケット付き一側足場
       ├─ ④棚足場
       ├─ 吊足場 ─┬─ ⑤吊棚足場
       │           ├─ ⑥かご足場
       │           └─ ⑦吊枠足場
       ├─ 移動式足場 ─┬─ ⑧高所作業車
       │               ├─ ⑨ローリングタワー
       │               └─ ⑩ゴンドラ
       └─ その他 ─┬─ ⑪架台足場
                   └─ ⑫脚立
```

2-7 足場　33

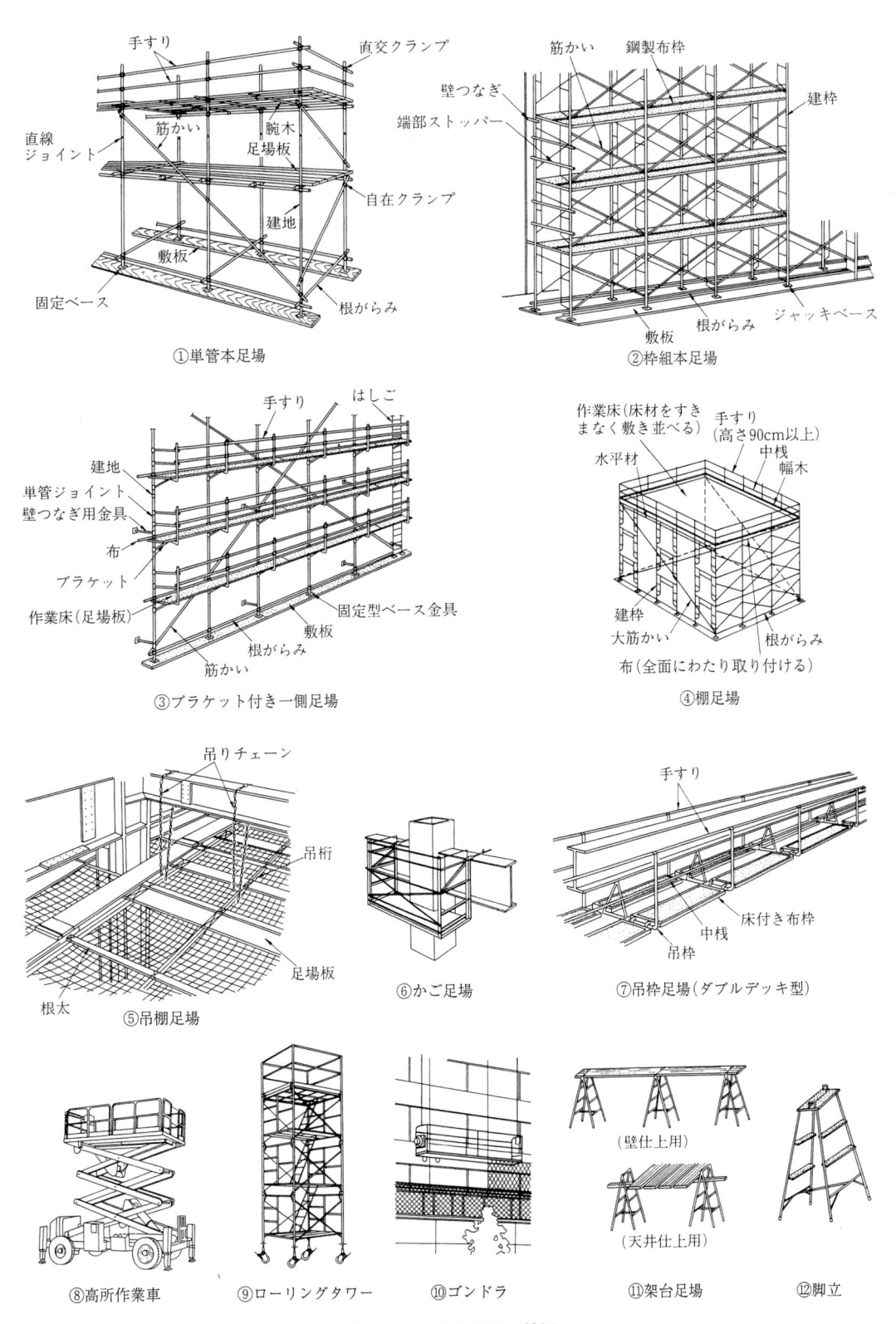

① 単管本足場
② 枠組本足場
③ ブラケット付き一側足場
④ 棚足場
⑤ 吊棚足場
⑥ かご足場
⑦ 吊枠足場（ダブルデッキ型）
⑧ 高所作業車
⑨ ローリングタワー
⑩ ゴンドラ
⑪ 架台足場
⑫ 脚立

図2-11　主な足場の種類

2-8 安全防災設備

建築工事に伴う作業員の労働災害，一般通行人・近隣住民・隣接施設などへの第三者災害，騒音・振動・粉じんなどの公害防止のために，安全設備を設ける。災害防止については「労働安全衛生法」をはじめとする各種の法規があり，施工者は，これらを逸脱しないように，積極的に災害防止に努める。

表2-1は，災害防止のための設備とその機能を示したものである。

表2-1 災害防止に必要な安全設備

機　能	安　全　設　備
墜落防止	安全な作業床・手すり・囲い・開口部のふた
	墜落を受け止める防網（安全ネット）・命綱・親綱
飛来・落下防止	養生金網・朝顔
飛散防止	養生シート・養生金網
騒音防止	防音シート・防音パネル
火災防止	消火器
空気汚染防止	換気設備

2-9 環境に対する配慮

工事が始まると車両系建設機械やクレーンなどの作業に伴って，騒音や振動が発生する。また，コンクリート工事や左官工事ではコンクリートやモルタルの洗い水を排出する必要がある。これらは，それぞれ騒音・振動規制法，水質汚濁防止法や下水道法によって基準値が定められており，その数値を遵守しなければならない。それらとともに工事中に発生する音・振動に関しては，近隣住民の理解を得ることも重要である。

また，工事現場においては，大量の残材やゴミが発生する。工事現場ではこれら産業廃棄物を分別収集し，それらを再使用や再利用しやすくすることによって，最終処分量を極力減らす努力を行っている。そして，産業廃棄物を処分しようとする排出事業者（作業所）は,産業廃棄物管理表（建設系廃棄物マニフェスト）を発行・回収し,産業廃棄物の収集・運搬から最終処分されるまでの過程を確認し，責任を持つことが義務付けられている。

第3章　基礎工事

3－1　基礎工事の名称と工事の種類
3－2　杭工事
3－3　土工事
3－4　鉄筋コンクリート工事

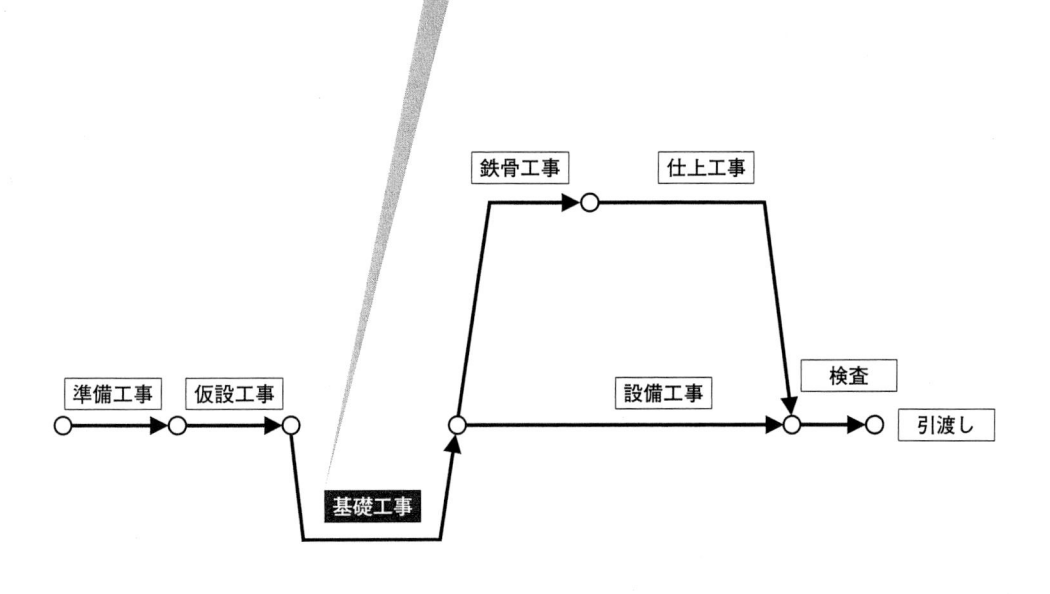

準備工事 → 仮設工事 → 基礎工事 → 鉄骨工事 → 仕上工事 → 検査 → 引渡し
　　　　　　　　　　　　　　　　→ 設備工事 →

3-1 基礎工事の名称と工事の種類

基礎は，上部構造からの荷重を地盤に伝えるために設けられるものであり，図3-1のように，荷重を直接支持地盤に伝える**直接基礎**と，地盤が軟弱なために杭を介して支持地盤に伝える**杭基礎**の2種類がある。基礎は，フーチング（基礎スラブ）と杭とをまとめて**基礎構造**ともよばれている。フーチング（基礎スラブ）の下に設ける捨コンクリート，敷砂利，割りぐりなどは**地業**とよび，基礎と区別している。

基礎は，上部の構造体を支える重要な構造部分であり，これをつくる基礎工事も建築工事のなかで最も重要なものに位置付けられている。

本章では，その基礎構造である杭・フーチング（基礎スラブ）などの工事のほか，それに伴う土工事・山留め工事を含めたものを**基礎工事**とよび，それらの工事の進め方を以下に述べる。

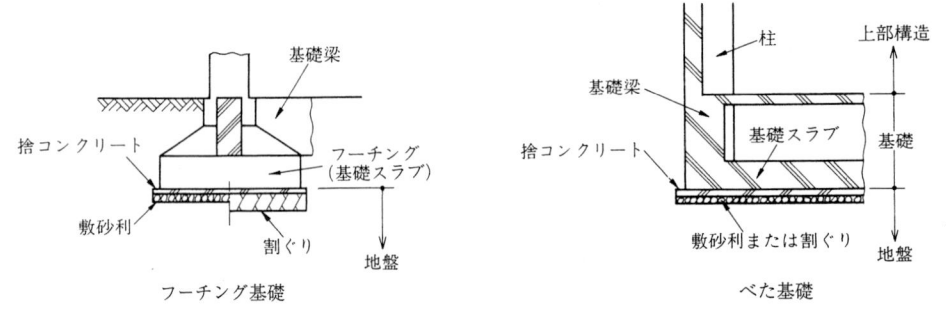

(a) 直接基礎

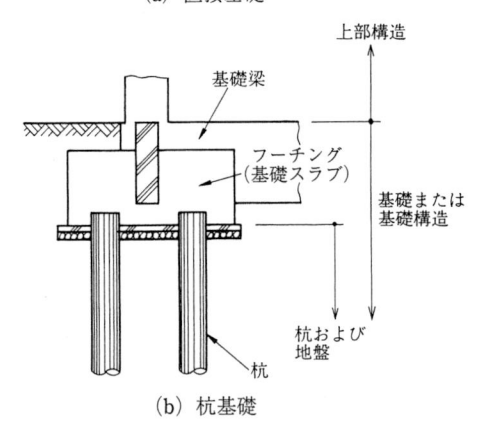

(b) 杭基礎

図3-1　基礎形式の種類

3-2 杭　工　事

1．概　説

　杭は支持形式により，杭周面の摩擦力によって荷重を地盤に伝える**摩擦杭**と，軟弱地盤を貫通して硬質地盤まで杭を到達させて荷重を伝える**支持杭**とに大別される。

　杭はその形成方法および施工法から，次のように分類される。

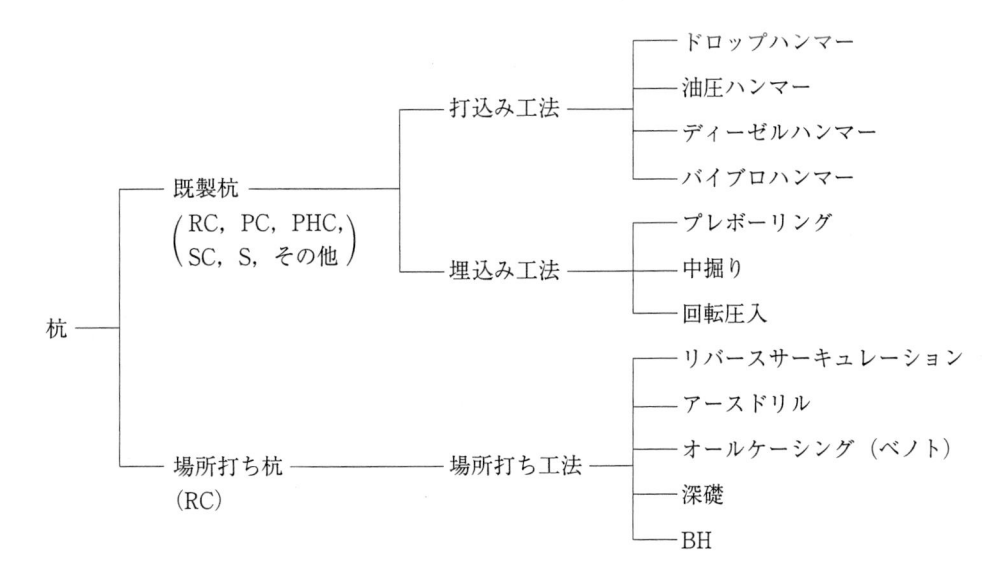

```
                          ┌─ ドロップハンマー
              ┌─ 打込み工法 ┼─ 油圧ハンマー
              │           ├─ ディーゼルハンマー
既製杭        │           └─ バイブロハンマー
(RC, PC, PHC, ┤
 SC, S, その他)│           ┌─ プレボーリング
              └─ 埋込み工法 ┼─ 中掘り
杭                         └─ 回転圧入

                                        ┌─ リバースサーキュレーション
                                        ├─ アースドリル
場所打ち杭 ──── 場所打ち工法 ───────────┼─ オールケーシング（ベノト）
(RC)                                    ├─ 深礎
                                        └─ BH
```

　　　　注）　 RC：鉄筋コンクリート
　　　　　　　 PC：遠心力プレストレストコンクリート
　　　　　　　PHC：高強度遠心力プレストレストコンクリート
　　　　　　　 SC：鋼管巻き高強度コンクリート
　　　　　　　 S：鋼管，H形鋼

　既製杭は，工場で製造されるので品質が安定しており，大口径のものも施工されるようになり，多く使われている。施工面からは杭材の輸送，その設置方法，杭頭補強方法などに注意を要する。打込みにより杭を設置する工法は，騒音・振動などの公害を伴うため，市街地で適用される事例はほとんどない。

　一方，**場所打ち杭**は，支持地盤まで地盤を削孔し，地上で組み立てた鉄筋かごをその削孔穴に挿入し，コンクリートを原位置で打設し築造する杭である。このため，杭径を大きくすることで大きな支持力が得られ，低公害型の工法であることから幅広く利用されている。

2．工事概要

　実例工事のA建物では，高強度プレストレストコンクリートの既製杭（PHC杭）を用いたプレボーリング根固め工法が採用されている。杭径450mm，杭長33m（9m＋12m＋12m）の3本継

ぎの杭である。B建物では杭径1600mm，杭先端深さがG.L.－30mのアースドリル杭が採用されている。

以下に，**既製杭**と**場所打ち杭**の代表的な工法について紹介する。

3．施　　工
3.1　既製杭（プレボーリング工法）

既製の高強度プレストレストコンクリート杭（PHC杭）のプレボーリング根固め工法は，アースオーガーによって地盤を削孔し，その削孔穴に杭を建て込み，支持杭とする。

プレボーリング工法の施工は，図3－2の工法の概要図，および図3－3のような作業フローに従って行う。杭打ち機に装置したスパイラルオーガーの先端から掘削液を噴出させて，孔壁の崩壊を防止しながら掘削する。所定の深度に達した時点で掘削液を根固め液に切りかえ，支持層の砂・れきと十分に混合攪拌する。その後，杭周辺固定液を充填しながらオーガーを引き上げて掘削孔を形成する。次に，杭を孔内に精度よく建て込み，その先端を所定の支持地盤に定着させる。また，プレボーリング工法では先端拡底杭とすることが多い。施工にあたっては，基礎杭としての品質確保を図るだけでなく，長くて重い杭材と大型重機を使用するため，搬入に関する運搬計画，作業時の事故防止，および掘削により発生する廃土・廃液の処理など，公害面・安全面についても配慮することが必要である。

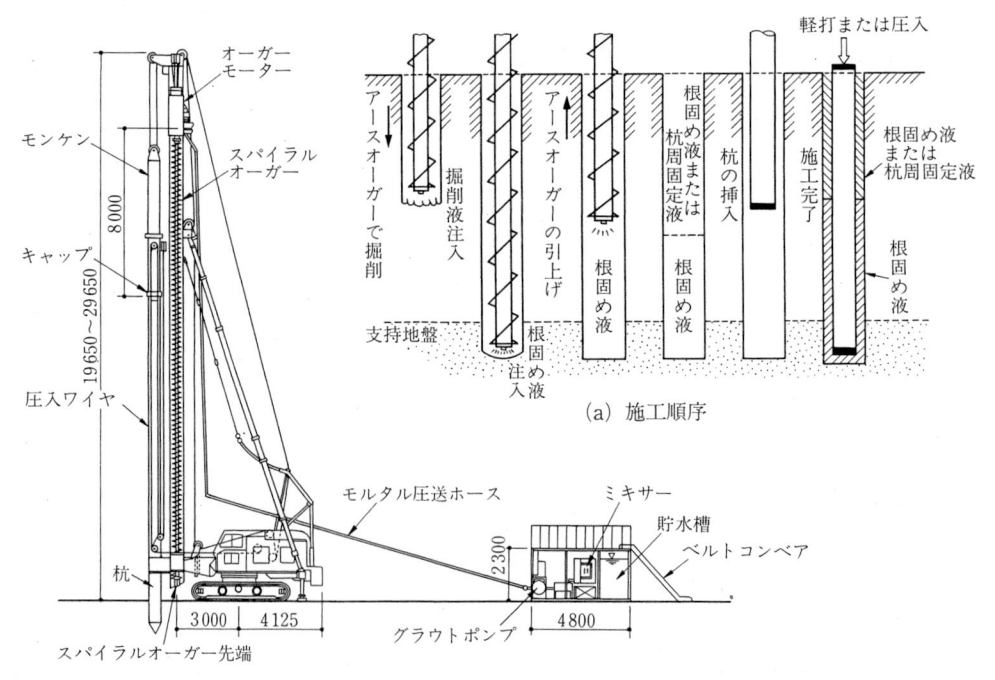

図3－2　既製杭工事（プレボーリング根固め工法）の概要図

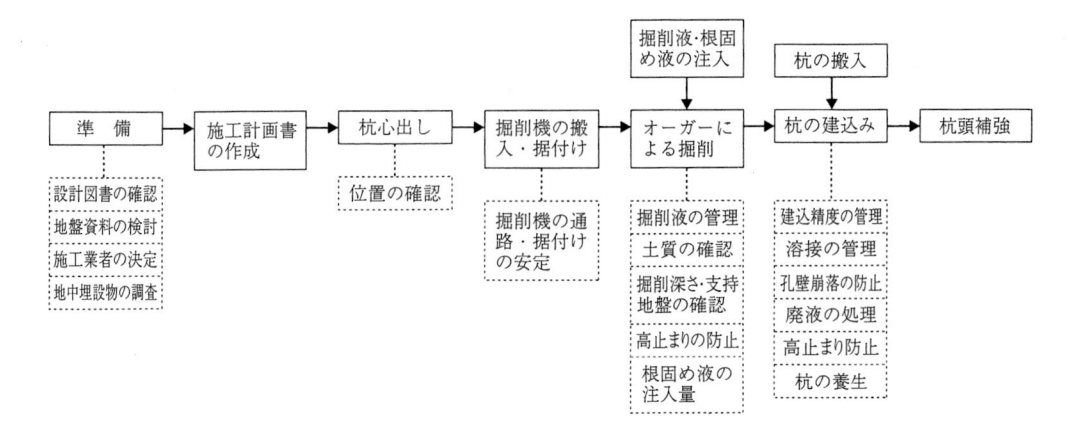

図3-3 既製杭工事（プレボーリング根固め工法）の作業の流れ

(1) 施工業者の選定

実例工事の既製杭プレボーリング根固め工法は，打込み工法のように打込み時の沈下量等から耐力を確認することができないため，所定の耐力が確保されているかどうかを全数について確認することは難しい。したがって，杭基礎としての信頼性は，施工業者の技術力に大きく係わる。一般には品質確保の面から認定工法を採用することが多いが，施工業者の選定にあたっては，その業者の工事実績，保有機械の種類や能力，施工の管理体制等について検討する。

(2) 施工計画書の作成

工事をはじめる前に，施工業者と協議して施工計画書を作成して，監理者の承認を受ける。施工計画書に添付する杭の配置図には，次の事項を明記する。

① 杭心と通り心との関係
② 設置する杭の種類・杭径・杭長
③ 杭頭の高さまたは基礎底高さ
④ 杭番号
⑤ 杭の施工順序

(3) 作業地盤の確保

1) 杭工事を行う前に敷地内および周囲の構造物について調査し，杭の設置作業に障害となるものがあれば撤去する。撤去できないものがあれば，杭の位置を変更するなどの対策をたてる。

地中に，上・下水道管・ガス管・電話ケーブルなどがあったとき，それらに接触すると重大な事故につながることがあるので，資料調査だけでなく試し掘りも行って，必要があれば撤去または移設する。

2) 作業地盤が軟弱であると，杭打ち機の安定性が低下して，杭の施工精度や作業の安全性の確保に影響を与えることがあるので，鉄板を敷くとか，地盤改良を行うなどして，地盤

図3－4 杭心出し

の安定を図る。地盤が傾斜している場合は，水平に整地する。

(4) 杭心出し

作業地盤ができると，杭の配置図に基づいて杭心出しを行う。ベンチマークから，トランシットとスチールテープを使ってXY各方向の通り心の線上に木杭を打ち込み，その天端に心墨を正確に測量して記す。次に，XY両方向に水糸を張り，これを基準にして各杭の心出しを行う。杭心出し作業の状況を図3－4に示す。

一般に，杭心には心杭としてD10程度の棒鋼を打ち込む。心杭が作業の障害になったり，作業によって消滅したりしないように，棒鋼は地表より沈めておく。棒鋼（杭心）を後で探し出しやすいように，棒鋼の頭部には10＃程度の鋼線を取り付け，これにペンキを塗っておく。

(5) 施工設備・機械の据付け

既成杭工事を行うには，図3－5のような各種設備が必要である。杭打ち機のほか，モルタルプラント（ミキサー・グラウトポンプ），発電設備（オーガー駆動用，溶接用），給水設備，排土用油圧ショベルなどを準備する。杭打ち機の下には，地盤補強のために鉄板を敷き込み，杭打ち機の安定を図る。

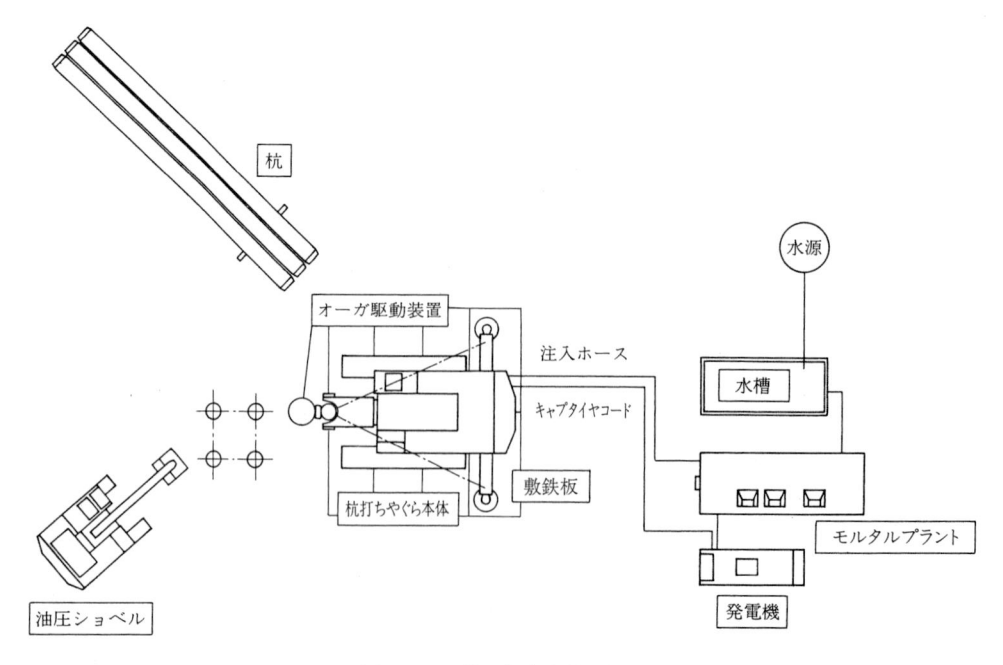

図3－5 杭の打設設備の概要

(6) 杭の搬入・検査

杭材が搬入されると，所定の位置に杭材を降ろし，材料をチェックする。

1) 杭の荷降ろしは必ず2点支持で行う。定められた支持点（両端から杭長の1/5の点）に玉掛けして，衝撃を与えないように注意して行う。

　水平な地盤上に，まくら材を杭の支持点の位置に敷き込み，杭材を仮置きする。

　原則として一段並べとし，杭が移動しないようにくさびをかっておく。

2) 杭材には，図3-6のように杭種・寸法などが表示されているので，搬入時に設計図書と相違ないことを確認する。

　その際，杭表面の欠損，ひび割れなどの有無についても検査を行い，欠陥品は使用しない。

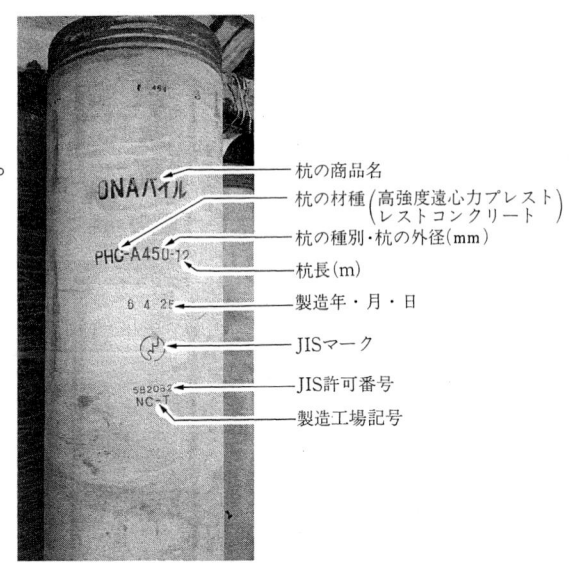

図3-6　杭表示事項
- 杭の商品名
- 杭の材種（高強度遠心力プレストレストコンクリート）
- 杭の種別・杭の外径(mm)
- 杭長(m)
- 製造年・月・日
- JISマーク
- JIS許可番号
- 製造工場記号

(7) 杭孔の掘削

1) 杭を正確な位置に設置するため，計画書の施工順序に従い杭打ち工事を開始する。

　杭打ち機のオーガーを杭心にあわせ，直交2方向よりトランシットまたは下げ振りによってオーガーの鉛直度を確認しながら正しく据え付ける（図3-7）。

　オーガーの長さは，掘削深さより3m長めのものとし，オーガーヘッドの径は，杭径より100mm程度大きいものを使用する。

2) 掘削は，オーガーの先端から掘削液を噴出させながらオーガーを回転させて行う。

　掘削液は，孔壁の安定を図るために使

図3-7　トランシットによるオーガー鉛直度の確認

第3章 基礎工事

表3-1 掘削液の配合例（杭周辺固定液）

ベントナイト (kg)	セメント (kg)	水 (ℓ)	練上り量 (m³)
25	120	450	0.500

※使用量
掘削および孔壁崩壊を防ぐために必要な量を使用する。その必要量は、掘削時間、地盤硬さおよび逸水等により変化する。

表3-2 掘削速度の目安

地　質	掘削速度 (m/min)
シルト・粘土・ゆるい砂	5以下
かたい粘土・中密砂	4以下
密な砂・砂礫	3以下

表3-3 根固め液の配合

杭径(mm)	セメント(kg)	水 (ℓ)	練上り量(m³)
450	560	400	0.578

充塡量　2 m（杭挿入前）
配合量　W：C ＝ 1：1.4 ＝ 70%

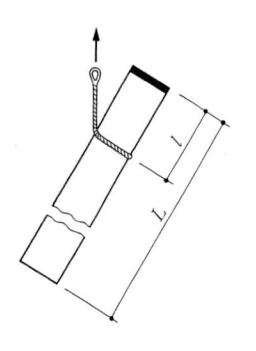

図3-8　杭の建込みにおける吊り点位置

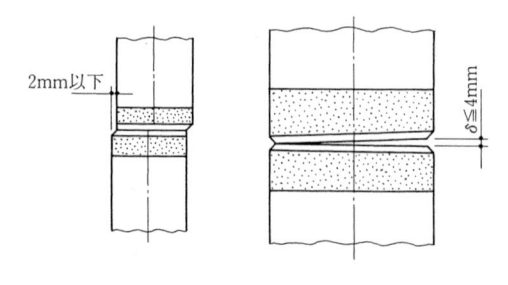

図3-9　杭の継手部分許容値

用するものであるが、一般には杭周辺固定液と兼用することが多い。掘削は地質に適した速度で十分に時間をかけて行う。

表3-1は標準的な掘削液（杭周辺固定液）の配合例であり、表3-2は掘削速度の目安を示すものである。

① オーガーの支持地盤への到達は、掘削速度を一定に保った状態でのモーターの電流値の変化の状況とオーガーによって排出された土砂と土質柱状図の地質とを対比して確認する。支持層へ到達してからの掘削深さは1.5m程度とする。

② 掘削が予定深度に達すると、オーガーを正回転したまま、先端から根固め液を噴出させながら引き上げる。そのとき、オーガーの引き上げを急速に行うと、孔内に負圧が生じて孔壁が崩壊することがあるので、注意してゆるやかに行う。根固め液は、杭先端より2m以上の高さを確保できるように注入する。その標準的な配合を表3-3に示す。

(8) 杭の建込み

1) 掘削が完了すると、できるだけすみやかに杭を建て込む。その際、杭の吊り点の位置は図3-8に示す $l \fallingdotseq 2\,\mathrm{m}$ の位置で行う（RC杭は別に検討する）。杭を孔に挿入する際、杭の先端が孔壁に当たって孔壁をいためるおそれがあるので、杭の建込みは鉛直に行い、静かに自重によって沈める。

まず、下杭（または中杭）の杭頭が地上1m程度の高さとなるところまで杭を挿入し、杭材が孔の中に落下しないように保持ジグを使って固定する。

次に中杭を吊り込み,下杭と中杭の上下の杭の軸心が一直線になるように,また継手部分に食い違いがでないように中杭を鉛直に建て込む(図3-9)。

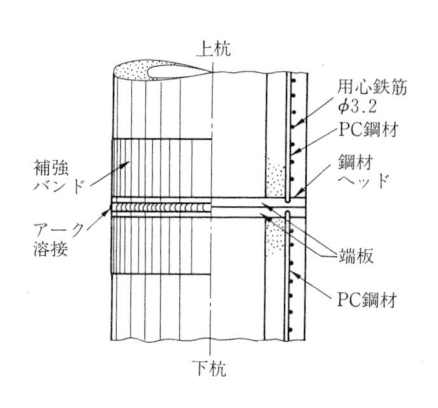

図3-10 杭の継手溶接

2) 建込みが終わると上下の杭を溶接接合する。溶接は図3-10に示すようにアーク溶接で行い,有資格者によって欠陥のない溶接を行う(図4-60参照)。

溶接する前には,継手部の泥土・さび・油などを清掃し乾燥させておく。低温(0℃以下),強風(10m/s以上)の場合は作業を見合わす。やむを得ず行う場合は,適切な対策を講じる。

溶接が終了すると,欠陥がないことを目視で確かめた後,溶接部が冷却するのをまってジグをはずし,さらに杭を挿入する。

上杭の施工も中杭と同じ要領で行う。

3) 杭全体を杭孔に挿入し終わると,杭の先端を所定の深さまで到達させるために,ドロップハンマーで軽打して沈めるか,または油圧ジャッキなど圧入装置を用いて圧入する。杭頭を地表面より深く設置しなければならないときは,図3-11のようにやっとこを使用する。

杭の支持層への根入れは1m以上とし,杭の高止まりの許容値は0.5m以下とさ

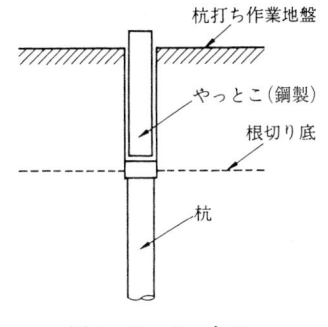

図3-11 やっとこ

れている。埋込み工法では,杭天端を精度よく所定の位置にセットすることが可能になり,杭頭を切断して高さを調整することがほとんどみられない。杭天端が所定の位置とずれた場合は,監理者と協議して対策を講じる。

(9) 杭頭補強

基礎からの応力が杭に確実に伝わるように，杭頭を強固に基礎と接続する。

必要な数の補強筋を図3－12(a)に示すように杭頭の鋼製の端板に溶接する。あるいは図3－12(b)に示すように，杭径に応じた補強鉄筋を，杭の中へ杭径の2倍，基礎へは鉄筋径の40倍の長さで定着する。

(a) 杭頭補強筋を溶接する場合

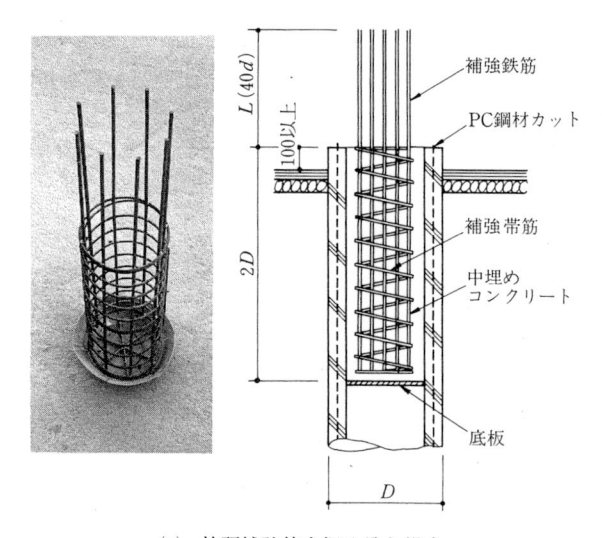

(b) 杭頭補強筋を埋め込む場合

図3－12 杭頭補強筋の形状と納まり

3.2 場所打ち杭（アースドリル工法）

実例工事のB建物では，場所打ち杭（アースドリル工法）が用いられている。図3－13にアースドリル工法の施工順序を示す。削孔はドリリングバケットを用いて行い，削孔によって孔壁が崩壊しないように，安定液を杭孔に充填する。杭孔に近接して施工機械が作業するため，表層部分にケーシングを挿入して杭孔の崩壊を防ぐ。削孔が終了すると，鉄筋かごを挿入して，杭先端

のスライム（泥など）を処理して，下部からコンクリートを打設していく。この工法は，設備が簡易で，経済的かつ比較的狭い場所での施工や大深度削孔が可能であり，市街地の基礎工事に採用されるケースが多い。

　場所打ち杭工事においても，施工業者の選定から杭心出しまでは前述の既製杭とほぼ同様である。しかし，場所打ち杭の施工においては，コンクリートの品質の確保，削孔に伴う地盤のゆるみ防止対策，杭先端のスライム処理方法など注意すべき事柄が多い。そのため一般的に，最初に施工する杭は試験杭として，とくに綿密な測定を行い，その後の施工に役立てる。

　図3-14にアースドリル工法の場合の管理手順を示す。

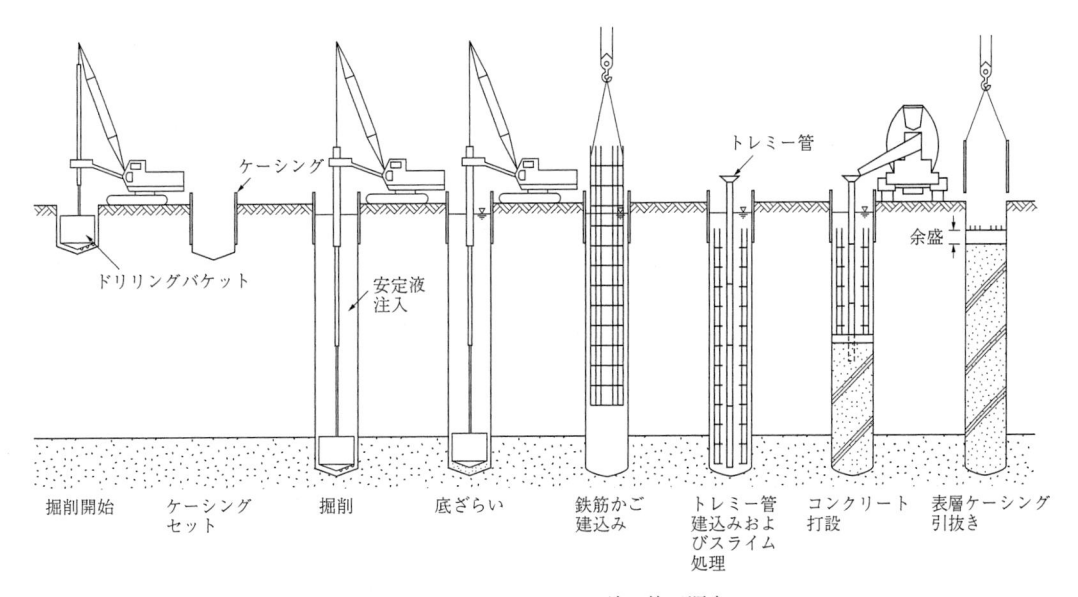

図3-13　アースドリル工法の施工順序

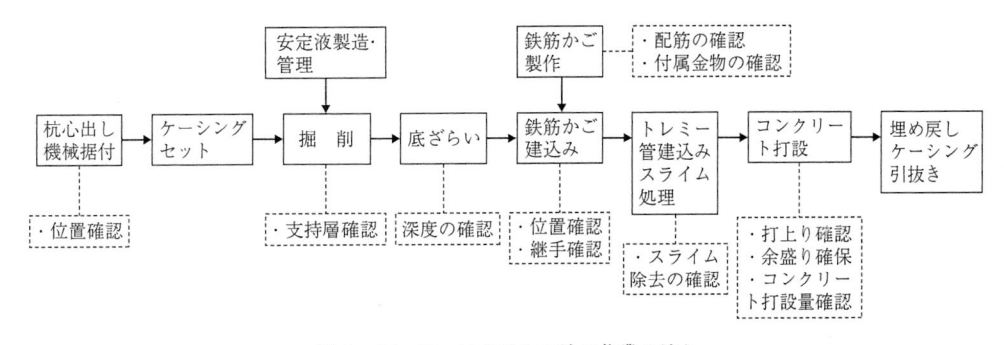

図3-14　アースドリル工法の作業の流れ

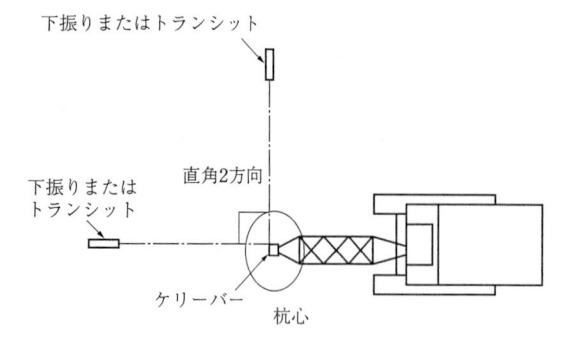

図3-15 掘削機の据付け

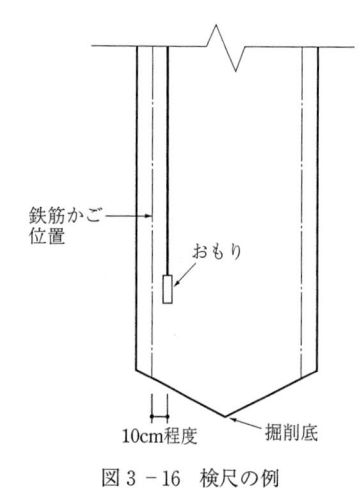

図3-16 検尺の例

図3-17 孔壁測定

(1) 掘削

1) バケットの中心，またはバケットを吊り下げているケリーバーの中心を杭心に正確に合わせ，掘削を開始する。トランシットで鉛直を確認しながらに掘削を行う（図3-15）。

2) 表層の掘削が終わった段階で，表層土の崩壊を防止するために，表層ケーシングを鉛直に建て込む。

3) 孔壁の崩壊防止のために，安定液を杭孔に注入しながら掘削を行う。

4) 安定液は，調合計画に基づいて作製する。安定液の調合は掘削する土の粒度・粘性などによって異なる。

　安定液は，反復使用されるために，初期の性能が劣化していく。使用中は安定液の性能が確保されているかを管理し，劣化が著しくなると安定液を交換する必要がある。

5) 掘削機のケリーバーのロッド長さから所定の掘削深さを確認し，排出土と土質柱状図から杭先端の支持地盤を確認する。

6) 掘削完了後，検尺により深さを確認する（図3-16）。

7) 試験杭では，削孔した孔壁の壁面状態，鉛直精度などを孔壁測定機によって確認する（図3-17）。

(2) 底ざらい

底ざらいは，掘削終了後に安定液中の土砂が杭先端に沈降するのをまって，底ざらいバケットを用いて行う。その後，再度の検尺をして最終掘削深さを確認する。

なお，掘削完了から底ざらいまでの待ち時間の目安は，試験杭でスライム[1]の沈降状態を径時

---

1) スライム：泥などの掘削孔底部の沈殿物

グラフに表わし，それを参考にして決める。

(3) 鉄筋かごの製作
1) 鉄筋かごは製作時や吊込み時に有害な変形が生じないように，補強鋼材を適切に配置して製作する。鉄筋位置決めのスペーサーは4～5mごとに同断面位置で4～6箇所配置する(図3-18)。
2) 杭長さが設計図書と異なった場合，鉄筋の長さは，最下段の鉄筋かごで調整する。

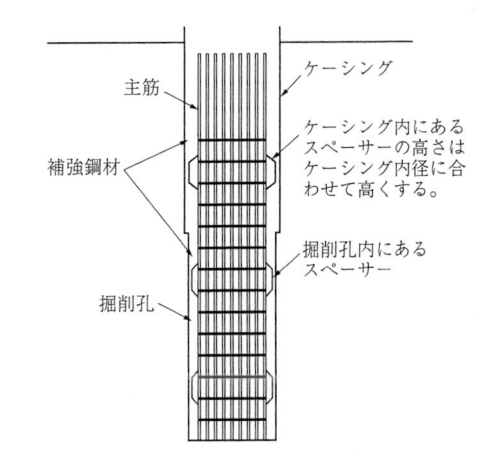

図3-18 鉄筋かごの製作

(4) 鉄筋かご建込み
1) 掘削が終了すると別途製作しておいた鉄筋かごを建て込む。鉄筋かごの建起しは，有害な変形が生じないように注意して行う。また，建込みは，鉄筋かごを杭中心にあわせて鉛直性を保ちながら行う。
2) 鉄筋かご主筋の重ね継手は，継手長さを確保し，鉄線または接続金物で堅固に行う（図3-19）。主筋の継手は，ガス圧接や機械式継手を用いる場合もある。

図3-19 鉄筋かご建込み

(5) トレミー管建込み
鉄筋かご挿入後コンクリートを打設するために，トレミー管を杭の中心に建て込む。

(6) スライム処理
コンクリートの打込みに先立ち，杭先端のスライムの除去を行う。一般的には図3-20に示すエアリフトによる方法や水中ポンプによる方法でスライムを除去する。

(7) コンクリート打設
1) コンクリートは所要スランプ21cm以下，水セメント比60％以下，単位セメント量330kg/m³以上とする。

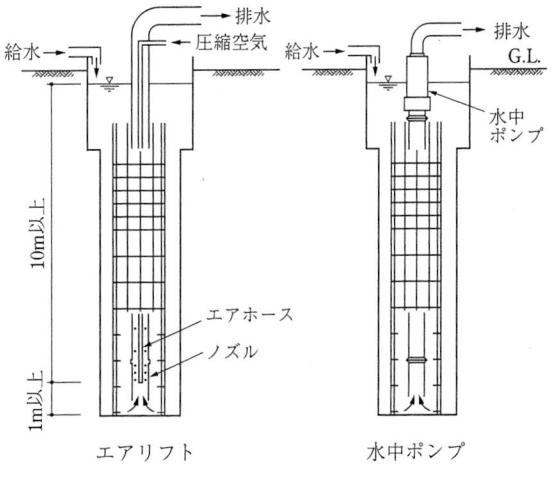

図3-20 スライム処理

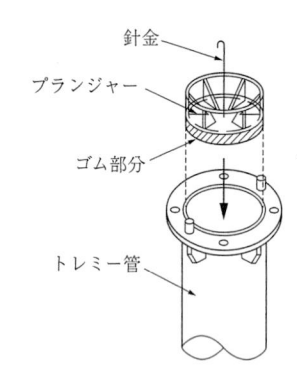

図 3 - 21　プランジャー

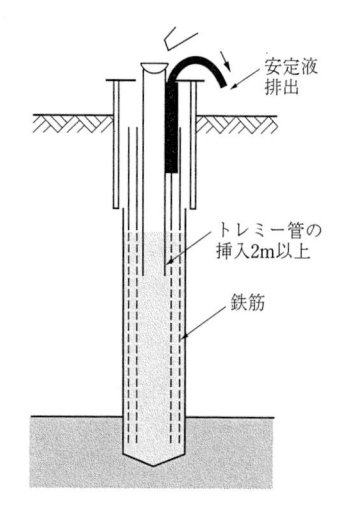

図 3 - 22　コンクリート打設

図 3 - 23　杭頭処理状況

2) トレミー管へ最初にコンクリートを投入するときに，コンクリートが分離したり，泥水を巻き込まないために，あらかじめトレミー管にプランジャーを挿入しておく（図 3 - 21）。

3) コンクリートの打上がり状況を検尺で確認しながらコンクリートを打設する。コンクリートの打上がりにあわせてトレミー管を引き上げる。トレミー管の先端は，コンクリート中に原則として 2 m 以上挿入しておく（図 3 - 22）。

4) 余盛りを考慮した所定の打止め高さまでコンクリートを中断なく打設する。余盛り高さは，ケーシング引抜き時の下り代や最上部コンクリートの泥水や安定液の巻込みによる品質低下などを考慮して決定する。

5) コンクリート打設終了後，表層のケーシングを引く抜く。

(8) 掘削孔の埋戻し

コンクリートの打込み終了後，掘削孔の残り部分の埋戻しを行う。

(9) 杭頭処理

基礎工事のための掘削時には，主筋を掘削機械でひっかけて大きく折り曲げることがあるので，杭周辺に目印をするなど注意をする。杭頭が現われたら杭主筋内の土は，手作業で排出する。余盛り部分の除去は，杭本体を傷付けないように行う。一般にははつり機械（ブレーカー）で行われることが多いが，最近では，余盛り部分だけを容易に除去できる工法が種々考えられている。杭の主筋は基礎フーチング内へ所定の長さを定着させる必要があり，掘削作業時やはつり作業時に主筋を傷めないように注意する。

3-3 土工事

1. 概説

土工事とは，建物の基礎や地下部分を地中に築造するために地盤を掘削する**根切り作業**，根切り時点での周囲地盤の安定または地下水の遮水を目的とする**山留め作業**，湧水や雨水を排水するための**排水作業**，基礎構造体を築造した後に行う**埋戻し作業**などを総称したものをいう。

根切りは，土工事の中での主要な作業であるが，山留め工事および排水工事などとはそれぞれ相関関係にあるため，根切りの規模（深さ・面積），土質，周辺の状況などの諸条件を総合的に検討して，その工法を決定する。

敷地に余裕があり比較的根切り深さが浅い場合，また，根切り深さが多少深くても土質が安定している場合は，図3-24のような法付けオープンカット工法により掘削を行う。

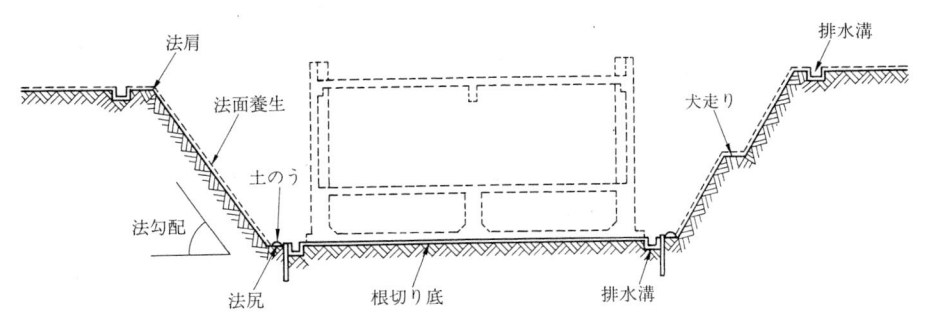

図3-24 法付けオープンカット工法

根切り周辺に安定した斜面（法面）が確保できない場合は，山留め壁を設けて土砂の崩壊を防ぎながら掘削する。山留め壁の種類は多種多様のものがあるが，そのおもなものとして図3-25に示すような(a)親杭横矢板，(b)鋼矢板，(c)ソイルセメント柱列壁（SMW），(d)場所打ち鉄筋コ

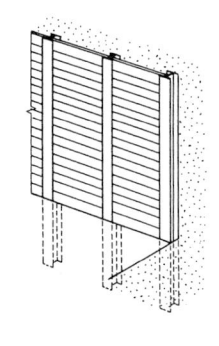

(a) 親杭横矢板
親杭(H型鋼・レール)を地中に設置し，掘削しながら矢板（木製）を親杭間にはめ込み山留め壁をつくる。

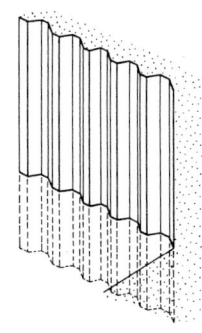

(b) 鋼矢板(シートパイル)
鋼板の矢板のジョイント部をかみ合わせながら地中に矢板を沈めて鋼製の壁をつくる。

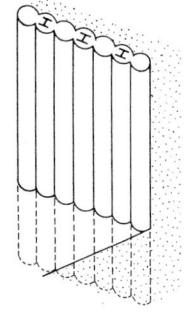

(c) ソイルセメント柱列壁
ソイルセメント柱を連続してつくり，その中に補強材（H型鋼）を挿入して柱列状の壁をつくる。

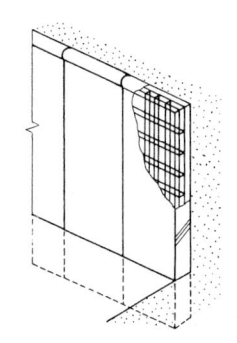

(d) 場所打ち鉄筋コンクリート壁（地中連続壁）
地中に壁状の孔を掘り，鉄筋かごを挿入してコンクリートを打設し連続壁をつくる。

図3-25 山留め壁の種類

ンクリート壁（地中連続壁）などがある。土質，地下水，周辺の状況などの条件を考慮して工法を選択する。

　山留め壁が自立できない場合は，切梁や地盤アンカーなどを設けて山留め壁の安定を図る。また，切梁支保工を架けるかわりに本設の躯体を利用して，地下工事を下へ向かって進める逆打ち工法もある（図3－26(d)）。

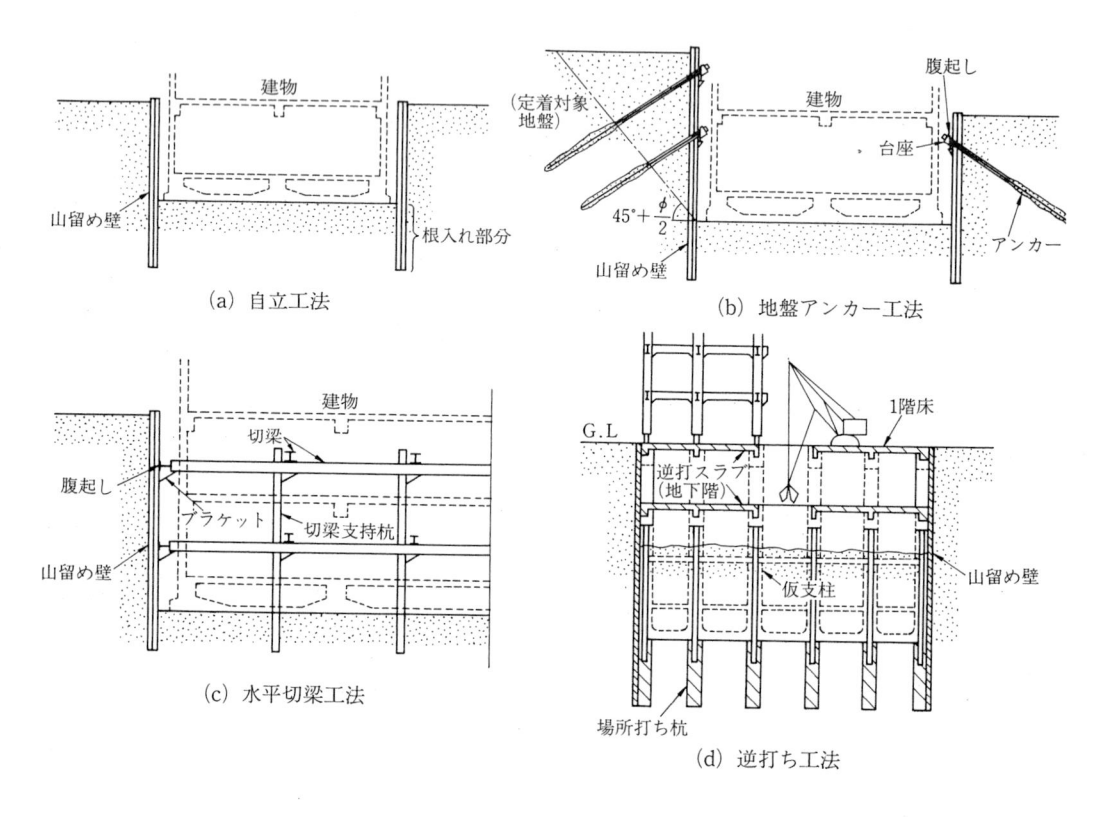

図3－26　山留め支保工の種類

　山留め計画をたてるとき，地下水・雨水・流入水などの処理についても検討が必要である。地下水処理工法を図3－27に示す。周辺地盤の変動，土砂の崩壊防止だけでなく，適切な水処理によって掘削時の良好な作業性と掘削地盤・法面の安定を確保することも重要である。その水の処理方法として，(a)釜場，(b)ディープウエル，(c)ウエルポイント等の排水工法がある。また，止水性のある山留め壁を遮水層（粘土層）まで打ち込んで，地下水が敷地内に流入しないようにシートパイル・ソイルセメント柱列壁・地中連続壁などの(d)止水壁を用いる工法がある。山留め工事を安全に進めるためには，切梁支保工の安定計算のほか，図3－28に示すような(a)ヒービング，(b)ボイリングなどについても計算を行い，安全性を検討する。工法の決定には，工事の安全性・施工性，コスト，近隣への影響などを考慮して総合的に判断する。

(a) 釜場工法

(b) ディープウエル工法

(c) ウエルポイント工法

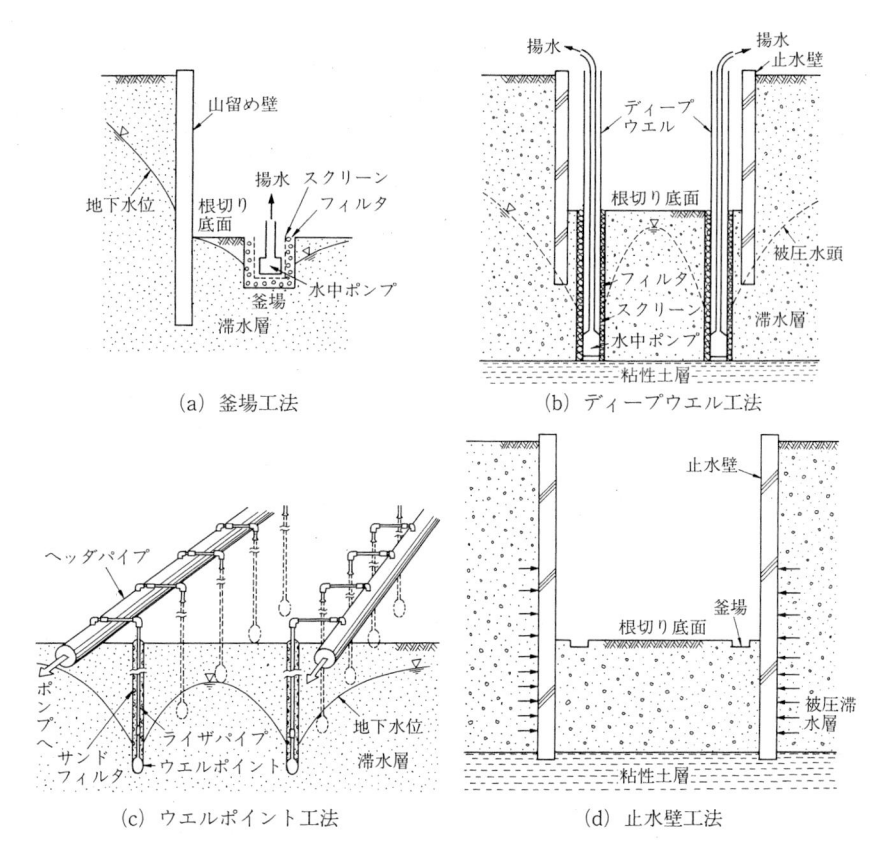

(d) 止水壁工法

図3-27　地下水処理工法の説明図

(a) ヒービング

(b) ボイリング

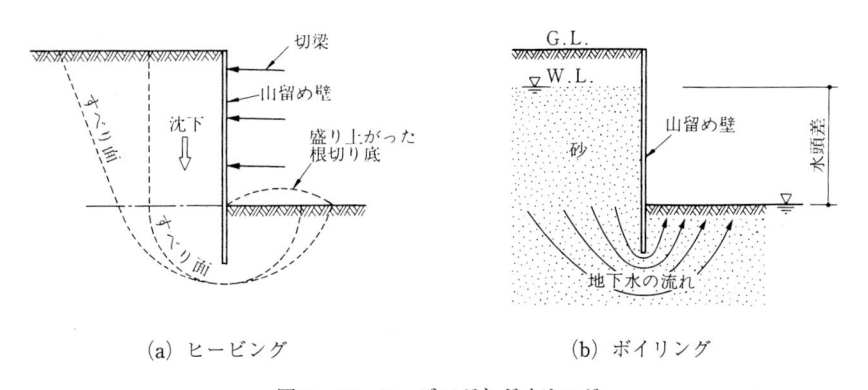

図3-28　ヒービングとボイリング

根切り工事には，すき取り・掘削・土の搬出などの作業がある。通常は機械を用いて行うことになるが，地質・掘削深さ・掘削量，湧水の状況などを考えあわせて掘削機械を選択する。一般に使用される掘削機械には，図3-29のようなものがある。通常の掘削には，図(a)のバックホウが多く用いられるが，地下工事の切梁支保工のような障害となるものがあるときは，図(b)または図(c)のクラムシェルと小型のバックホウやトラクタショベルと併用して行われる。

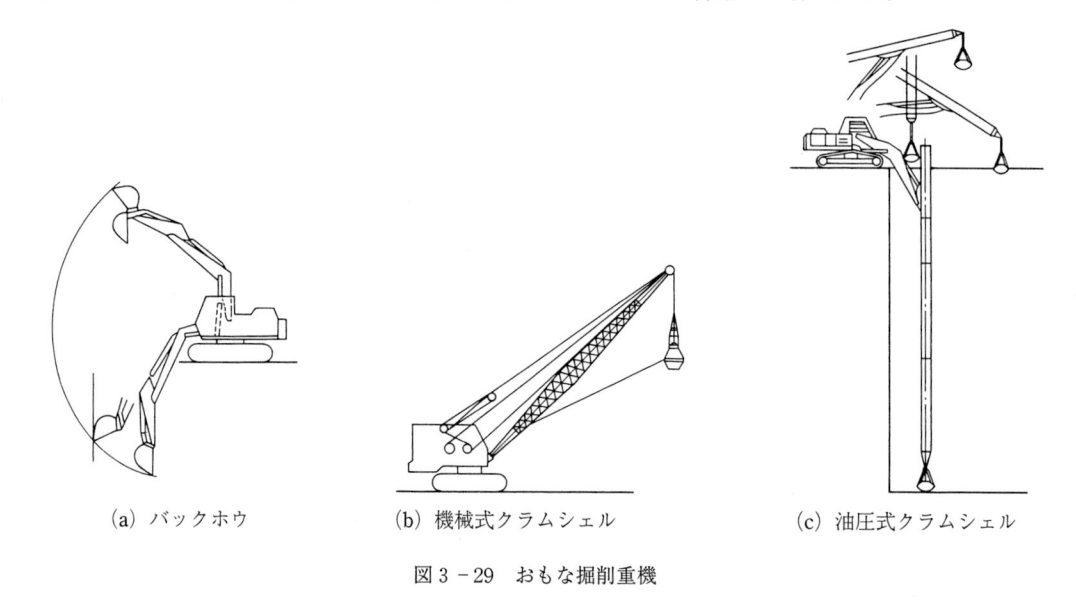

　　(a) バックホウ　　　(b) 機械式クラムシェル　　(c) 油圧式クラムシェル

図3-29　おもな掘削重機

2．工事概要

実例工事のA建物では，建物基礎が境界線に接し，そのうえ，前面道路には上・下水道管，ガス管などが埋設されているので，山留め壁を築造して掘削工事が行われた。ボーリング調査によると根切り底は地下水位より浅いため山留め壁には止水の必要性がないので，親杭横矢板工法が採用された。親杭の設置は，市街地でもあり，騒音・振動などの公害が発生しないように，アースオーガーによる埋込み工法が採用された。山留め計算を行い，親杭および矢板の形状・寸法などが決定された。

根切りは，バックホウによる機械掘りとし，敷地内に埋戻し用土を仮置きする余地がないので，掘削土は全量外部へ搬出処分となった。掘削土の搬出にあたっては，トラックの作業場への出入り，運搬経路，処分地での処理方法などに問題が発生しないように対策を講じ，効率よく作業を進めた。

土工事においても，他の工事と同様，正確に，効率よく，安全に作業を進められるように，基礎伏図・敷地測量図等を照合して施工図を作成して，それに従って工事を進める。

3. 施　工

(1) 山留め工事

(a) 親杭の設置（根固め工法）　親杭の設置は，既成杭根固め工法に準じて次のような順序で施工する。

① 山留め施工計画図を作成し，それに従って親杭の設置位置を地面に表示する。

② 杭打ち機のオーガーヘッドを所定の位置に鉛直にセットし，ヘッドの先端から安定液を噴射しながらゆっくりと削孔する。

表3－4に標準的な安定液の配合を，表3－5に掘削速度を示す。

③ オーガーの先端が所定の深さに達したら，根固め液を注入し，その後孔内に負圧が生じないように安定液を出しながらゆっくり引き上げる。

④ オーガーを引き上げると，直ちに親杭となるH形鋼をトランシットまたは下げ振りなどで鉛直性を確認しながら杭孔に挿入して親杭の設置を完了する。

参考　杭を所定の位置（間隔・通り）に正しくセットするために，図3－30のように前もってガイドとなる台座（H形鋼）を据え付けておき，それにジグを取り付けて行う。

(b) 横矢板入れ　根切りの進捗に応じて掘削側面に矢板を入れていく。矢板（厚板）は親杭のフランジに十分に掛かる長さに切断しておき，左右に遣り送りして親杭の間にはめ込む。矢板のすきまから土砂が流出しないようすきまなく矢板を入れる。矢板の裏には良土を十分充填して周辺の地盤がゆるまないように裏込めする（図3－31）。

はめ込んだ矢板が左右にずれないように，

表3－4　安定液の配合例
（親杭埋殺し・練上がり量0.5m³）

土　　質	セメント (kg)	ベントナイト (kg)	水 (m³)
砂質・砂礫地盤	120	25～50	0.55
シルト質・粘土質地盤	160		

表3－5　標準的掘削速度　　（m/min）

シルト・粘度・ゆるい砂	かたい粘度	締った砂・砂礫
3～4	2～3	1～2

図3－30　親杭の設置

図3－31　矢板入れ作業

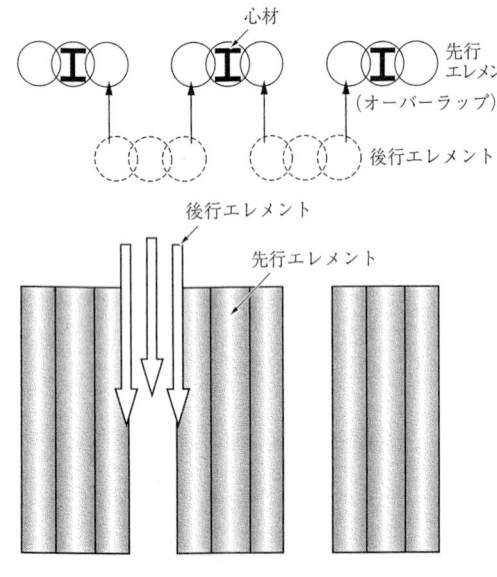

図3-32 SMW工法概要

図3-33 掘削状況

表3-6 標準混練速度

	掘削孔混練速度 (m/分)	引き上げ混練速度 (m/分)
粘性土	0.5～1.0	1～2
砂質土	1.0～1.5	

H形鋼のフランジ際で，木ずりと矢板を釘止めする。

(c) 施工後の管理　山留め壁を設置した後は，基礎の施工から埋戻しの完了までの間，山留め壁に変位・変形が起こっていないか，また周辺地盤に異常が発生していないかなど，状況を常時観測する。事故につながるような現象が発見された場合は，すばやく適切な処置を行う。

(2) 山留め工事(ソイルセメント柱列壁工法)

親杭横矢板工法と並んで，ソイルセメント柱列壁（SMW）工法も多く採用されている。掘削深度が大きい場合でも採用されることが多くなった。

図3-32にSMW工法の概要を示す。SMW工法は，セメントミルク[1]を注入しながらその位置の土を掘削・撹拌して，心材（H形鋼など）を適切な間隔で挿入する山留め壁である。SMWは，施工性が良く，止水性が高く，壁の剛性が高い。

(a) 掘削（削孔）

1) 山留め壁の位置出しを行い，壁体の施工精度を確保するためにガイド定規を正しい位置に設置し，ガイド定規に削孔心をマーキングする。山留め壁の心は，通常敷地境界から550mm程度離す。一般にSMWの構築は先行エレメントと後行エレメントに分けて行う。先行エレメントと後行エレメントは交互に配置し，先行エレメント構築後，後行エレメントを先行エレメントにオーバーラップして施工する。

---

1) セメントミルク：水，セメント，ベントナイトを混合したもの。

2) 掘削機械は通常，三軸のオーガーを使用する。図3-33のように掘削機のオーガーをマーキング位置に合わせ，施工機械のリーダーの鉛直度を確認して，掘削を開始する。掘削孔の径は通常450～550mm程度である。

3) セメント，水，ベントナイトなどを混合したセメントミルクをオーガーの先端から連続注入しながら所定の深度まで掘削し，原位置の土とセメントミルクを混練する。この時，均質な混合液となるように混練速度に注意する。土質ごとの標準的な混練速度を表3-6に，セメントミルクの調合の概略値を表3-7に示す。

4) 所定の深度に到達後，オーガーを数回上下させて反復混練し，混合液の均質化を図る。

5) セメントミルクを注入して混練しながらオーガーを引き上げる。

6) 掘削によって発生した泥土は多量のセメント分を含有しているため，硬化してから場外搬出する。廃棄処理方法の基準が各行政庁によって異なるため，その廃棄方法には十分留意する。

表3-7 対象土1m³当たりの標準調合

	セメント (kg)	ベントナイト (kg)	水 (l)
粘性土	300～450	5～15	450～900
砂質土	200～400	5～20	300～800
砂礫土	200～400	5～30	300～800

(b) 心材の挿入

掘削終了後，継続して心材のH形鋼を掘削した孔に挿入する。心材の大きさ，間隔は，事前に地盤状況や掘削深度によってSMW壁の剛性や耐力を検討して決定しておく。

1) H形鋼の自重を利用して孔内に鉛直に挿入し，所定の位置・深さに設置する。その際，孔壁を損傷しないようにする。図3-34に心材の挿入状況を示す。

図3-34 心材挿入状況

図3-35 SMW壁整形

図3-36 根切り状況

図3-37 杭間さらえ

図3-38 残土搬出

2) 心材を継ぐ場合は，上下の心材が一体となるように高力ボルトで接合する。

(c) 掘削時におけるSMW壁の整形

SMWは，地中部外壁と隙間なく施工され，地中部外壁の型枠として使用されることが多い。そのため，基礎工事の掘削時にSMW壁を心材（H形鋼）と同面になるように，はつり取る場合がある（図3-35）。一般に躯体とのクリアランスは50～100mm程度である。

(d) 施工後の管理

親杭横矢板工法と同様に埋め戻し完了まで，山留め壁に変位・変形が起こっていないか，また周辺地盤に異常が発生していないかなどの状況を常時観測する。

(3) 根切り

(a) 掘削・床付け・杭間さらえ　施工図に従って根切りの位置を地面に石灰で表示して，その位置を確認したうえで根切り（掘削）作業を開始する。作業はバックホウによって行い，掘削土をトラックに直接積み込みながら進める。掘削を行う作業順序は，掘削機械の作業半径，トラックの進入路等を考慮して，効率よく施工できるように計画をたて，その順序に従って掘削する。

ふつうは，一方から片押しの型で掘削作業を進める。

根切り深さは，ベンチマークからレベルを使って深さを確認しながら掘削する（図3-36）。根切り底は地盤を掘りすぎないよう，また，傷めないようにていねいに整地（床付け）する。根切り底に高低差があるところでは掘削の法こう配，また，型枠の施工に必要な余地などについても考慮す

る。

掘削は，先に設置した基礎杭に，掘削機のバケットが当たり杭に衝撃や損傷を与えたりしないよう慎重に行い，杭周辺は図3-37のように人力で排土（杭間さらえ）する。掘削が終了したら，杭頭の高さを確認する。

(b) **土の搬出**　掘削土量と搬出土のトラックの積載量，処分地までの走行時間などを勘案して，掘削作業が能率よく行えるようにトラックを配車する。

トラックが作業場から出るときは，道路を土砂で汚さないように洗車する。また，一般通行人への災害防止のため，出入口には監視誘導員を配置する（図3-38）。

(c) **砂利地業**　砂利敷きは，基礎・基礎梁より15～20cmの余幅が確保できるように行う。高さは基礎杭の側面や杭（棒鋼または木杭）に所定の高さを記して，その高さにあわせて水平に砂利を敷きつめ，振動コンパクターなどで締め固める。

(d) **捨コンクリート打ち**　捨コンクリートは，基礎底面を平らにして，この上に墨出しを行い，型枠・鉄筋などを正確に設置し，基礎工事を正しく行うことを目的として設けるものである。

1) **捨コンクリートの調合**　捨コンクリートは地盤の硬さ以上の強度が確保できればよく，その調合は設計図書に基づいて行う。

2) **捨コンクリートの打設**　敷砂利の上に捨コンクリート用の型枠を設置し，鉄筋工事，型枠工事が正しく行えるように高さや幅を決める。打設範囲は墨出し・型枠組立のことも考え，基礎・基礎梁より10cm程度大きくとる。一般に捨コンクリートの厚さは5cm程度とする。コンクリートの表面に凹凸や傾きなどが生じないように打設し，木ごてで仕上げる（図3-39）。

図3-39　捨コンクリート打ち

3-4　鉄筋コンクリート工事

1．概　説

鉄筋は，引張り力には強いが熱に弱く，さびやすい。コンクリートは，圧縮に強く，耐火性に優れている反面，引張り力には非常に弱い。しかし，両者の熱膨張率はほぼ等しい。これらの性質を利用して，鉄筋とコンクリートとを一体化したものが鉄筋コンクリート構造である。

鉄筋コンクリート工事は，建築物の構造体を築造するので，その品質管理が最も重視される。

設計図書やJASS5[1)]などに品質に関する規定が詳しく示されており，慎重な施工が要求される。鉄筋コンクリート工事は，**鉄筋工事・型枠工事・コンクリート工事**が中心となって行われ，その作業フローも複雑になるので，それぞれの工事を調整することも重要である。

鉄筋は，構造部材に生じる引張応力・せん断応力などに抵抗する役割を担っており，構造計算によって必要な鉄筋の量および位置が決められる。鉄筋とコンクリートは，その境界面の付着力によって応力が伝達されるため，鉄筋の回りにはコンクリートが密実に充填されていなければならない。このため，鉄筋の位置，鉄筋相互の間隔，鉄筋のかぶり厚さの確保が重要となる。また，鉄筋の端部はコンクリートに十分のみ込ませること（定着）が必要である。鉄筋の種類・形状，コンクリート強度，定着部位に応じた定着寸法，および鉄筋の末端部の曲げ加工の形状などが，**構造特記仕様**や**構造設計図面**に示されている。

型枠は，コンクリートを打ち込むための鋳型となる仮設構造物である。打ち込まれたコンクリートに精度のよい形と仕上がり状態を与えるものであり，所定のコンクリート強度が発現するまでの養生の役目をもつ。型枠は，コンクリート打設時の固定荷重，作業荷重，コンクリート側圧に対して，安全でしかも変形が生じない構造としなくてはならない。

型枠工事は人手に依存する面が多いことから，加工・組立・解体がしやすく，またその作業性をよくすることが，材料の選択と相まって，作業工程の短縮と作業の効率化，経済性に大きく寄与する。

コンクリートは，セメント・水・骨材（粗骨材・細骨材）に少量の混和材料（AE剤・AE減水剤・高性能AE減水剤など）を加えて練り混ぜてつくられる。現在，コンクリートのほとんどが生コン工場で製造され，工場からアジテータトラックによって現場へ運搬され，現場では，そのコンクリートをポンプ車を使って圧送して型枠の中へ打ち込む。打ち込まれたコンクリートは，一定の養生期間を経て，構造体としてのコンクリートとなる。

製造にあたっては，良質な材料を使用し，適切な調合を行うことが重要とされる。設計図書に定められたコンクリートの設計基準強度・スランプ・空気量などから，コンクリートの施工時期などを考慮してコンクリートの調合設計が行われ，水セメント比・単位水量・骨材量・セメント量などが決定され，それに従って調合することとなる。設計基準強度に，構造体コンクリートと供試体との強度差を割増し（ΔF，$3N/mm^2$）したものが品質基準強度であり，これに温度補正値（ΔT）を加えたものが，生コンを発注するときの呼び強度となる。

練り混ぜられたコンクリートは，所定の時間内に運搬・打込みを行い，密実なコンクリートになるように十分締め固める。コンクリートを打ち込んだ後は，硬化に必要な温度と湿度を適切に保ち，有害な振動や外力の作用を受けないように養生を行い，所要の強度，耐久性をもつ構造体コンクリートとすることが重要である。

---

1) JASS5：日本建築学会編「建築工事標準仕様書・同解説 鉄筋コンクリート工事」

2. 工 事 概 要

杭の設置および敷砂利・捨コンクリートなどの地業が終わると，次に鉄筋コンクリート造の基礎を施工する。この基礎に，上部構造の鉄骨構造体を正しく設置するためアンカーボルトを埋設する。

基礎構造は上部構造を支えるものであるため，その品質の確保が重要である。設計図書やJASS5などに示される基準に従って施工計画をたて，慎重に施工する。

工事に着手する前に，設計図書をもとにして基礎の形状・寸法などを表示した基礎コンクリート図を作成する。この場合，鉄筋の形状，アンカーボルトの位置，鉄筋の加工形状および配筋の状況などをよく把握して，相互の整合がとれているかどうかを検討する。また，意匠上の納まりに留意する。納まりに不都合な箇所があれば，監理者と協議して変更を行う。

工事現場での作業は，基準点（B.M.）から基準線を引き出し，基礎コンクリート図をもとに捨コンクリートの上に墨出しを行うことからはじまる。次に作業用通路および軽微な資材の仮置き場としての地足場を組み立てる。鉄筋の組立を行う前に，鉄骨のアンカーボルトを据え付け，続いて鉄筋・型枠の組立を行った後，基礎のコンクリートを打設する。

これらの作業を円滑に進めるために，事前に関係者と十分打合せを行い，各種資材や作業員の確保に支障をきたさないように，準備期間を考慮して手配をしておく。工事中は，就労人員と作業量を絶えずチェックして，できるだけ経済速度で工事が進捗し，また安全と品質が確保できるように管理する。

3. 施　　工

3.1　墨出しおよびアンカーボルトの設置

B.M.から建物の基準線を捨コンクリート上に印し，それをもとに基礎・柱・基礎梁などの位置を明示して基礎の鉄筋コンクリート工事および鉄骨のアンカーボルト据付けのよりどころとする作業である。また，この墨出しによって，先に設置した杭の位置精度の確認を行う。

鉄筋の組立に先立ち，墨を基準にしてアンカーボルトを正しく，強固に設置する。

(1) 墨出し作業

(a) B.M.にトランシットを据え付け，その通りの反対側のB.M.を視準して，通り心を捨コンクリートの上に印す。通り心に杭などがあって墨付けができない場合は，返り墨（逃げ墨）を打っておく。通り心のかわりに柱心でもよいが，通り心と柱心とは必ずしも同一線上にあるとはかぎらないので，間違いのないように表示する。

図3-40　基礎の墨出し

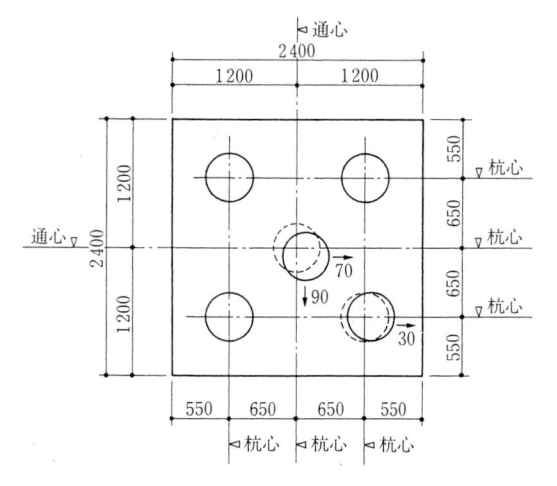

図3－41　杭心チェック図

柱・基礎フーチング・基礎梁などの墨出しは，すべてこの通り心を基本にして行う。柱・基礎フーチング・基礎梁の取合部や隅角部には，図3－40のように要所を太く墨付けしたり，ペンキで色分けするなどして，その範囲がわかりやすくする。

(b) 墨出しの結果，捨コンクリートの面積が不足していることが判明した場合は直ちに捨コンクリートを打ち足す。

(2) **杭心のチェック**

(a) 杭の設置には往々にして誤差の生ずることがある。墨出し後は必ず杭全数についてその位置を調査し，XYの両方向に対してどれだけ誤差（偏心値）が生じているかを調べる。その結果を図面上に図3－41のように表し，監理者に報告する。

(b) 偏心値が許容値を超えた場合は，基礎フーチングや基礎梁の補強を行う。補強の方法は監理者の指示に従う。

(3) **アンカーボルトの設置**

捨コンクリートの上に出した墨にあわせて，鉄骨のアンカーボルトを設置する。アンカーボルトの位置の精度がわるいと，鉄骨構造体そのものの精度および工程に悪影響を及ぼし，その調整に多大の労力と時間を浪費することになる。アンカーボルトは正確に据え付け，コンクリートの打設が終わるまで動かないように固定する。

一般に，鉄骨の柱脚と基礎・基礎梁などの鉄筋コンクリート部分との接合は，剛接合（または半剛接合）あるいはピン接合として設計されるが，それらの柱脚は露出形式・根巻き形式および埋込み形式の三つに大別される（図3－42）。

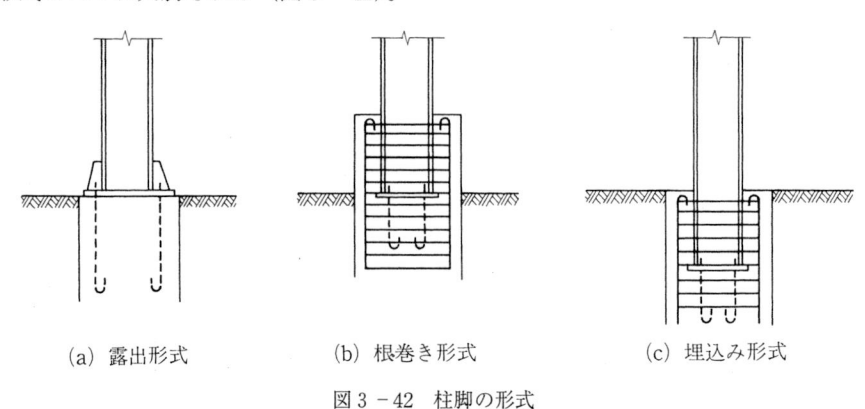

(a) 露出形式　　(b) 根巻き形式　　(c) 埋込み形式

図3－42　柱脚の形式

実例工事のA建物では，柱脚の納まりに固定度が大きくとれる露出柱脚工法が用いられており，中低層の建物ではよく採用されている。この工法は基礎コンクリートの打設後アンカーボルトに張力をかけることによって固定端としている。アンカーボルトはコンクリートとの間に付着力が発生しないアンボンド形式のものが採用されている（図3－43）。

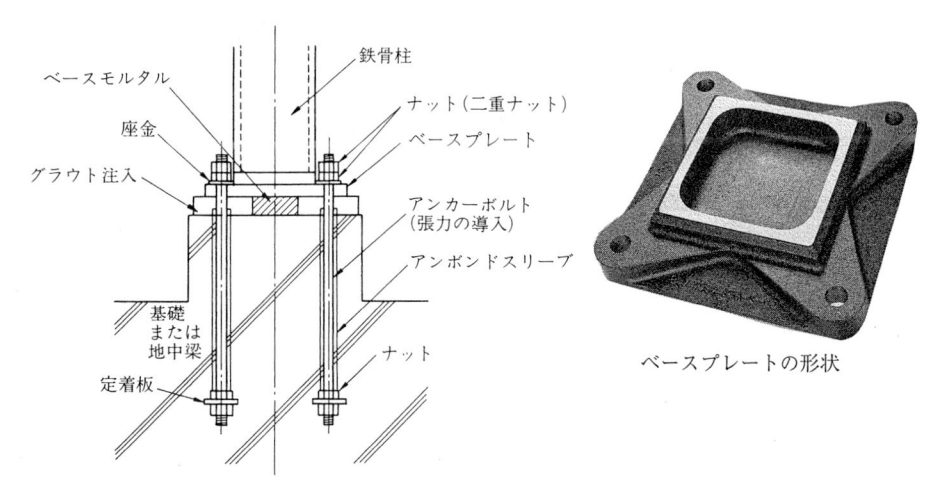

図3－43　固定端とする露出柱脚の一例

(a)　**ボルトの設置作業**　　柱の墨を確かめて，図3－44のように捨コンクリート上に山形鋼（L-75×75程度）を使ってボルトを固定するためのフレームを組み立てる。フレームの脚部は，捨コンクリートに後打ちアンカーなどで固定する。フレームの横アングルにアンカーボルト用の穴をあけた型板を墨に合わせて溶接で取り付け，それにアンカーボルトを通してナットで締め付ける。ボルトの頭部にも型板を配してナットで締め付けて固定する。

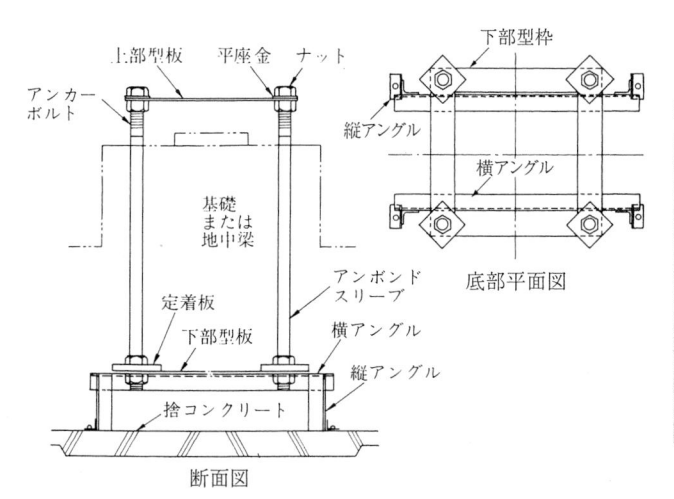

図3－44　アンカーボルトの設置

図 3-45 ボルトの設置補強の例

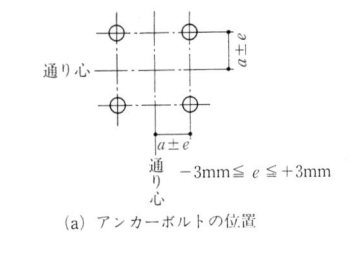

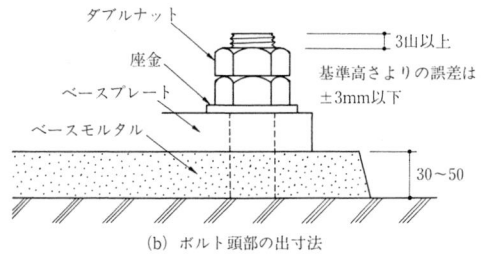

(a) アンカーボルトの位置
$-3\text{mm} \leq e \leq +3\text{mm}$

(b) ボルト頭部の出寸法
ダブルナット／座金／ベースプレート／ベースモルタル
3山以上
基準高さよりの誤差は±3mm以下
30〜50

図 3-46 アンカーボルト設置の精度

図 3-47 地足場

ボルト径が大きくて，フレームと下部の型板だけでボルトの頭部が確実に固定できない場合は，図3-45のようフレームを上部型板まで立ち上げ，これに鉄筋などで控えを設け，補強する。

アンカーボルトの設置の精度は図3-46に示す数値を目標として精度よく設置する。

(b) **ボルトの養生** アンカーボルトの上部ねじ部は，鉄骨の建方までに，さびが出たりコンクリートが付着したり，ねじ山が損傷したりしないよう，グリスなどを塗布し，その上をテープなどで養生する。

(4) **地足場の組立**

鉄骨アンカーボルトの設置と平行して地足場を組み立てる。地足場は，作業員の通路，資材の置場，ときにはコンクリート打設用の配管足場等に使用する（図3-47）

(a) **地足場の材料** 通常，地足場は足場用丸鋼管（単管：$\phi 48.6 \times t 2.3 \ \ l = 2 \sim 6$ m）を主材とし，これに付属金具を用いて組み立てる。作業床としての足場板も鋼製のものが一般的である。いずれも規格が定められており，これに合格したものでなければならない。また，これらの仮設材は繰り返し使用されるものであるから，適正に整備・点検されたものを使用する。

(b) **組立**

1) 基礎コンクリート図を照合して，基礎や基礎梁の鉄筋および型枠工事などの作業が，支障なく安全に能率よく行えるように，足場の位置，高さ，幅員などを検討して，足場計画図を作成する。敷地の狭い工事現場では，敷地内に資材を仮置きする余裕がないので，地足場の面積

を多少大きくして，少量ではあるが，資材を足場上に仮置きできるように計画している。
2) 足場の組立は次の点に留意して行う。
　① 建地の間隔は2m以内とし，その脚部が沈下しないように敷板などを敷き込む。
　② 足場が傾いたりゆれたりしないように，筋かいを設ける。
　③ 足場板は三点支持となるように敷き詰め，移動しないように根太に緊結する。
　④ 手すりや幅木を適切に設置する。
　⑤ 足場材が型枠や鉄筋に接していると，作業による振動で基礎コンクリートに悪影響を与えるおそれがあるので，接しないように組み立てる。

3.2 鉄筋工事
(1) 施工図の作成

仕様書，構造設計図，配筋指針に基づき，コンクリート図と照合しながら鉄筋の施工図を作成する。柱・梁の交差部や鉄骨のアンカーボルトの入るところでは，鉄筋やアンカーボルトが錯綜して正しい位置に納まらなくなることがある。

鉄筋相互の間隔・かぶり厚さが所定の寸法を確保できるように，事前に納まりを検討する。ときには，現寸図を書いて支障なく施工できるかどうかを検討する。施工図を書くことによって，鉄筋の加工形状・組立上の納まり・継手位置などを明確にすることができ，また必要な鉄筋の種類・径・長さ・本数などを正確に把握することができる。

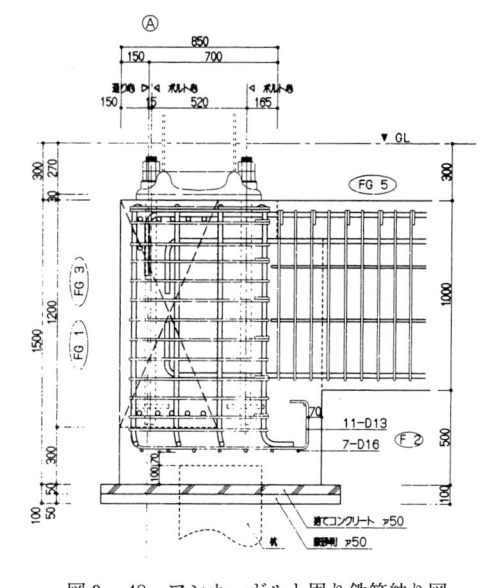

図3-48 アンカーボルト周り鉄筋納り図

施工図には次のようなことを記載する。
　① コンクリート部材の記号，断面の大きさ
　② 柱・梁の内法寸法，柱心の位置
　③ 鉄筋の種類・径・本数
　④ 機械式定着または折曲げ定着
　⑤ 折曲げ半径および余長
　⑥ かぶり厚さ，またはコンクリート面からの寸法
　⑦ 鉄筋の定着長さ，加工形状，継手の位置
　⑧ あばら筋・帯筋の径と間隔，およびフックの折曲げ角度と長さ

⑨ 梁のカットオフ筋・中吊り筋の余長

(2) 施工業者との打合せ

(a) **加工に関する打合せ**　施工図および特記仕様書・配筋標準図を示して，加工の詳細について打合せを行う。加工場所・保管方法・加工の精度および工程などについて確認する。また，工事の工程に合うように材料の搬入日および加工の日程を検討し，長期間鉄筋を放置することのないようにする。

(b) **組立に関する打合せ**　組立に先立って，運搬・保管・揚重について打合せを行う。とくに，加工を工事現場の外で行う場合は，工事現場に材料を搬入すると直ちに荷揚げしなければならないので，揚重機のスケジュールについて十分に検討する。

組立に関する打合せは，施工法，建込み順序，開口部および特殊部分の補強方法，仮設足場，工程・安全管理などについて行う。

(c) **鉄筋継手業者との打合せ**　ガス圧接作業は，通常，鉄筋の組立とは別の業者が行うため，圧接工の資格・工程および天候の状況（寒冷，強風）等について別途に打合せを行う。

主筋の継手には，機械式継手・溶接継手などもあり，いずれの工法を採用するか特記仕様書を確認し，事前に十分検討しておく必要がある。

(3) 材料の発注・受入れ

(a) **鉄筋の発注**　設計図書および施工図より，材種別・径別・長さ別の数量表（明細書）を作成し，メーカーに注文して，現場の工程にあわせて納入させる。

(b) **鉄筋の受入れ**

1) **受入れ時の検査**　搬入された鉄筋は，荷降しの際に種類・径・長さ・数量をチェックする。その際に，鉄筋に添付してある図3－49のような材料標示表（プレート）と，提出

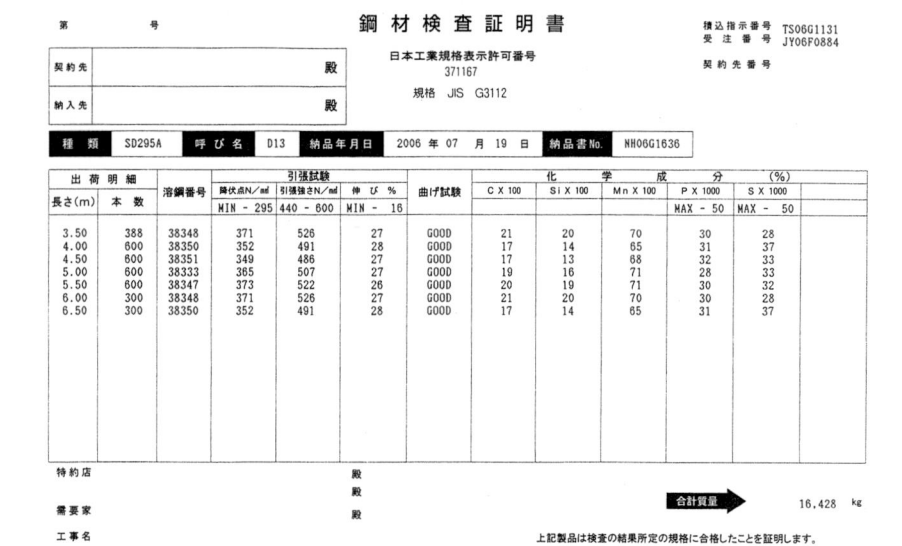

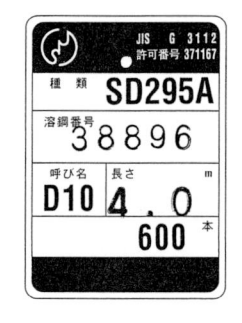

図3－49　プレートおよびミルシート

されたミルシート（鋼材検査証明書）とを照合して，JISに定められた規格品であることを確認する。抜取検査が指定されている場合は，JISに定められた試験要領によって公的機関で試験を行い，その結果を記載した材料試験成績書を監理者に提出する。

2) **保管に際しての注意事項**　鉄筋材を保管するときは，直接地面に鉄筋が接しないように，図3-50のように，まくら材を敷き，鉄筋の上にはシートを掛けるか，上屋を設けるなど，さびが発生しないように留意する。また，鉄筋は，種類別・径別・長さ別に整理し，加工作業や在庫管理が行いやすいようにする。

(4) **鉄筋の加工**

鉄筋加工図・配筋標準図に従って，鉄筋の切断・折曲げなどの加工を行う。切断はシヤーカッターまたは電動カッターで行い，折曲げ加工はベンダーなどの機械を用いて行う。ガスなどで加熱することなく常温で加工する。鉄筋の曲げ角度，末端のフックの形状は規定どおり精度よく加工する。要所については現寸図をおこし，加工見本をつくり，曲げ角度・半径・長さ・形状などが誤りのないように加工する。

(5) **鉄筋の組立**

(a) **組立**　鉄筋の組立作業は，型枠の組立作業をはじめ各種の作業が輻輳して行われるので，迅速で，手戻りや手直しのないように順序よく行う。設計図・配筋基準・施工図に従って，次の点に注意して正しく組み立てる（図3-51）。

① 鉄筋の位置，かぶり厚さを正確に保持するために，適切なスペーサーを取り付ける。基礎梁の場合は，梁せいが高くて組み立てにくいので，鋼製のT型支柱を使用するなどして主筋の位置を保持する。

② コンクリートの打設時に鉄筋が移動しないように，鉄筋相互を結束線（φ0.8mmなまし鉄線）で堅固に緊結する。

③ 鉄筋の定着長さ，継手位置は配筋標準図および施工図に従って行う。

④ 開口部周りには補強筋を配筋標準図に従って配筋する。

図3-50　鉄筋の保管　　　　　　　　　　　　　図3-51　鉄筋の組立状況

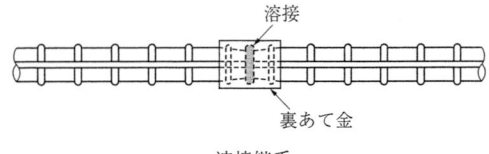

溶接継手

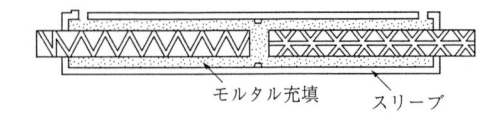

機械式継手（無機グラウト継手）

図3-52 溶接継手と機械式継手

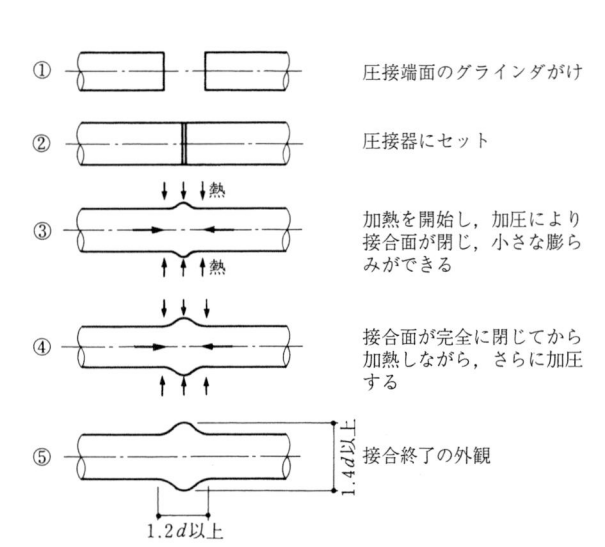

① 圧接端面のグラインダがけ
② 圧接器にセット
③ 加熱を開始し，加圧により接合面が閉じ，小さな膨らみができる
④ 接合面が完全に閉じてから加熱しながら，さらに加圧する
⑤ 接合終了の外観　1.4d以上　1.2d以上

図3-53 ガス圧接継手をつくる手順

図3-54 ガス圧接作業

⑤ コンクリートの打継ぎ面に行う差し筋は，規定どおりの定着長さで正しい位置に挿入する。

(b) **ガス圧接作業**　鉄筋の継手には，一般的に用いられる重ね継手とガス圧接継手のほか，各種の溶接継手や機械式継手がある（図3-52）。

重ね継手は，鉄筋を重ね合わせ，周囲のコンクリートの付着力によって応力の伝達を図ろうとする継手であり，一般にD16以下の径の鉄筋の継手に用いられる。

ガス圧接継手は，接続しようとする鉄筋の両端面を平滑に研磨加工した後，両端面を突き合わせ，その付近をガス炎で加熱し，同時に鉄筋軸方向に圧縮力を加えて溶着する継手である（図3-53）。鉄筋の継手にはほとんどガス圧接継手が採用され，D19～D51の鉄筋の継手に用いられる。極太径の鉄筋の圧接には，自動ガス圧接工法が用いられることが多い。ガス圧接作業状況を図3-54に示す。良好で信頼できる接合部を得るため，次の点に注意して作業を行う。

1) **圧接工の資格**　圧接する鉄筋の種類および径に適応できる技量を有する有資格者で行う。

2) **鉄筋圧接面**　鉄筋の端面は軸方向に直角に加工し，さび・油などを除去し，平滑に研磨する。鉄筋を突き合わせたときのすきまは3mm以下とする。

3) **外気条件**　気温が高いときにはガスが高温にならないように日射を防ぐ。

降雨時および強風時には，原則として作業を行わない。やむを得ず行うときは，降雨時では雨水に対する養生を，風速が

6 m/s以上の場合は風除け覆いなどの設備をする。

4) **圧接作業**　圧接しようとする両鉄筋は，偏心や軸曲がりのないように堅固に圧接器に取り付け，多口式（4口以上火口のある）バーナーで圧接部および周辺を加熱してふくらみのある接合部をつくる。作業は標準どおりに行うことが必要である。

(c) **検　査**　鉄筋の組立作業が終わると，型枠・コンクリート工事を行うまでに配筋検査を行う。設計図書どおりに配筋がされているかについて，まず工事担当者が自主検査を行い，その後で監理者の検査を受ける。検査は次の事項について行う。

1) **配筋の検査**　各部位の鉄筋の種類・径・本数を確認する。継手および定着の位置と長さを確認する。かぶり厚さ・あき間隔・固定状態を確認する。自主検査を行うときは，各部位の配筋状況を記録するために工事写真を撮る。

2) **圧接部の検査**　圧接作業が終了後，以下に示す外観検査および非破壊検査を行う。

　　a) 外観検査

　　形状・寸法に問題がないか検査する。

　　形状（ふくらみが滑らかで，曲がりがない。）

　　寸法（ふくらみの寸法，軸心のずれ。図3-55）

　　b) 非破壊検査

　　（日本圧接協会NAKS0001による）

　　超音波探傷検査を行い欠陥の有無を確認する（図3-56）。

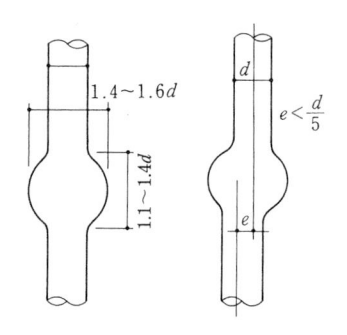

(a) 寸法　　(b) 軸心のずれ

図3-55　圧接部の寸法

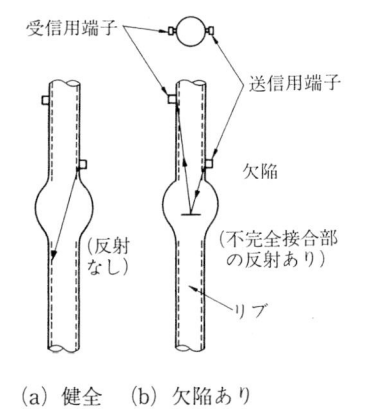

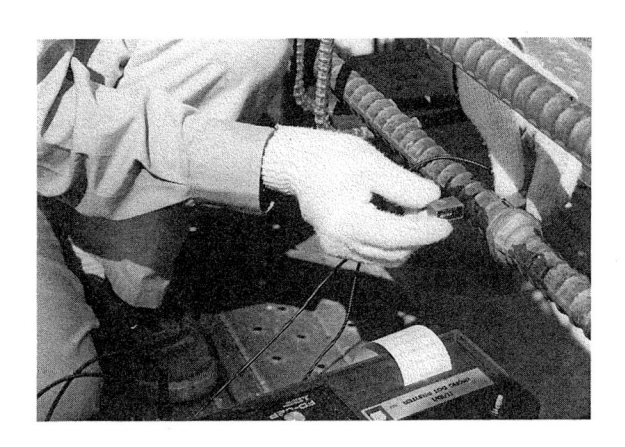

図3-56　超音波探傷検査

c) 破壊検査

作業の終了した箇所から試験片を抜き取り，外観・曲げ・引張試験を行う。

試験は公的検査機関で行う。

通常，外観検査は圧接箇所の全数について行い，その後，非破壊検査または破壊検査による抜取り検査を行う。

検査の種類および検査の数量は設計図書による。

検査の結果，不合格となった場合は，仕様書に定められた方法，または監理者の指示に従って，直ちに是正する。

3.3 型枠工事

(1) 材料

(a) **せき板**　コンクリートに直接接する板であり，通常は耐水合板（日本農林規格，コンクリート型枠合板）が用いられる。合板の表面に樹脂塗料を塗布して，何回も転用できるように耐久性をもたせたものもある。一般に，厚さ12, 15mmの合板が用いられる。一度使用した合板を転用するときは，表面の清掃を行い付着したコンクリートを取り除き，穴あきなどのないものを使用する。

(b) **支保工**　せき板を支持する材で，桟木・バタ・支柱などがある。

バタは，柱・壁・梁などの側面のせき板を押さえる部材で，通常，鋼製またはアルミ製の管（丸また角）を用いる。支柱（サポート）は上部からの荷重を支えるものであるため，基礎工事では使用することは少ないが，型枠の移動を防止するために，突っぱり用として用いることがある。

(c) **締付け金物**　フォームタイ・セパレータなどがある。せき板とせき板との間に所定のコ

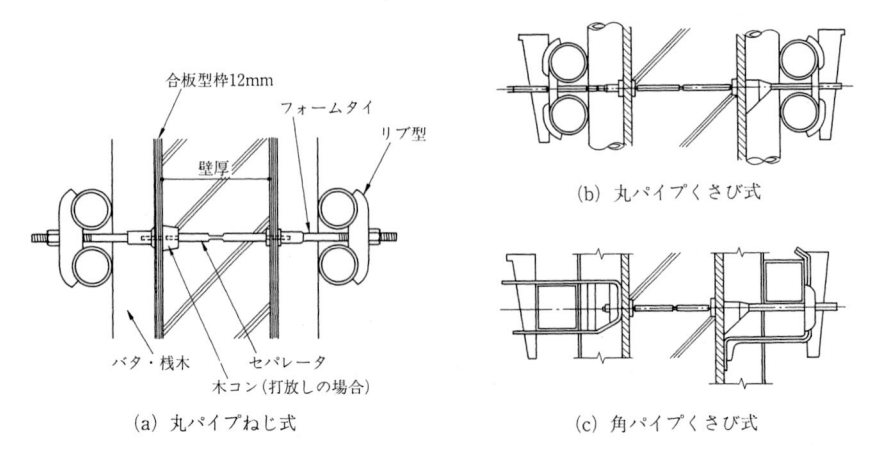

図3-57　型枠締付けの機構と型式の例

ンクリート厚さを確保するためのセパレータを入れ，その両端にフォームタイを取り付けてバタを締め付け，コンクリートの側圧に抵抗させるものである。フォームタイにはいろいろな形式のものがある。図3-57にその型枠の締付けの機構と，よく使われるフォームタイの例を示す。

(2) 組　立

(a) **型枠の施工計画**　　コンクリート図をもとにして，型枠の主要箇所について，せき板の割付，断面詳細，支保工の間隔などをチェックし，型枠の構造について検討する。コンクリートの側圧に耐えるように，バタ（または桟木）およびフォームタイの間隔を検討する。

　　せき板は，切断ロスが少なく，また，基礎梁の天端より高くなりすぎてコンクリート打設に支障をきたさない程度のサイズの合板を準備する。

(b) **組　立**　　基礎・基礎梁の型枠の組立は，鉄筋の組立がほぼ完了した時点から始める。鉄筋のスペーサー，配管用のスリーブおよびその補強筋等が配置されているのを確認し，また捨コンクリート上にごみ・土砂などがあれば，事前に取り除き清掃してから組み立てる。

　　まず，捨コンクリートの上に印された型枠用の墨にあわせて，桟木をコンクリート釘で捨コンクリートに止め，それにあわせて片側の型枠（合板パネル）を建て込み，この型枠に計画した位置にセパレータを取り付けてフォームタイで固定する。次に，反対側の型枠をセパレータを通して建て込み，バタを配置してからセパレータにフォームタイを取り付け締め付ける。組み上がった型枠は，下げ振りや水糸を使って垂直

図3-58　型枠の組立て

性や通りを確認し，コンクリート打設時の荷重や振動に耐えるように，桟木・サポートなどで控えをとり固定する（図3-58）。

　　このとき，地足場などに型枠が接していると，振動が伝わったり，型枠が歪んだり，コンクリートの硬化に悪影響を及ぼすことがあるので注意する。

3.4　コンクリート工事

(1) **コンクリート打ちの準備・打合せ**

　コンクリートの打込み作業は，コンクリート打込み業者のほかに鉄筋・型枠・設備などの業者も一緒になって行う。品質を保持し，作業を効率よく，かつ円滑に進めるために，次のような準備と打合せを行う。

(a) コンクリートの準備

1) **生コンクリート工場（生コン工場）**　　JIS表示許可工場であることを確認する。

生コン工場と当該作業所との距離を確認し，所定の時間内にコンクリートを打設できるか確認する。

生コン工場のコンクリート出荷能力を確認し，コンクリート打設計画に問題がないかを検討する。

2) **生コンの発注**　　通常，生コンの注文は，①コンクリートの種類，②呼び強度，③スランプ，④粗骨材の寸法，⑤セメントの種類，⑥打設量を指示して行う。

コンクリートの調合は，一般に生コン業者が行うことになっているので，配合表を提出させて調合を確認する。生コンでは，コンクリート強度は単位のない呼び強度で示すことになっている。一般に，コンクリートの圧縮強度は，水セメント比によって決められる。品質基準強度（設計基準強度＋強度補正 3 N/mm²）に温度補正値を加えた強度から水セメント比を定める。スランプは，コンクリートの作業性（ワーカビリティ）の目安となるもので，空気量や加水量などによって左右される。スランプを大きくすると，流動性はよくなる反面，ひび割れ，その他不具合が発生する。一般に，スランプは18cm（基礎では15cm）以下とする。コンクリートの耐久性を確保するために，JASS5では調合に関して次の事項を規定している。

① 単位水量はなるべく少なくする（185kg/m³以下）。
② 水セメント比は65％以下にする。
③ 単位セメント量は270kg/m³以上とする。
④ AE剤やAE減水剤を用いて，空気量を4.5％とする。
⑤ コンクリート中の塩化物量を0.30kg/m³以下とする。
⑥ 骨材はアルカリ骨材反応を起こさないものを使用する。

3) **品質検査**　　コンクリートの品質管理のために下記の検査を行うことが規定されている。

a) **受入れ検査**　　発注条件どおりの品質のコンクリートが現場に納入されたかどうかをチェックするためにフレッシュ試験（スランプ・空気量など）を荷卸し地点で行う。

b) **構造体コンクリートの圧縮強度の検査**　　打ち込まれたコンクリートの材齢28日の圧縮強度が設計基準強度を確保していることを確認するために行う。その他の強度試験としては，7日強度試験を行い，その結果をもとに28日圧縮強度を推定できるように義務づけられている場合がある。また，型枠の取りはずし時期を確認するために，特定の材齢の強度試験を行うことがある。

(b) **打込み作業の準備**

1) **打設量および打設区画の設定**　コンクリート打設機械（通常はコンクリートポンプ車）の打設能力，道路交通事情・敷地の状況による生コンの搬入・受入れ能力，および建物の形状・構造形態などを考慮して，1日当たりの打設区画と打設量を決定する。

　区画を設けて打ち継ぐ場合は，原則として梁・スラブのスパンの中央付近で垂直に行う。打継ぎ箇所のコンクリート止めには，種々の方法があるが，図3-59のようにエキスパンドメタルを用いることが多い。

　柱・壁は床スラブまたは基礎の上端で水平に打ち継ぐ。

図3-59　打継ぎ箇所のコンクリート止めの例

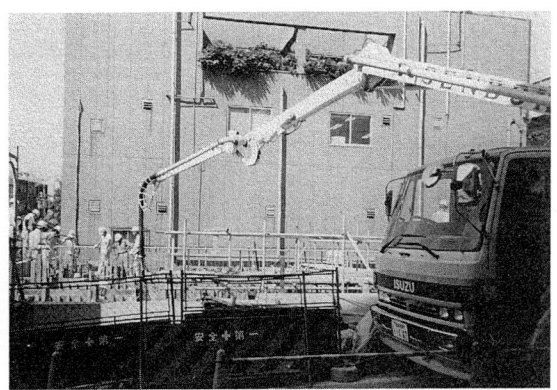

図3-60　ブーム付きポンプ車によるコンクリート打設

2) **打設機械の決定**　通常はコンクリートポンプ車を使用する。ポンプによってコンクリートを圧送するものであり，圧送管をつなぎ合わせることで100mを超える高さ・距離まで圧送できる。ブーム付きポンプ車は，ブームによって圧送管の筒先を直接打設箇所へ届かせることができるので，基礎や軒高の低い建物の場合によく用いられる。打設場所を考慮して機種を決定する（図3-60）。

3) **打込み順序の決定**　原則として，コンクリートポンプ車から遠く離れた場所から打ち込むように計画する。鉄筋や型枠および打設ずみのコンクリートに有害な振動を与えないように，配管の経路，方法を考える。

4) **コンクリート打ち要員の配員**　コンクリート量，施工の難易度を考慮して人数を決定する。それぞれの持ち場の責任が果たせるように配員を考える。

　コンクリート打ちは下記の要員で行う。

　a) **コンクリート圧送工**　コンクリートの圧送と配管替えを行う。コンクリート圧送施工技能士資格を有するものとする。

　b) **コンクリート打設工**　振動機・突き棒・木づちなどを用いて圧送されたコンクリートを所定の場所へ打込みおよび締固めを行い，順次コンクリートならしを行う。

c) 鉄筋・型枠・設備工は自らが行った工事の点検と乱れ直しを行う。

　　d) コンクリート試験係　圧縮強度用コンクリート供試体（テストピース）の採取，スランプ・空気量等の測定を行う。

　　e) 配車・交通整理係　打設状況に応じたミキサー車の手配と生コン工場との連絡を行う。現場付近の車の誘導と第三者の安全確認を行う。

　5) **コンクリートの施工計画の徹底**　コンクリートを打設する前に，コンクリート工事担当職員ならびに協力業者全員に施工計画とその他留意事項について説明する。

(2) **コンクリートの打ち込み**

(a) **打込み前の掃除および散水**　コンクリートを打設する前に，型枠内を点検し，雑物があれば取り除き水洗いする。また，せき板およびコンクリートとの打継ぎ部分に散水して，打ち込まれたコンクリートの水分が過剰に吸収されないようにする。

(b) **コンクリートの圧送**　コンクリートを円滑に圧送できるように，水およびモルタルを先送りする。この先送りモルタルの強度はコンクリート強度より高いものを用い，構造体へは打ち込まないようにする。圧送されたモルタルに異常を認めた場合はその部分を廃棄する。

(c) **打込み**　コンクリートの打ち込みに際しては以下の項目に留意する。

①　コンクリートの打込みは，練混ぜ開始から120分以内に完了する（気温25℃未満の場合。25℃以上の場合は90分以内）。

　なお，生コンの荷降しは練混ぜから90分以内に完了する。

②　コンクリートは，できるだけ低い位置から打ち込む。

③　型枠の内部でコンクリートを横流しすると骨材が分離しやすいので，圧送管の筒先をできるだけ打込み箇所に近づけて，垂直に打設する（図3-61）。

④　締固めを十分に行う。締固めは棒状の振動機（バイブレータ）のほか，たたき，つつきなどを併用して行う。振動機の挿入間隔は60cm程度，挿入深さは先に打ち込まれたコンクリートに10cm程度とし，10秒/回程度の時間内で行う。振動機を直接鉄筋に当てたり，凝結しはじめたコンクリートに挿入しないようにする（図3-62）。

図3-61　コンクリートの打込み・締固め

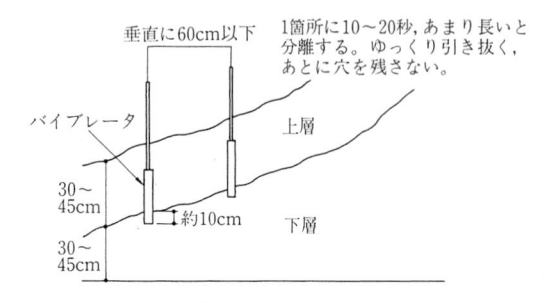

図3-62　バイブレータ（内部振動機）の正しい使い方

⑤ 配管の段取り替え，休憩などによって圧送を一時中断する場合は，配管内のコンクリートの硬化を防止するために，少量ずつ圧送する。

⑥ コンクリートは，図3-63のように上端を示すために型枠内面に打った釘，または目地棒の高さにあわせて打ち込み，木ごてでていねいにならす。上部との打継ぎとなる面にはレイタンスがたまらないようにならす。外部に面するところは外へこう配をつけておく。ならし作業の際に，壁または土間配筋用の差筋が乱されていたときは，正規の位置に直しておく。

⑦ 圧送作業が終了すると，配管内のコンクリートを空気または水を送って清掃する。この場合，押し出されたコンクリートは廃棄する。コンクリートの廃棄場所はあらかじめ決めておく。

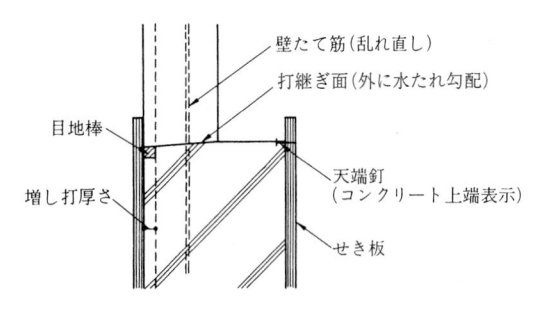

図3-63 打継ぎ面の均し

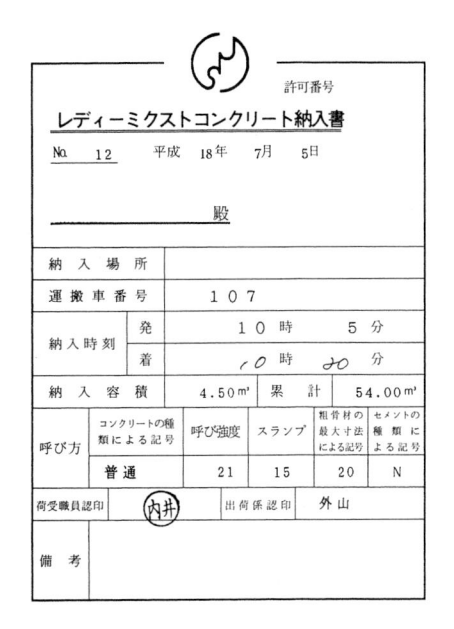

図3-64 レディーミクストコンクリート（生コン）の納入伝票図

(3) 養　生

(a) コンクリートの打込み後は，冬季にはシート・むしろなどで寒気を防ぎ，夏期や乾燥の激しいときは適宜に散水して湿潤状態を保つ。

(b) コンクリートの打込み後は，振動および衝撃を与えないようにする。

(4) 品質検査

(a) 受入れ検査

① **コンクリートの種類，運搬時間の確認**　生コンクリートを積んだミキサー車が工事現場に到着したとき，1台ごとに納入伝票（図3-64）の内容をチェックし，コンクリートの種類，品質が指定どおりのものであるかどうか，また，決められた時間（JISでは90分）以内に納入されているかどうかを確認する。

図3-65　コンクリートテスト用器具

図3-66　スランプテスト

図3-67　コンクリートの受入検査

② **コンクリートの受入れ検査**　納入伝票の内容が発注どおりであることを確認した後，荷卸し地点で，受入れ検査を行う。検査は通常の場合，スランプ・空気量・コンクリート温度・塩化物量について行う。検査の方法は，設計図書，JASS5などに示されている。そのときに使用する試験器具を図3-65に，受入れ検査の状況を図3-66，67に示す。

③ **不合格の場合の処置**　受入れ検査の結果が不合格となった場合には，そのミキサー車に搭載されているコンクリートは返却する。

(b) **構造体コンクリートの圧縮強度の検査**

① **圧縮強度試験の方法**　試験は，打込み工区ごと，打込み日ごと，かつ150m³以下ごとに1回供試体を作製する。1回の試験には任意の3運搬車からの1本ずつ，計3本の供試体を採取して行う。通常，構造体コンクリートの圧縮強度の検査は，採取した供試体について現場水中養生を行い，公的試験機関で材齢28日の強度試験を行う。

② **不合格の場合の処置**　材齢28日の試験結果が品質基準強度以上発現している場合は合格となる。

供試体による試験の結果が不合格となった場合には，その強度不足の原因の調査，打ち込まれたコンクリートのコア抜取りや，リバウンドハンマーによる強度推定試験などを行って総合的に検討して対策を講じる。

(c) **試験結果のまとめ**　試験および検査の結果は，コンクリートの打設箇所，打設日ごとに表3-8のような記録用紙に記入して整理する。試験の状況写真なども，記録用紙と一緒に

保管する。検査結果は，建物の竣工検査済証の交付のときに必要であったり，竣工後に何か故障のあったとき，また，補修の必要性が起こったときに役立つことがある。

表3-8 コンクリート検査記録用紙の例

工事名称							コンクリート検査記録								記録責任者						
打設箇所(検査No.)	打設日(月/日)	天候	気温(℃)	打設量(m³)	指定呼び強度	設計基準強度(kgf/cm²)	受入検査							構造体検査					備考
							スランプ(cm)		空気量(%)		塩化物量(kg/m³)		con温度(℃)	圧縮強度(N/mm²)			圧縮強度(N/mm²)				
							指定値	試験値	指定値	試験値	指定値	試験値		日	28日		日	28日	日	日	
														平均	平均		平均	平均	平均	平均	

(5) **型枠の取りはずし**

(a) **せき板の存置期間** コンクリートの打設後，コンクリートの硬化をまって，型枠の取りはずしを行う。せき板の最少存置期間は，JASS5では表3-9のように，コンクリートの材齢またはコンクリートの圧縮強度によって規定されている。

コンクリートの材齢によらず，圧縮強度によってせき板の取りはずし時期を決める場合は，その時点の強度を推定するためにあらかじめつくっておいた供試体を監理者の立会いで試験を行い，5N/mm²以上の強度のあることを確認する。

型枠の取りはずし作業は，コンクリートを損傷したり，衝撃を与えたりしないよう，ていねいに行う。

表3-9 せき板の最少存置期間

	施工箇所	基礎・梁側・柱・壁		
	セメントの種類 平均気温	早強ポルトランドセメント	普通ポルトランドセメント 高炉セメントA種 シリカセメントA種 フライアッシュセメントA種	高炉セメントB種 シリカセメントB種 フライアッシュセメントB種
コンクリートの材齢による場合（日）	20℃以上	2	4	5
	20℃未満 10℃以上	3	6	8
コンクリートの圧縮強度による場合	-	圧縮強度が5N/mm²以上となるまで		

(b) **コンクリートの打上がり状況の検査**　型枠を取りはずした後，コンクリート表面の状況を目視で検査し，有害と思われるジャンカ（豆板）が見つかった場合は，不良箇所をはつり取り，富調合のモルタルで補修する。

(6) **埋戻し・土間コンクリート打ち**

(a) **埋戻し**　埋戻し作業に支障のないコンクリート強度が得られたことを確認してから，埋戻しを行う。埋戻し箇所には，型枠材や雑物が放置されたままになっていることが多いので，それらを確実に撤去してから埋戻しを行う。

　① **埋戻し土**　埋戻し土は，掘削土を流用することもあるが，設計図書で砂質土などを用いるように指定されていることが多い。仕様書どおりの土砂を用いて埋戻しを行う。

　② **養生**　埋戻しは，一般に重機（バックホウ・トラック等）を使って行われる。埋戻し作業は，機械が基礎梁などのコンクリートの上に直接載って，コンクリートに有害な荷重をかけたり，損傷を与えたりしないように注意して行う。やむを得ず，重機類がコンクリートの上に載らなければならない場合は，コンクリートの上に土を余盛りしたり，その上に鉄板を敷くなどして，直接コンクリートに集中荷重がかからないようにして行う。また，壁や土間用の鉄筋などを機械で踏み荒したりしないように注意する。

　③ **締固め**　埋戻しは，原則として深さ30cmごとに，ローラーまたは振動コンパクターで締固めしながら行う。一度に深く埋戻しをしてしまった後の転圧は，表面だけで下部の方まで締固めが行き届かないために，後日沈下を起こすおそれがある。砂質で透水性のよい土の場合は，水締めを行う。十分締固めができない場合は，後日の沈下量を見計らって余盛りしておき，沈下がおさまったことを確認してから土間のコンクリート打ちを行う。

(b) **設備工事**　建築主体工事と関連して電気・ガス・給排水・空調などの設備工事がある。いずれの工事も建築の作業工程にあわせて施工する。基礎のコンクリート工事を行う際，配管用のスリーブ入れや一部電線の打込み作業もあるが，埋戻し時点でも設備配管の地中埋設作業がある。事前に建築工事と作業日程の打合せを行い，打合せどおりに作業が進むように綿密に連絡をとり合う。

(c) **土間コンクリート**　土間コンクリートの施工時期は，鉄骨の建方工事の前に行う場合と，後で行う場合の2通りの方法がある。後者の土間コンクリートを打設してから，その上に重機が載って鉄骨建方を行う場合は，土間コンクリートが鉄骨建方用重機の重量に耐えられるかどうか，また鉄骨との納まり，コンクリート面の仕上げを損傷することがないかな

図3-68　振動コンパクターによる締固め作業

どについても検討する。A建物では，埋戻し土の沈下，重機の重量を考えて，鉄骨の建方が完了した後に土間コンクリートを施工した。

① **敷砂利作業**　埋戻しが終わると敷砂利を行う。土間のコンクリート厚が正確に確保できるように，レベルで高さを見ながら平らにならし，くぼみやすきまには目つぶし用の砂または細かい砂利を充填し，転圧機（通常は振動コンパクター）で十分締め固める（図3-68）。

② **配筋作業**　土間であっても，図3-69のようにスペーサーを用いて正しく配筋する。土間コンクリートが基礎梁と接合する場合は，設計図書に従って補強筋を入れて接続する（図3-70）。

③ **コンクリート打ち**　打設の方法，品質管理については基礎コンクリートに準じる。土間コンクリートでは，とくに床の水平精度が重要となる。コンクリートを打設する前に小杭または鉄筋を3m間隔程度に打ち込み，これにレベルでコンクリート天端の高さを測り，ビニルテープなどを巻いてコンクリートの高さを表示しておき，それに合わせて打設する。

コンクリートは奥から手前へ片寄せで打設する。順次，ショベル・ジョレンなどで粗ならしてから，タンピングして粗骨材を沈め，表面をならしていく。再度レベルで高さを確認しながら，長尺の定規でならし，木ごてで凹凸のないように仕上げる（図3-71）。

図3-69　土間配筋の状況

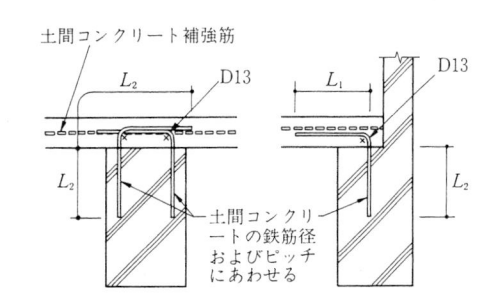

L_1：重ね継手長さ　L_2：定着長さ

図3-70　基礎梁との接合補強筋の例

図3-71　土間コンクリート打ち

第4章　鉄骨工事

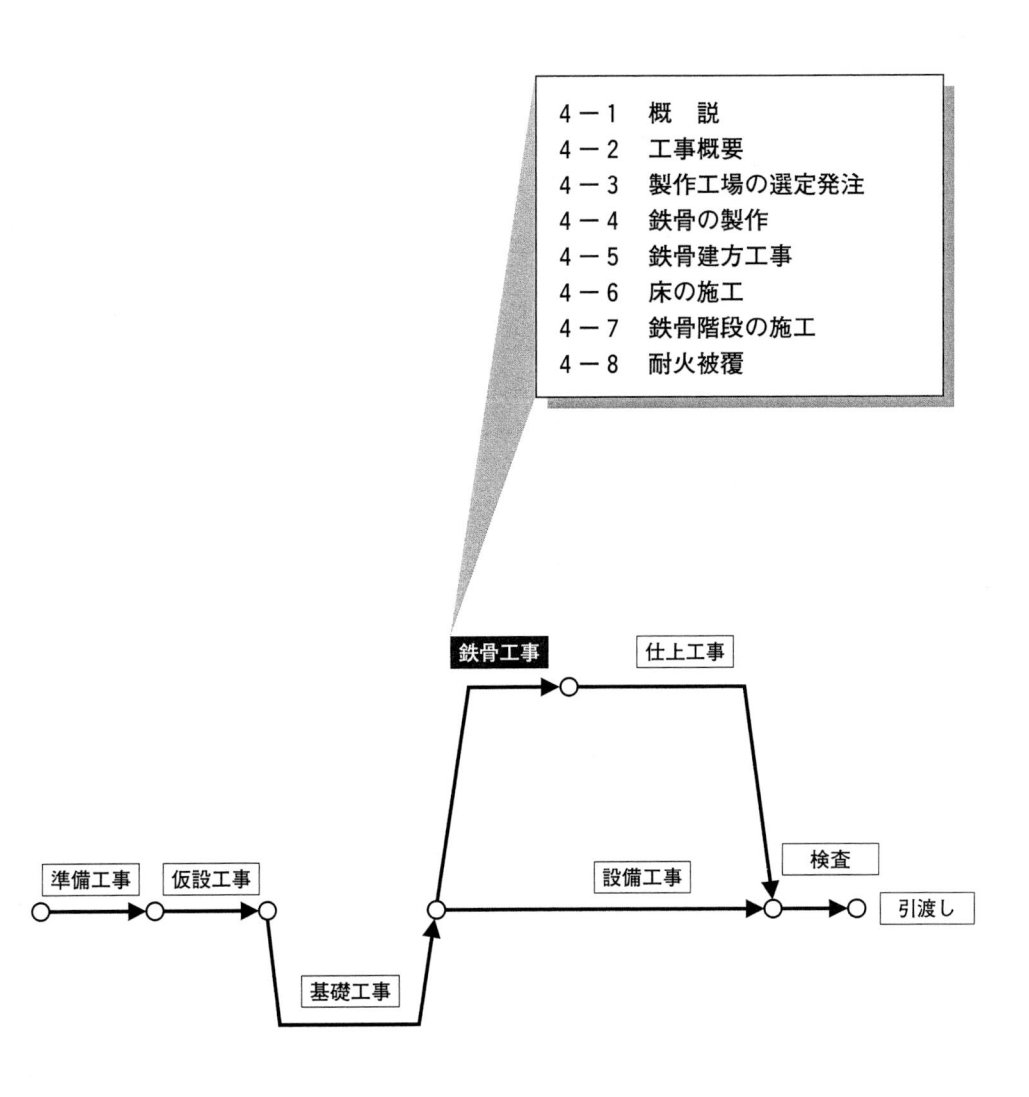

4－1　概　説
4－2　工事概要
4－3　製作工場の選定発注
4－4　鉄骨の製作
4－5　鉄骨建方工事
4－6　床の施工
4－7　鉄骨階段の施工
4－8　耐火被覆

4-1 概　　説

　鉄骨構造は，柱・梁の主要構造部を鉄骨材によって構成された構造物である。鉄骨工場で製作された鉄骨材を現場に持ち込み，現場ではそれを組み立てるだけなので，品質の確認がしやすく，そのうえ，工期を短縮できるのが大きな特徴である。

　鉄筋コンクリート造に比べて，単位床面積当たりの重量が軽く，曲げに強く，また粘り強さに富んでいるため，大スパン建造物や高層建築物に適している。工場・事務所ビルなどにその使用例が多い。

　その反面，耐久性，耐火性に劣り，剛性も低いため，揺れ・振動の大きいのが欠点である。耐火性能については耐火被覆を施すことによってその欠点を補っているが，耐久性，剛性を向上させるには，鉄骨材を鉄筋コンクリートで包み込み，鉄骨鉄筋コンクリート造として，その欠点を補う方法もある。

1. 鉄骨構造物の種類

　鉄骨構造物には，立体トラスなどで屋根を構成する大規模建築物もあるが，一般の建築物では，超高層も含め，図4-1（a）のような柱・梁部材の接合部を剛接合としたラーメン架構[1]によるものがほとんどといってよい。

　近年，加工技術の発達によって鋼材の形状が大型化し，柱・梁部材は単一材で構成されることが多くなったが，工場・体育館のような梁間の大きい建物では，従来と同じように図4-1（b）に示すトラスなどの組立部材も用いられている。

　図4-2は，これらのうち，山形ラーメンと門形ラーメンの具体的な架構例を示したものである。

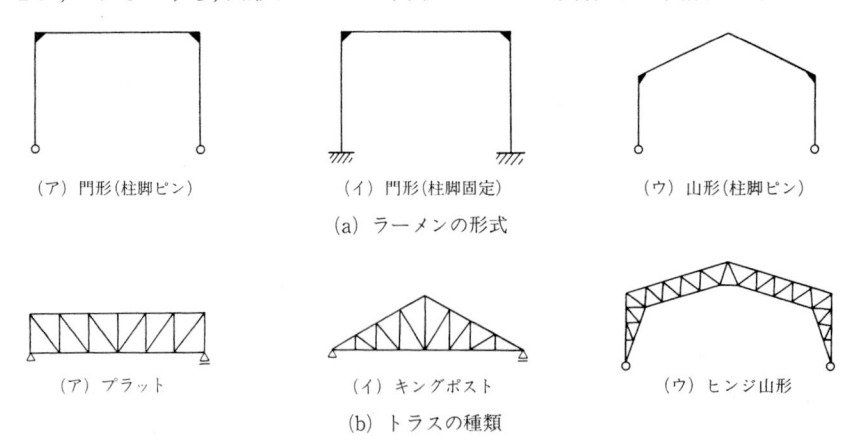

（ア）門形（柱脚ピン）　　（イ）門形（柱脚固定）　　（ウ）山形（柱脚ピン）
(a) ラーメンの形式

（ア）プラット　　（イ）キングポスト　　（ウ）ヒンジ山形
(b) トラスの種類

図4-1　鉄骨造の架構形式

---

1) ラーメン架構：柱・梁の接合部がピン接合でなく剛接合された骨組。

4-1 概　　説

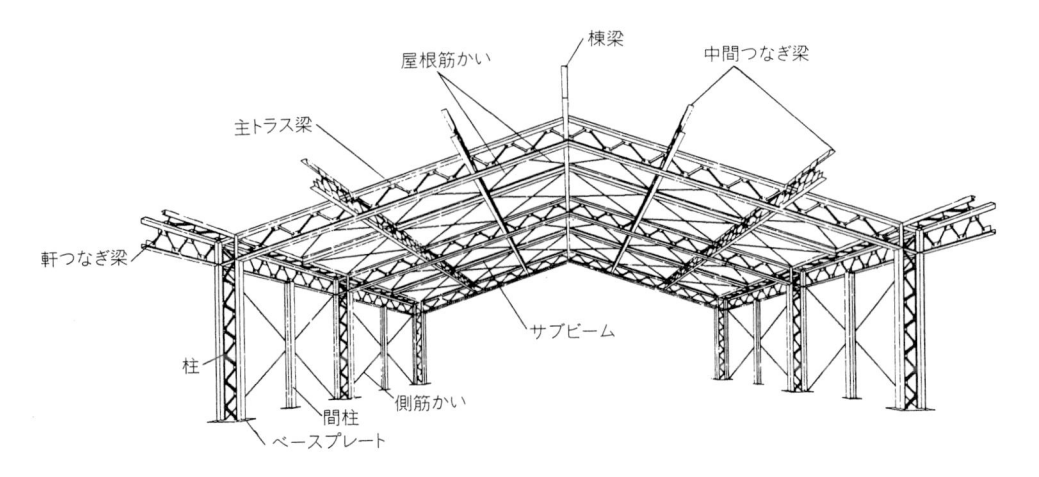

(ア) トラス型

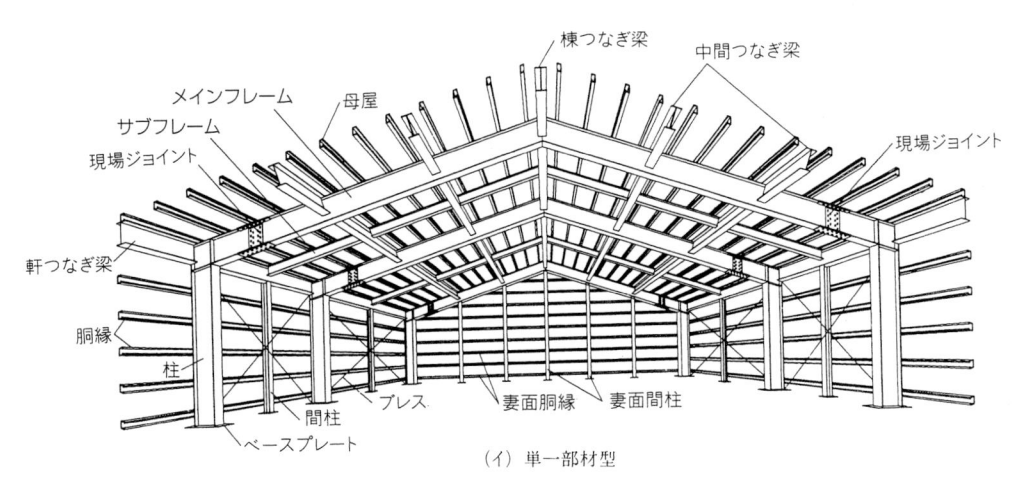

(イ) 単一部材型

(a) 山形ラーメン

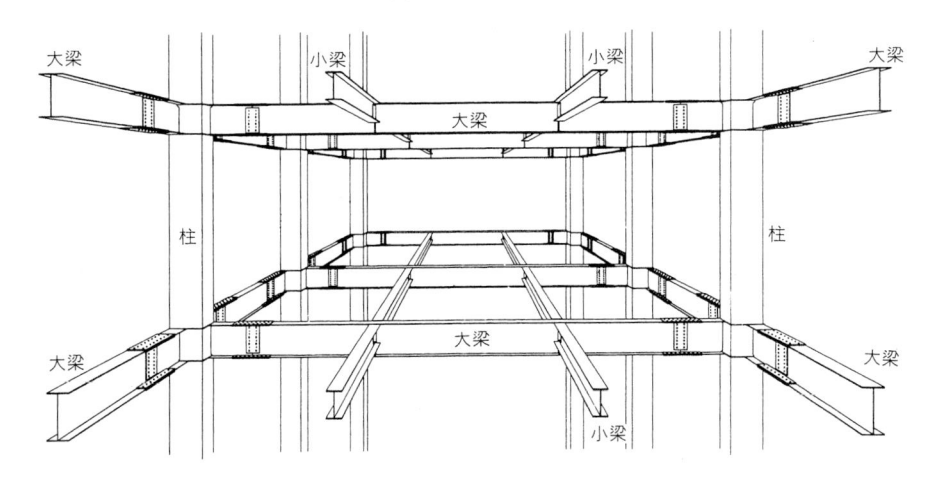

(b) 門型ラーメン

図 4-2　鉄骨構造物架構例

2. 使 用 鋼 材

(1) 鋼材の種類

　建築構造物では，溶接する部位には溶接構造用圧延鋼材（SM材）が，その他の部位では一般構造用圧延鋼材（SS材）が使用されてきた。これらは，建築以外にも広く使用されている鋼材である。

　現行の耐震設計法では，構造体各部に生じる応力を鋼材の降伏点以内に留めるという弾性設計に加え，鋼材が降伏した後の塑性変形能力を活用して地震のエネルギーを吸収する弾塑性設計が行われ，建物の耐震安全性を確保している。SS材やSM材は降伏点の上限値や降伏比に規定がないため，設計者が意図した耐震性能を発揮できないことが生じる可能性がある。鋼材の建築物における溶接性の確保や塑性変形能力の確保などを目的に，建築構造用圧延鋼材（SN材）や建築構造用炭素鋼管（STKN材）がJISにより規格化されている。また，冷間成形角形鋼管ではBCRやBCPの大臣認定品などがある。

　その他，建築構造物に用いる鋼材には，板厚の大きな部材では建築用TMCP鋼，無耐火被覆が可能となる耐火鋼，制振部材に用いる極低降伏点鋼，耐久性の優れる構造用ステンレス鋼などがある。なお，鋼材種の識別は，スタンプ・文字・色によって行われている。

(2) 使用鋼材の形状と鉄骨部材の形態

　鋼材には図4-3に示す形状のものがあり，構造用材料や非構造用材料として用いられる。ラーメン架構形式の場合，主要構造部である柱・梁には角形鋼管やH形鋼をそのままの形で用いることが多い。図4-4に柱および梁の一般的な形状を示す。

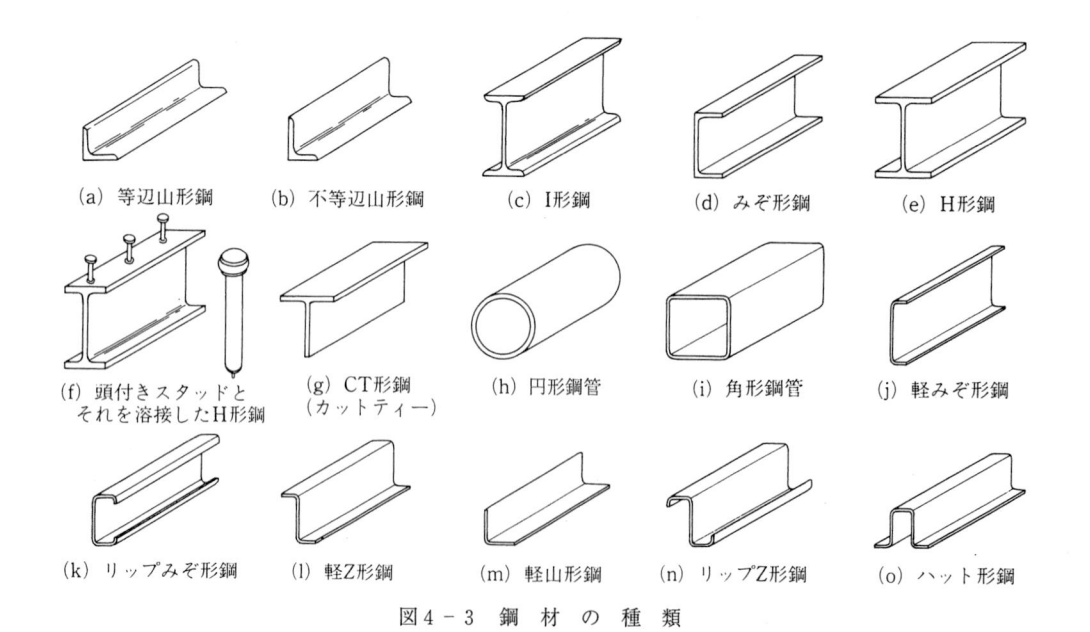

(a) 等辺山形鋼　(b) 不等辺山形鋼　(c) I形鋼　(d) みぞ形鋼　(e) H形鋼
(f) 頭付きスタッドとそれを溶接したH形鋼　(g) CT形鋼（カットティー）　(h) 円形鋼管　(i) 角形鋼管　(j) 軽みぞ形鋼
(k) リップみぞ形鋼　(l) 軽Z形鋼　(m) 軽山形鋼　(n) リップZ形鋼　(o) ハット形鋼

図4-3　鋼材の種類

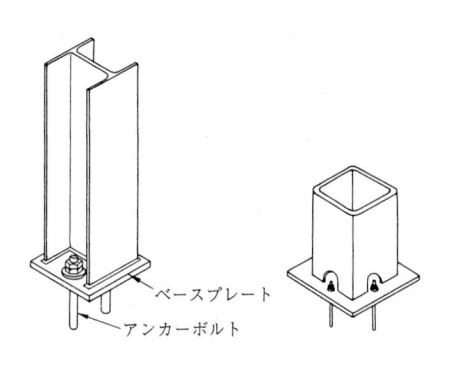

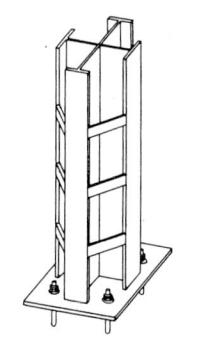

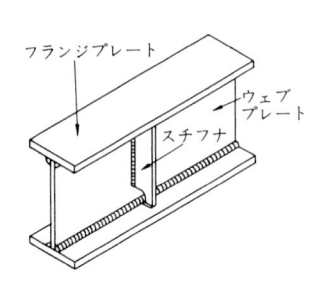

(a) H形鋼柱　　(b) 角形鋼管柱　　(c) 十字形柱(SRCの場合)　　(d) ビルドH梁

図4-4　柱および梁の形状

3. 部材の接合法

　柱・梁などの部材は，あらかじめ工場で接合しておくものと，工事現場へ持ち込んでから行うものとがある。工場で製作された鉄骨材は，工事現場まで車両によって運搬されるため，運搬途上の道路幅員，曲がり角の状況などから，鉄骨材の長さ・幅・重量などに制約を受けることがあり，また，工事現場においても，揚重機の吊り上げ能力に限界があり，吊り上げ部材の重量・大きさに制約が加えられることがある。

　工場で鉄骨材をどこで区割りして製作するかは，上記条件などによって決められるが，一般には，図4-5に示す位置で柱・梁を区割りすることが多く，柱材の場合は，2〜3階ごとに区割りされることが多い。一般によく行われている柱および梁の接合部分の詳細を図4-6に示す。

　現在，柱および梁を接合する方法としては，高力ボルト接合か溶接接合のいずれかの方法が用いられている。

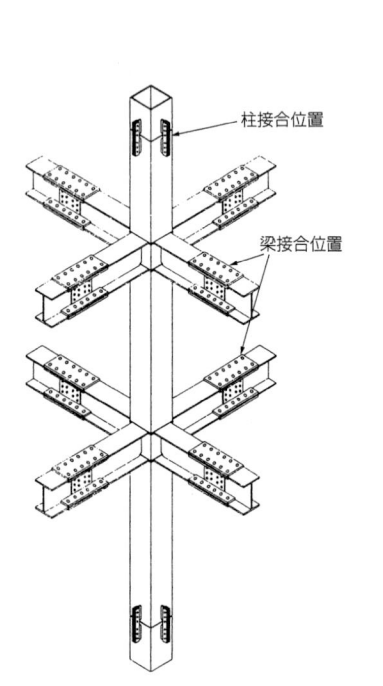

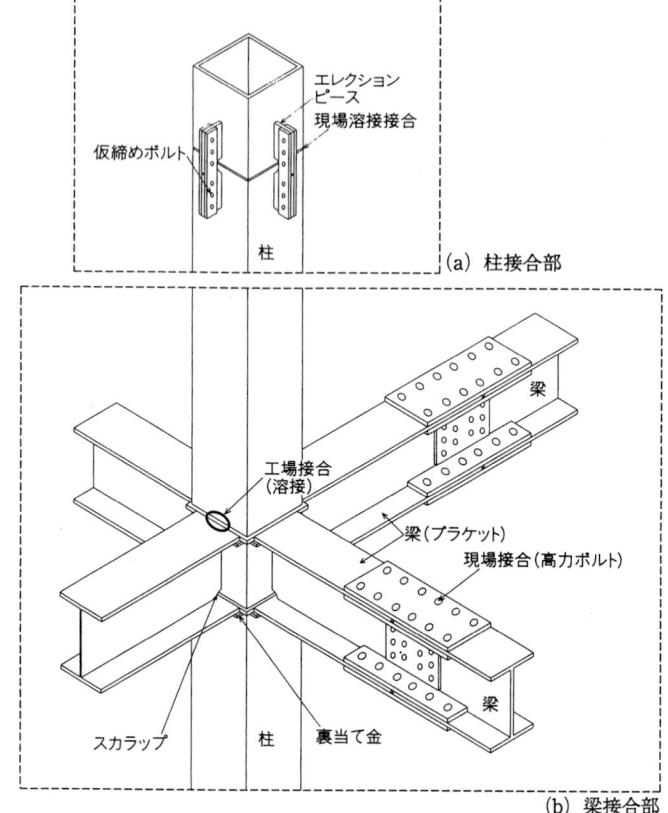

図4-5 柱および梁の接合位置　　図4-6 柱および梁の接合部の詳細

(1) 高力ボルト接合

　高力ボルトを用いて行う接合法は，構造面から図4-7に示す摩擦接合，引張接合，支圧接合の3種類があり，一般に図4-7 (a) の摩擦接合が最も多く用いられている。その接合部には図4-8に示すトルシア形高力ボルトとJISに定める高力六角ボルトのいずれかが使用されている。

　建築で用いられる高力六角ボルトは，通常F10Tである。また，トルシア形高力ボルトではS10Tが用いられる。高力六角ボルトのボルト頭にはF10T，トルシア形高力ボルトのボルト頭にはS10Tの刻印がなされており，トルシア形高力ボルトS10Tの機械的性質はF10Tと同等である。表4-1に高力六角ボルトの1本当たりの許容耐力を示す。

表4-1 高力ボルトの1本当たりの許容耐力

呼び	設計ボルト張力(kN)	すべり耐力(kN) 1面せん断	離間耐力(kN)
M12	56.9	25.6	51.2
M16	106	47.7	95.4
M20	165	74.3	149
M22	205	92.3	185
M24	238	107	214
M27	310	140	279
M30	379	171	341

4-1 概　説

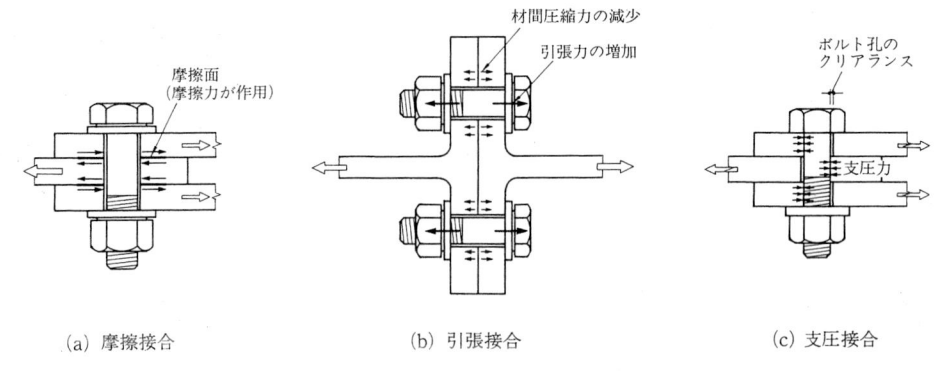

(a) 摩擦接合　　　(b) 引張接合　　　(c) 支圧接合

図4-7　高力ボルト接合法の種類

　摩擦接合は，図4-9に示すように，高力ボルトの強力な締付け力（圧縮力）によって，接合部材間に生じる摩擦力を利用して応力を伝える方式であり，他のボルト接合方式に比べて，応力の伝達が円滑であり，継手の剛性が高いという特長がある。このように，接触面での応力の伝達が確実に行われるようにするためには，接合部材面に表面処理を施し，滑りが発生しないようにしなければならない。

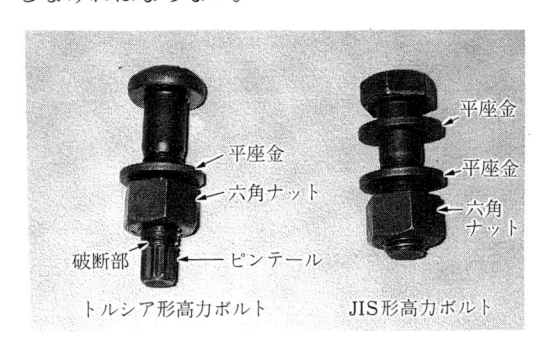

図4-8　高力ボルトの種類と名称

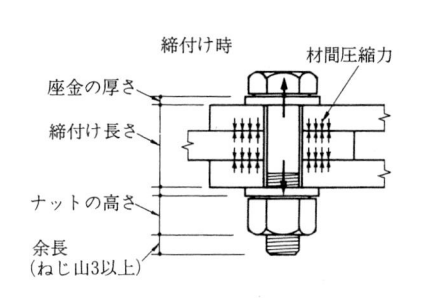

図4-9　高力ボルト締付け時の状態

　一般に，高力ボルト1本当たりの許容摩擦力R_sは，摩擦面の数m，滑り係数μ，設計ボルト張力Tの積で表される。

$$R_s = \frac{1}{\nu} \cdot m \cdot \mu \cdot T$$

　ν：滑りに対する安全率（長期荷重時1.5）

　滑り係数μは表4-2に示すように部材表面の処理状況の違いによって決められている。
（通常の鉄骨造では0.45以上としている。）

表4-2　滑り係数(μ)

表面処理状況	滑り係数
亜鉛めっき	0.10〜0.30
黒皮のまま	0.20〜0.40
みがきはだ	0.20〜0.35
酸化炎吹付け	0.25〜0.60
浮きさびを除去したさび	0.45〜0.70
ショットブラストがけ	0.40〜0.70

表4-3 高力ボルトの標準ボルト張力
(kN)

ボルトの等級	ボルトの呼び径	標準ボルト張力
F10T	M12	62.6
	M16	117
	M20	182
	M22	226
	M24	262
	M27	341
	M30	417

表4-4 トルシア形高力ボルトの締付け長さに加える長さ
(mm)

ボルトの呼び径	締付け長さに加える長さ
M16	25
M20	30
M22	35
M24	40
M27	45
M30	50

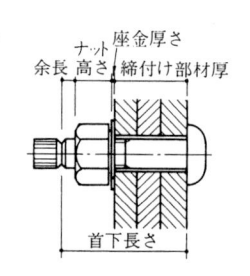

実例工事では，梁と梁の接合部に高力ボルト接合が採用され，トルシア形高力ボルトが使用されている。トルシア形高力ボルトは，締付けによって所定の軸力が得られると自動的にピンテールが破断し，標準ボルト張力[1]が確保できる仕組みになっている。高力ボルトF10Tの標準ボルト張力を表4-3に示す。

また，トルシア形高力ボルトを使用するとき，その首下長さは，図4-10に示す締付け長さ（締付け部材厚）に表4-4の長さを加えたものを標準としている。

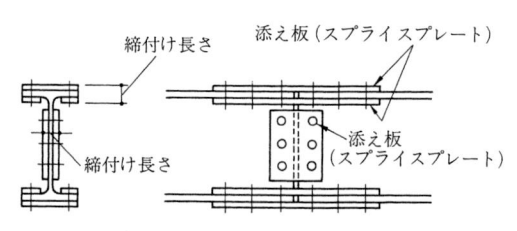

図4-10 ボルトの締付け長さ

(2) 溶接接合

溶接技術の発達によって，現在では工場における鉄骨製作は，自動あるいは半自動溶接機を用いて，ほとんどが溶接接合で行われている。

溶接は，その接合方法によって大きく**融接・圧接**に分類される。融接は母材を溶融して融着接合する方法であり，圧接は母材を加熱，または常温のまま機械的圧力を加えて接合する方法である。右に溶接の種類を示す。

溶接 ─┬─ 融接 ─┬─ アーク溶接
　　　│　　　　├─ ガス溶接
　　　│　　　　├─ 抵抗溶接
　　　│　　　　└─ その他
　　　└─ 圧接 ─┬─ ガス圧接
　　　　　　　　└─ その他

(a) **アーク溶接法の種類と機構**　アーク溶接法とは，溶接棒と母材を二つの電極とし，その電極間に発生するアーク熱（約5000℃）により金属を溶融して接合する方法である。

被覆アーク溶接（アーク手溶接）では，図4-11 (a) に示すように，金属の心線に被覆材（フラックス）を塗布した被覆アーク溶接棒が使用される。**フラックス**はアーク熱により分解して，アークを安定させる効果と発生するガスにより溶接金属を大気から遮断して酸化を防ぎ，スラグを生成して酸化や急冷を防ぐ役割を持つ。

---

1) 標準ボルト張力：施工時のボルト張力であり，設計ボルト張力の10%増しとなる。

ガスシールドアーク溶接では，図4−11（b）に示すようにワイヤー（電極）とシールドガスが自動的に供給される。**セルフシールドアーク溶接**では，フラックスを内包したワイヤー（電極）が自動的に供給される。ガスシールドアーク溶接は，供給されるガスの種類によって分類され，アルゴンなどの不活性ガスを用いるものを**ミグ溶接**，炭酸ガスを用いるものを**炭酸ガスアーク溶接**，炭酸ガスとアルゴンガスの混合したものを用いるのを**マグ溶接**としている。ガスシールドアーク溶接およびセルフシールドアーク溶接は，一般に溶接トーチを手で動かして作業を行うために**半自動溶接**という。

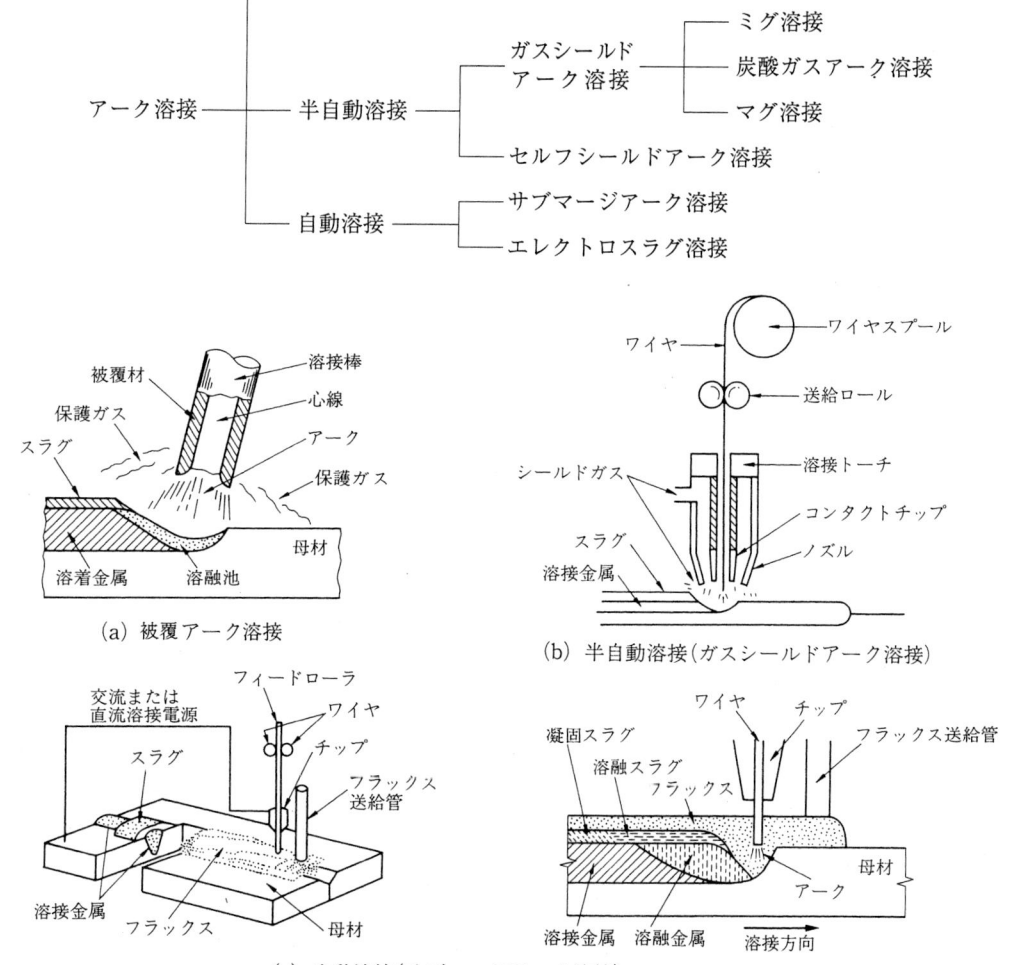

サブマージアーク溶接は，図4−11（c）に示すように，粒状のフラックスを溶接線に沿ってあらかじめ散布し，このフラックスの中にワイヤー（電極）を送り込み，母材との間にアークを発生させる。これらは自動的に行われるため，**自動溶接**という。また，ボックス型柱に内ダイアフラムを溶接する場合は，特に**エレクトロスラグ溶接（自動溶接）**を用いる。

図4−11 アーク溶接法の種類別機構

いずれの溶接法においても重要なことは，その溶接母材となる鋼材の材質と溶接棒またはワイヤの組合せを間違えないことである。表4－5は，鋼材と溶接棒の組合せを示したものである。

被覆アーク溶接と半自動溶接および自動溶接を行う技能者は，それぞれ㈳日本溶接協会が実施する溶接技術検定試験に合格し，その資格認定証明書を有している者とされている。

図4－12は，被覆アーク溶接技術者資格認定証明書の例である。

表4－5　鋼材と溶接棒の組合せ

鋼材の種類	溶　接　材　料
400N級鋼	JIS Z 3211, 3212（軟鋼用被覆アーク溶接棒，高張力鋼用被覆アーク溶接棒）
	YGW-11，15（軟鋼及び高張力鋼用マグ溶接ソリッドワイヤ）
	YGW-18，19（軟鋼及び高張力鋼用マグ溶接ソリッドワイヤ）
	JIS Z 3214（耐侯性鋼用被覆アーク溶接棒）
	YGA-50W，50P（耐侯性鋼用炭酸ガスアーク溶接ソリッドワイヤ）
490N級鋼	JIS Z 3212（高張力鋼用被覆アーク溶接棒）
	YGW-11，15（軟鋼及び高張力鋼用マグ溶接ソリッドワイヤ）
	YGW-18，19（軟鋼及び高張力鋼用マグ溶接ソリッドワイヤ）
	JIS Z 3214（耐侯性鋼用被覆アーク溶接棒）
	YGA-50W，50P（耐侯性鋼用炭酸ガスアーク溶接ソリッドワイヤ）
520N級鋼	YGW-18，19（軟鋼及び高張力鋼用マグ溶接ソリッドワイヤ）

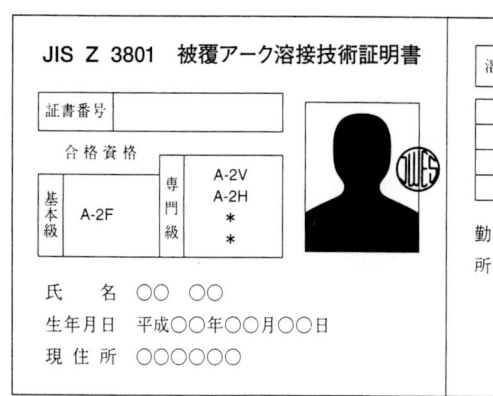

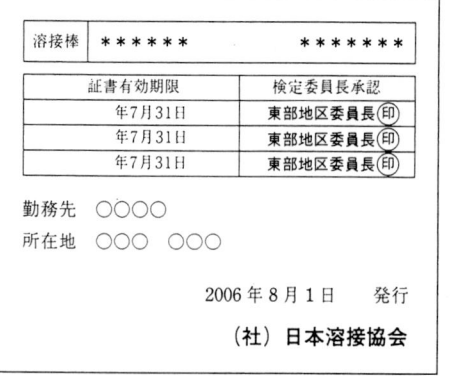

図4－12　溶接技術者資格認定証明書

建築鉄骨は複雑な納まりが多く，工事によっては高度の溶接技量を要求される場合がある。工事現場では，溶接技量を確認するために技量付加試験を実施することがあるが，各工事で試験を実施することは，受験者・監理者側とも非効率的である。そのため工事監理者・施工者により構成されるAW検定協議会にて統一した技量試験による認定を行っており，合格者には個別工事での技量試験を免除する方法が実施されている。

また，溶接作業の効率化を図るためにロボット溶接を採用する工場が増加している。このロボット溶接は柱仕口まわり継手の溶接が主となっており，開先加工精度や裏当て金の密着

度など厳しい管理が行われている。この溶接ロボットのオペレーターについては，ロボット溶接作業者の溶接技術検定試験に合格する必要があり，上記と同様に，AW検定協議会で技量試験を行って認定している。

(b) **溶接継目の種類**　溶接を行う接合部を**溶接継手**といい，溶接された部分を**溶接継目**という。溶接継目の種類には2部材間の接合部に開先[1]を設けて溶接する突合せ溶接，2部材間を直角または重ねて組み合わせ，その接合部を三角形に溶接するすみ肉溶接，丸鋼と鋼板または軽量形鋼どうしなどの曲面（フレア）部分を溶接するフレア溶接があり，その他に部分溶込み溶接・プラグ溶接などがある。

図4-13は，突合せ溶接部の名称を，図4-14は開先形状を示したものである。開先形状は板厚に応じて定められている。いずれの図も完全溶け込み溶接を示しており，突き合わせる部材の全断面が溶接されていなければならない。

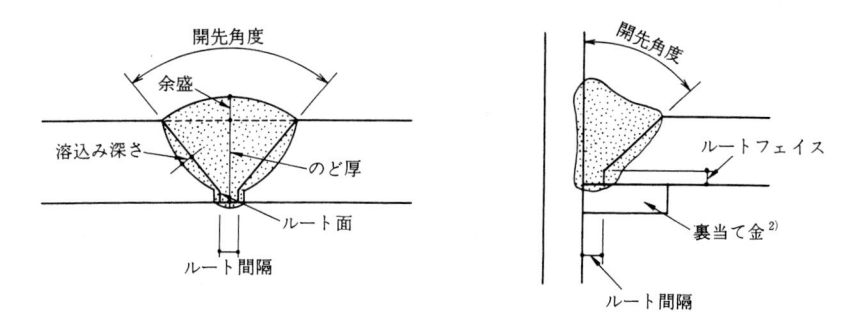

図4-13　溶接部の名称

---
[1] 開先：接合する2部材の間に設ける溝（グルーブ）をいい，開先を設けて溶接することをグルーブ溶接とも突合せ溶接ともいう。
[2] 裏当て金：突合せ溶接のなかで片面から溶接するV形，レ形の溶接を行う際，溶接部の裏から取り付ける板をいう。裏当て金の材質は母材と同質の材料を使用することが好ましい。

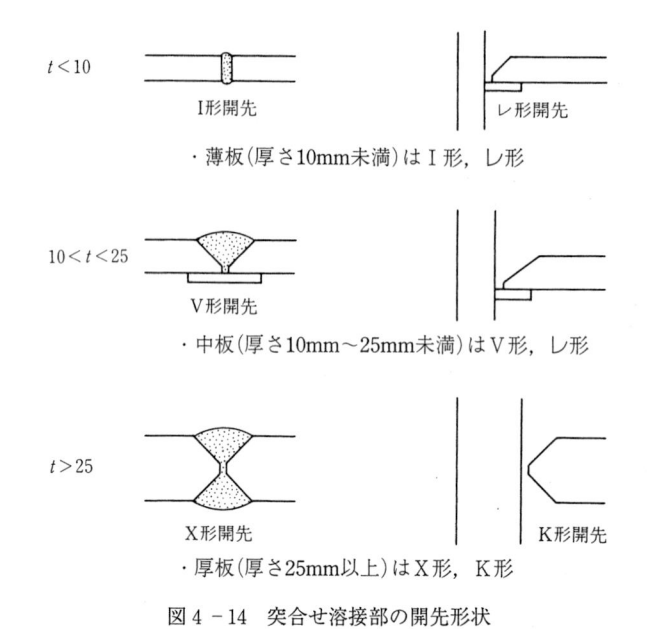

- 薄板（厚さ10mm未満）はⅠ形，レ形

- 中板（厚さ10mm～25mm未満）はⅤ形，レ形

- 厚板（厚さ25mm以上）はⅩ形，Ｋ形

図4-14　突合せ溶接部の開先形状

図4-15～18は，**すみ肉溶接・フレア溶接・部分溶込み溶接・プラグ溶接**のそれぞれの状態を示したものである。

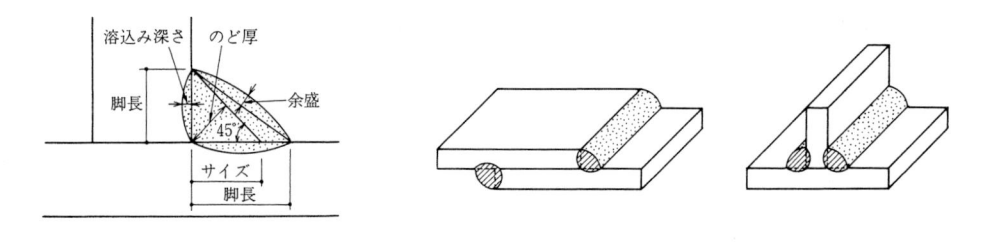

(a) すみ肉溶接部の名称　　　(b) すみ肉溶接の形状

図4-15　すみ肉溶接の名称と継手形状

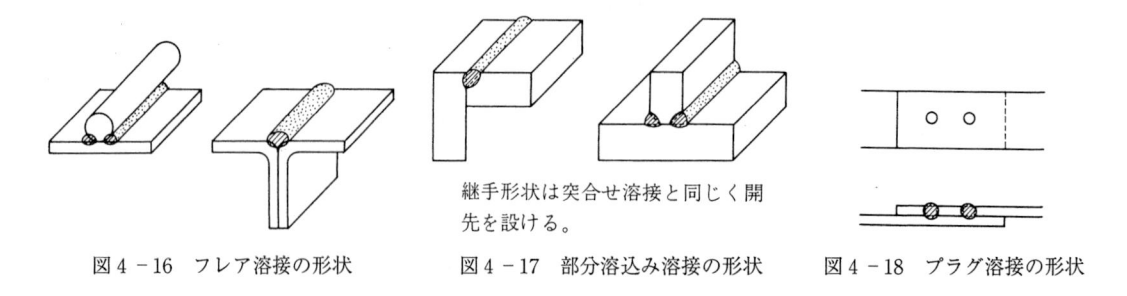

図4-16　フレア溶接の形状　　図4-17　部分溶込み溶接の形状　　図4-18　プラグ溶接の形状

継手形状は突合せ溶接と同じく開先を設ける。

(c) **溶接記号**　　溶接部の開先の形状・寸法，溶接継目の種類・位置などを，図4-19に示す溶接記号を用いて図面に表示する。

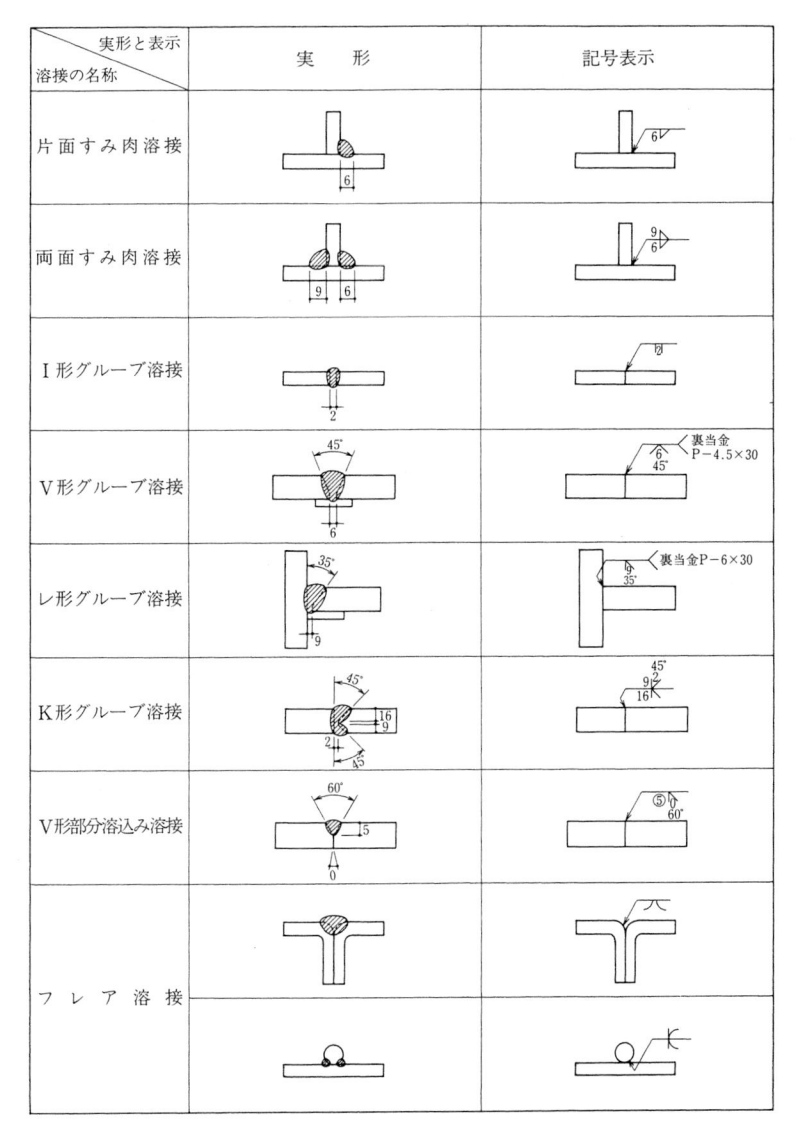

実形と表示 溶接の名称	実 形	記号表示
片面すみ肉溶接		
両面すみ肉溶接		
I形グルーブ溶接		
V形グルーブ溶接		
レ形グルーブ溶接		
K形グルーブ溶接		
V形部分溶込み溶接		
フレア溶接		

図4-19 溶接記号の表示例

4. 他工事との取合い

鉄骨工事を円滑に進めていくためには、ALC板やカーテンウォールなどの外壁工事の他、屋根工事、床の防水工事、壁・天井の内装工事、設備工事などとの取合部を施工計画時点で十分検討し、あとで問題が起こらないようにすることが必要である。

(1) 設備工事による梁貫通補強

天井裏に設備配管を行う際、配管の位置の関係で鉄骨の梁を貫通する例がよくみられる。梁に貫通孔を設けることは、構造耐力上好ましいことでないので、可能な限りそのような事態が起こ

らないように，事前に配管位置を検討しておく。納まり上，やむを得ず梁を貫通しなければならない場合には，梁の構造耐力が低下しないように貫通部分を補強する。

図4-20に，実例工事において用いられた補強方法を示す。

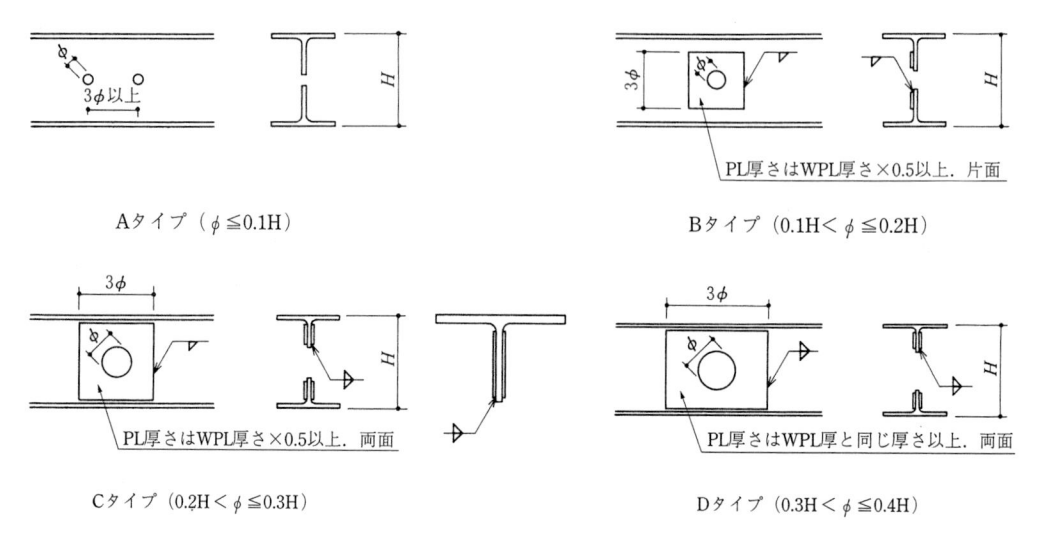

Aタイプ（φ≦0.1H）

Bタイプ（0.1H＜φ≦0.2H）
PL厚さはWPL厚さ×0.5以上．片面

Cタイプ（0.2H＜φ≦0.3H）
PL厚さはWPL厚さ×0.5以上．両面

Dタイプ（0.3H＜φ≦0.4H）
PL厚さはWPL厚と同じ厚さ以上．両面

図4-20　鉄骨梁貫通孔の補強方法

(2) 床の段差

鉄骨造建物の床は，構造面，製作面からみて，段差がないことが望ましい。しかし，便所・厨房などのように，防水工事が必要な所では，床および梁に段差を設けなければならないことが起こるが，そのような場合は，パネルゾーン[1]における鉄骨部材の納まり，鉄骨梁と天井仕上げ材および設備配管との納まりについて十分検討しておくことが必要である。

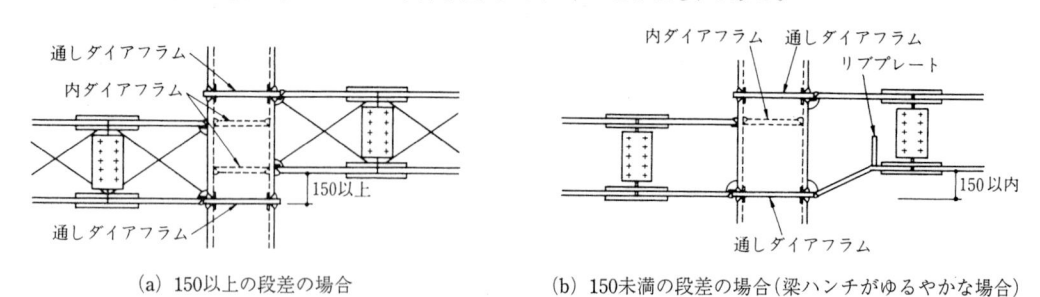

(a) 150以上の段差の場合

(b) 150未満の段差の場合（梁ハンチがゆるやかな場合）

図4-21　床に段差のある場合のパネルゾーンの納まり

---

[1] パネルゾーン：ラーメン構造骨組における柱部材と梁部材が交差する部分。

柱と梁が交差するパネルゾーンは，1本の柱に複数の梁が取り付くため，パネルゾーンに取り付く梁に段差ができると構造上複雑となり，その納まりには十分注意を払うことが必要となる。

　パネルゾーンの組立は，溶接で行われるため，溶接作業が行いやすく，また，溶接欠陥の生じない納まりとしなければならない。梁の段差が150mm以上ある場合は，図4-21（a）による。150mm未満の場合は図（b）による。なお，梁下で設備配管を行うときは天井との納まりに注意する（図4-22）。

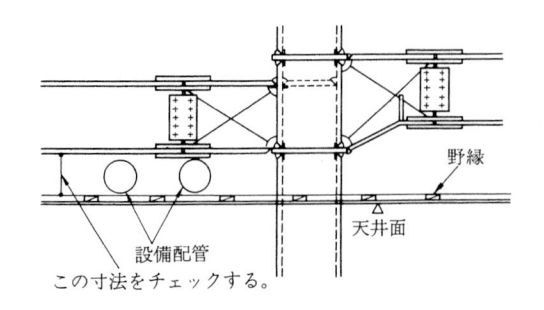

図4-22　梁・天井と設備配管の納まり

5．全体工程のなかでの鉄骨工事

　鉄筋コンクリート造の場合，鉄筋コンクリート工事が全工程の過半を占めるが，鉄骨造の場合もその例外でなく，全体工程の中で鉄骨工事を効率的に組み込まなければならない。

　したがって，鉄骨建方作業に取りかかるまでには，基礎工事を完了していなければならないし，反対に基礎工事が早く完了しても，鉄骨材の製作が完了していなければ，その間，工事現場は手待ちの状態となる。

　鉄骨材の製作にどれくらいの日数を要するかは，その部材の数量・重量，製作の難易性など製作内容をよく検討したうえで，全体工程のなかでの鉄骨工事の位置付けを明確にしておく（図4-23）。

94　第4章　鉄骨工事

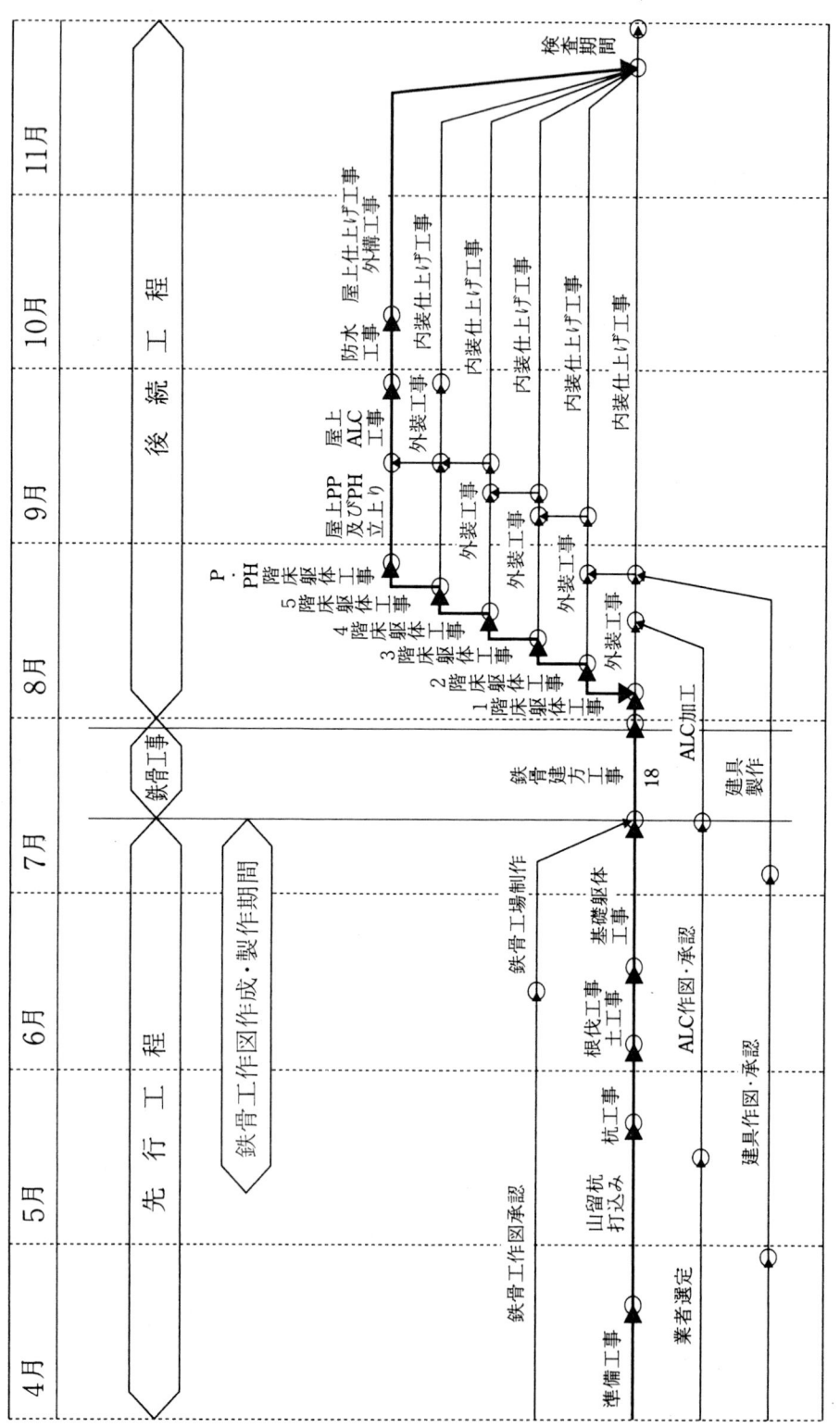

図4-23　工程表

4-2 工事概要

序-2で示した地上5階建のA建物を例に説明する。構造は鉄骨造であり，図4-24のように，1階から3階までは400×400×16のボックス型柱で，4階から5階は350×350×12のボックス型柱で設計されており，柱脚は図3-43に示す露出形式となっている。

階	柱			梁		床
	C1	C2	C3・C3A	G1	G2	
PRF				H-250×125×6×9		RCスラブ
PHF	□-300×300×9		□-300×300×9	H-350×175×7×11		合成スラブ
RF	□-300×300×12		□-300×300×9	H-450×200×9×14	H-250×125×6×9	合成スラブ
5F	□-300×300×12	□-200×200×9	□-350×350×12	H-450×200×9×14	H-250×125×6×9	合成スラブ
4F	□-350×350×12	□-200×200×9	□-350×350×12	⊕-440×300×11×18	⊕-300×150×6.5×9	RCスラブ
3F	◯-400×400×12	◯-250×250×9	◯-400×400×16	⊕-440×300×11×18	⊕-300×150×6.5×9	RCスラブ
2F	◯-400×400×12	◯-250×250×9	◯-400×400×16	⊕-440×300×11×18	⊕-300×150×6.5×9	合成スラブ
1F	◯-400×400×16	◯-250×250×9	◯-400×400×16			

(a) 各階柱，梁部材リスト

・◯および⊕はSM490Aを示す。他はすべてSS400とする。

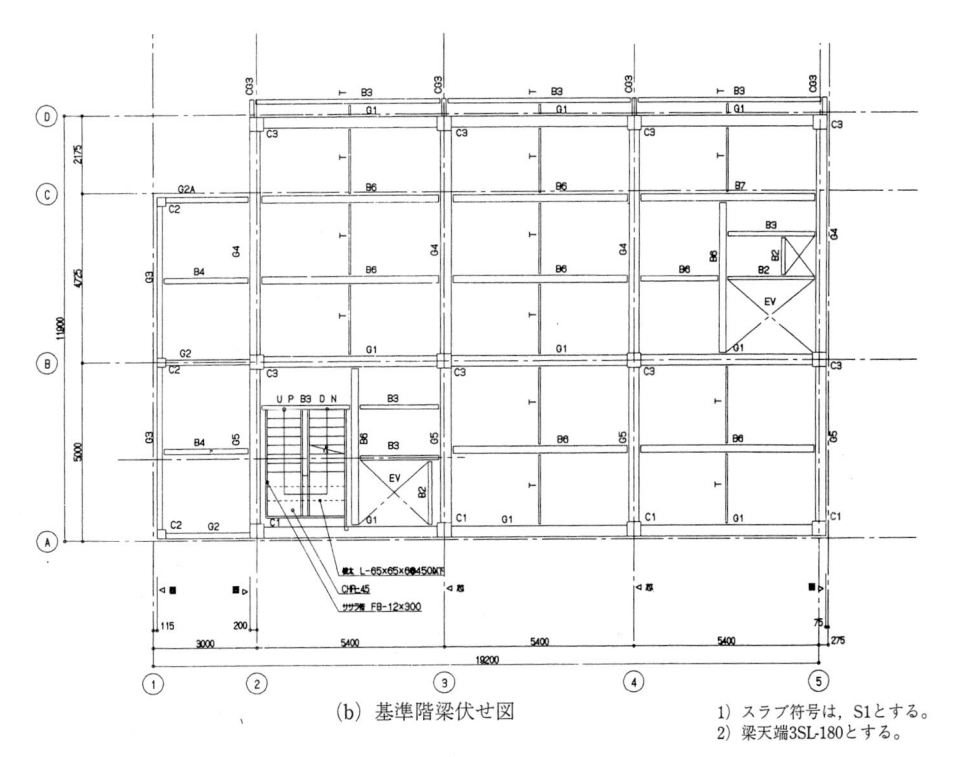

(b) 基準階梁伏せ図

1) スラブ符号は，S1とする。
2) 梁天端3SL-180とする。

図4-24 基準階伏せ図，部材リスト

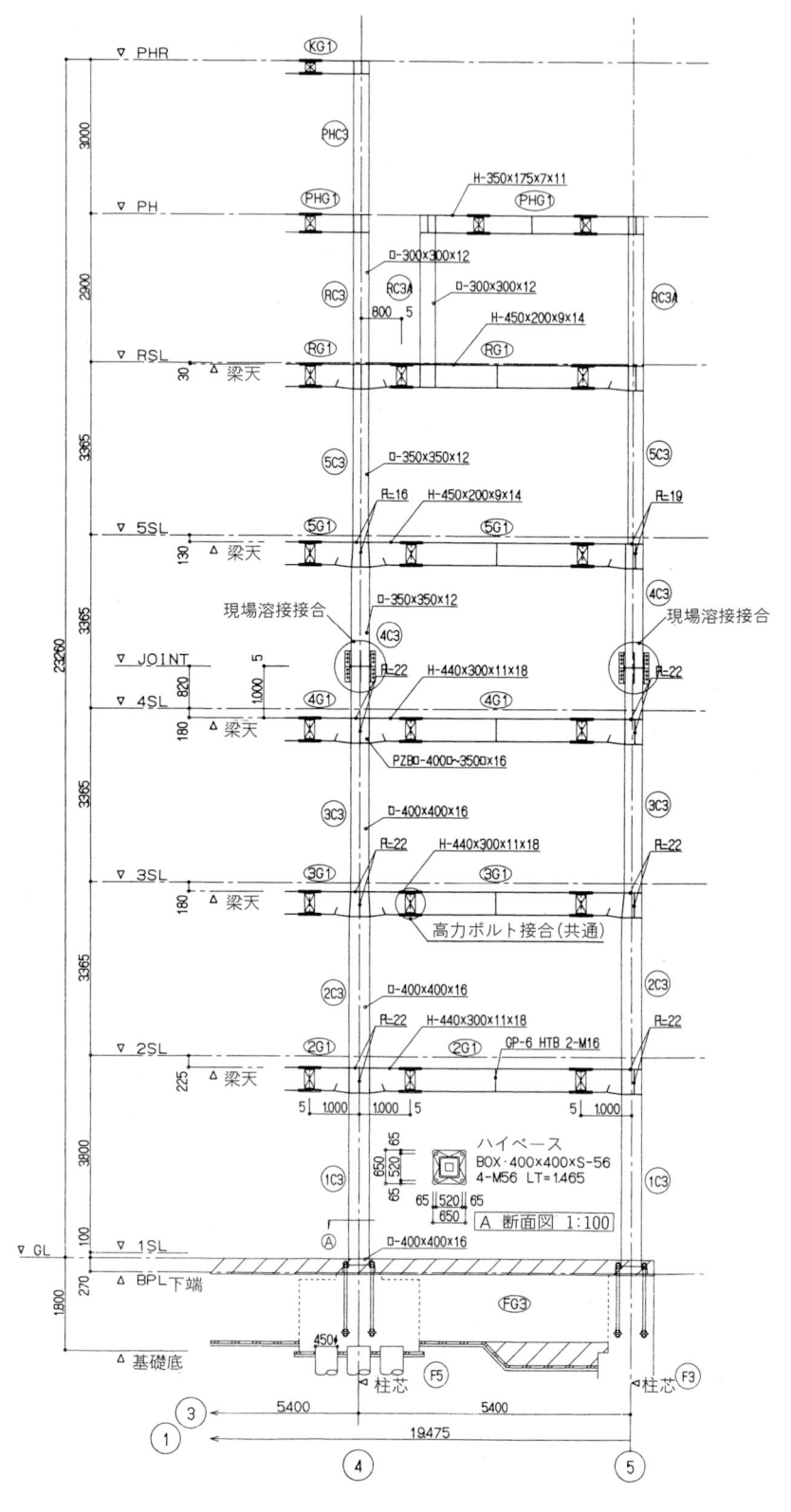

図4-25 鉄骨詳細

第1節の柱と第2節の柱は，4階で現場溶接接合となっている。梁はすべてH形鋼が使用され，柱に取り付けられたブラケットと高力ボルトで接合されている（図4-24，25）

3階，4階は倉庫として使われるため，床は鉄筋コンクリートで設計されているが，その他の床は合成床[1]となっている（図4-24（a））。

1階から3階までは，柱・梁ともSM490Aの溶接用鋼材が使われており，その他は，SS400の普通鋼材が使われている（図4-24（a））。

4-3 製作工場の選定と発注

鉄骨工事は，まず製作工場の選定からはじまる。設計図書に示された要求品質を満足できる工場を選ぶためには，鉄骨工事の規模，使用材料の材質・板厚・接合方法などを設計図書から読み取り，要求される品質を満足する鉄骨材を提供できる能力のある製作工場を選定することが必要

表4-6 製作工場のグレード

		Jグレード	Rグレード	Mグレード	Hグレード	Sグレード
建物規模	階数	3階以下	5階以下	制限なし	制限なし	制限なし
	建物高さ	13m以下	20m以下	制限なし	制限なし	制限なし
	延床面積	500m²以下	3,000m²以下	制限なし	制限なし	制限なし
使用鋼材	鋼材種類	400N	490Nまで	490Nまで	520Nまで	制限なし
	鋼材板厚	16mm以下	25mm以下	40mm以下	60mm以下	制限なし
	通しダイヤフラム	490Nまで 22mm以下	32mm以下	50mm以下	70mm以下	制限なし
	ベースプレート	490Nまで 50mm以下	50mm以下	制限なし	制限なし	制限なし

図4-26 製作工場の内部

---

1) 合成床：合成床用デッキプレートを用い，コンクリートと密着させて，デッキプレートとコンクリートが一体となって機能するように工夫された床版。

である。工場の選定にあたっては，その工場がどの程度の能力をもっているかをよく調べ，さらに工場の立地条件・製作コストなども考慮したうえで決定・発注する。

採用しようとする工場がどの程度の製作能力をもっているかを判断するためのよりどころとして，大臣認定のグレード分けがある。

鉄骨製作工場のランクは，表4-6のように建物規模，使用する鋼材の種類等により五つのグレードに区分されている。このグレードは社団法人全国鐵構工業協会が品質管理体制，有資格者，製造・検査設備などの書類審査と，品質管理状況などの工場実態審査をもとに評価を行い，国土交通大臣が認定している。図4-26は，実例工事の鉄骨を製作した工場内部の様子である。

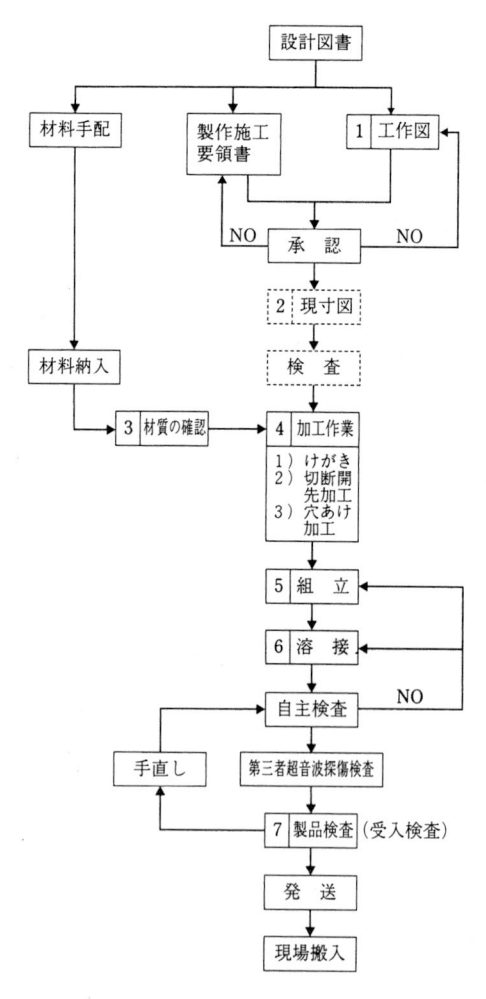

図4-27 鉄骨材製作のフローチャート

4-4 鉄骨の製作

　製作工場では，図4-27に示す流れ図（フローチャート）に従い製作に着手する。工作図の作成，現寸図書き，加工作業，検査，鉄骨材の工事現場への発送までが鉄骨工場におけるおもな作業であるが，材料の手配，製作要領書の作成なども製作工程のなかで欠かせない重要な作業である。

　一般に，材料が手配されてから鉄骨材を作業所へ発送するまでの期間は，鉄骨材の数量・材質・形状・重量などにもより一定していないが，100～150t程度の鉄骨材であれば60～120日ほどの日数が必要である（特殊材が使われていると，鋼材を製造する順番が遅れることがあるため，70～80日くらいの余分の日数が必要である）。

　製作要領書は，作業所で作成される施工計画書と同様，鉄骨工事においては非常に重要な書類である。工場で鉄骨材をどのような方法と順序で加工していくかを詳しく記述したものであり，品質確保のうえにおいて重要なものである。

　以下，一般に使用される鋼材の種類，組立・溶接などの工作の方法，さび止め，輸送計画，検査体制などについて，具体的に述べる。

1. 工 作 図

　製作工場では，まず工作図の作成から作業を開始する。工作図は設計図書に示された鉄骨材の品質，現場施工に必要な納まり，取合いなどを図面に詳しく表示したものであり，鉄骨材の品質と製作および作業所における建方精度などに影響を及ぼす重要な図面である。工作図には柱や梁に使用される材質および寸法，接合部の納まり，スパン・階高寸法など，鉄骨本体に関する内容が記入される。

　昨今はコンピュータの発達により，工作図も図4-28に示すようなCADを使って書かれるようになり，CAMと連動させて，部材リストの作成，部材の切断，穴あけなども自動的に行えるようになっている。

図4-28　CADによる工作図の作成

(1) **A建物の工作図の一例**

　図4-29は実例工事における基準階工作図であり，図4-30はその軸組工作図である。また，図4-31は梁接合部分の詳細図である。

第4章 鉄骨工事

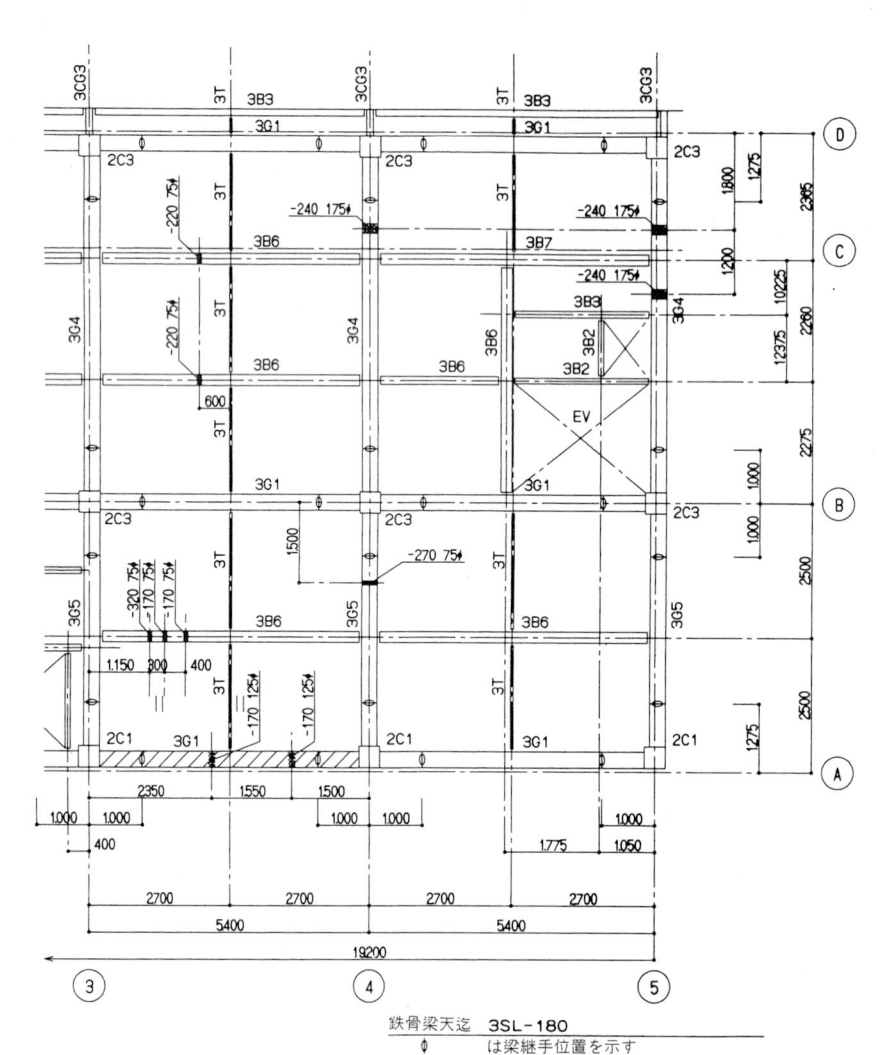

3階柱リスト

符号	部材	継手マーク
2 C 1	□-400×400×12	
2 C 2	□-250×250×9	
2 C 3	□-400×400×16	

鉄骨梁天迄 3SL-180
⊕ は梁継手位置を示す
ダクト管通孔(-○)は鉄骨天ヨリの下り寸法を示す
-270 75↓ は設備スリーブを示す

3階梁リスト

符号		部材	継手マーク
A通 3G1 (共通)	端部	(H)-440×300×11×18	GJ2
	中央		
B,D通 3G1 (共通)	端部	(H)-488〜440×300×11×18	GJ2
	中央	(H)-440×300×11×18	
2通 3G2 (共通)	端部	(H)-300×150×9×12	GJ6
	中央	(H)-300×150×65×9	BJ9
3G3 (共通)	端部	(H)-488×300×11×18	GJ1
	中央		
3G5 (共通)	B通 端部	(H)-488〜440×300×11×18	GJ2
	A端 中央	(H)-440×300×11×18	GJ2
3CG3 (共通)	端部	(H)-250×125×6×9	
	中央		

3階小梁リスト

符号	部材	継手マーク
3 B 2	H-200×100×55×8	BJ2
3 B 3	H-250×125×6×9	BJ3
3 B 4	H-298×149×55×8	BJ4
3 B 5	H-446×199×8×12	BJ6
3 B 6	H-500×200×10×16	BJ7
3 T	H-200×100×5×75	BJ10

〈共通〉
スタッドジベル 巾176 下16 L=100 @300 1列
" 巾199 下19 L=100 @300 2列(チドリ)
" 巾300 下19 L=100 @300 2列
(注) Ⓗ はSM-490Aを示す. その他はSS-400を示す
柱脚はすべてハイベースを使用

図4-29 基準階工作図

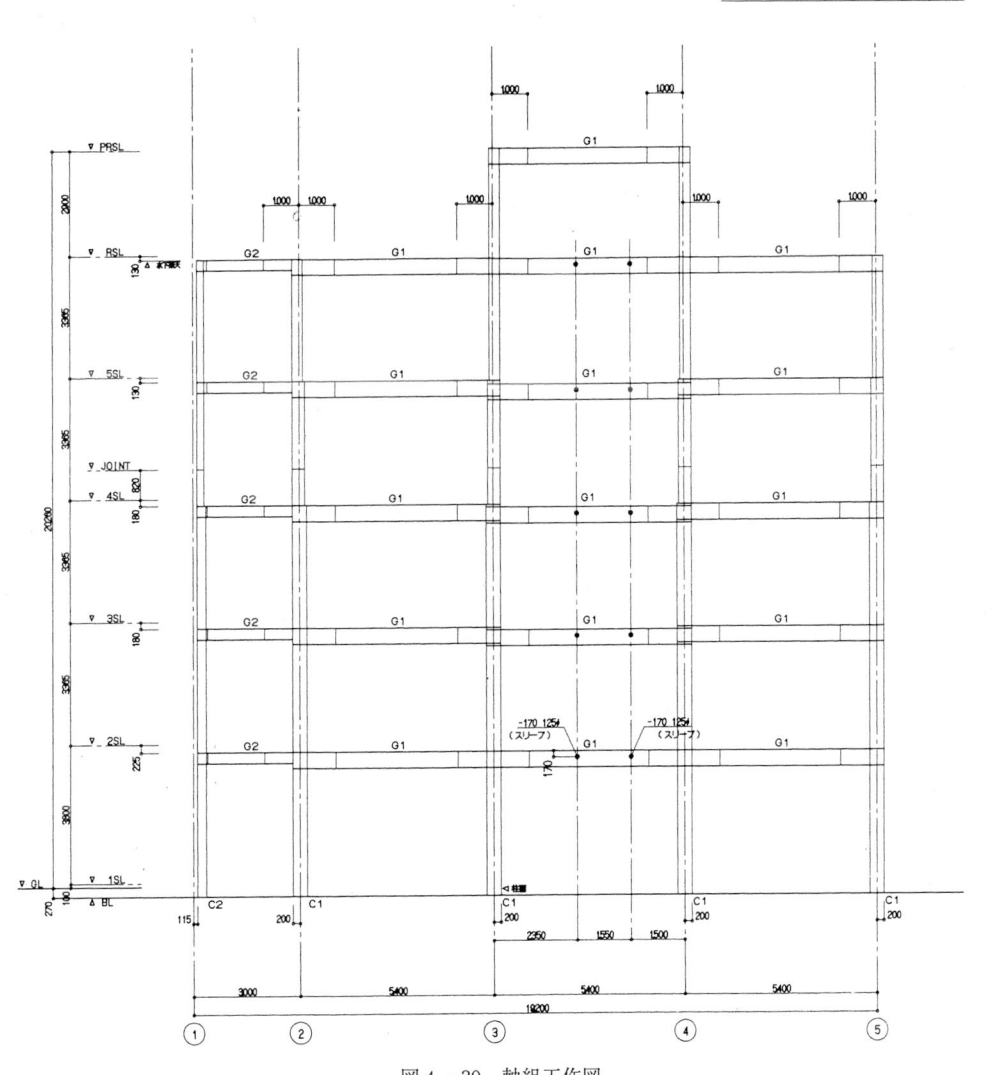

図4-30 軸組工作図

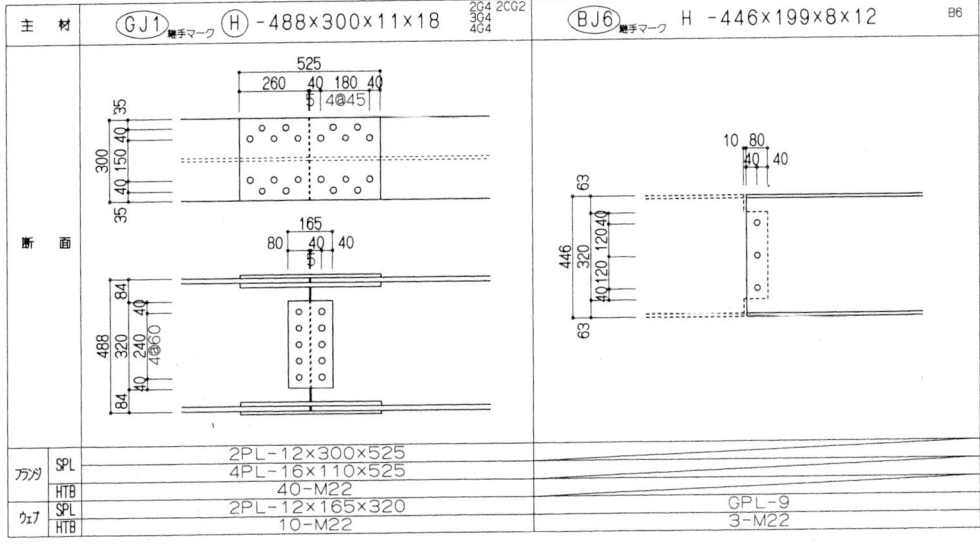

図4-31 接合部詳細図

(2) 工作図に記入するその他の項目

工作図には鉄骨本体に関する内容以外のものとして，鉄骨階段，設備配管用の貫通孔，外装カーテンウォール取付け用ファスナーなどの取付け位置や大きさなどが記入される。また建方工事のときに必要な安全設備用の金物とか，揚重機のポスト（柱）を建物と緊結するための取付けプレートなどの位置，仕様が記入される。

また，鉄骨鉄筋コンクリート造（SRC）の場合には，梁の主筋，梁の幅止め筋，柱のフープ筋などの貫通孔や，型枠組立用のセパレーターの貫通孔などの位置，孔径を記入する。図4－32に設備配管用貫通孔を示す。参考として，図4－33にSRC造の柱・梁に設けられた種々の貫通孔の状況写真を示す。

図4－32 設備配管用貫通孔

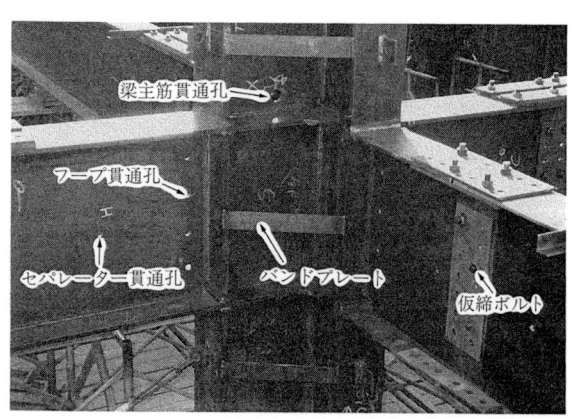

図4－33 SRC造の柱・梁に設けられた貫通孔

2．現寸図

現寸図とは，工作図に書かれた鉄骨の部材寸法を床の上に実寸法で描いたものである。現在は，CAD/CAMシステムを用いており，鉄骨材の加工は，CADデータに基づいて行われるため，現寸図を描くことはほとんどない。複雑な形状，納まりが難しく図面上でうまく描けないもの，母屋などムクリが必要なものなどについては現寸図で確認することがある。

図4－34は，鉄骨工場における現寸場の全景写真である。

図4－34 現寸場の全景

3. 材質の確認

メーカーから鉄骨製作工場に納入された鋼材が，設計図書に指定されたものと同質の材料であるかを確認する。

その確認方法には，スタンプや，図4-35の材質表示ラベルによって確認する方法，および図4-36の材質別に決められた色によって識別する方法がある。

製作過程で材質を確認できなくなった場合は，化学分析や機械試験を行い，その試験結果と図4-37に示すようなメーカーが発行する鋼材検査証明書（ミルシート）とを比較して，材質を判別する。

図4-35 材質表示ラベル

図4-36 識別色表示方法

図4-37 鋼材ミルシートの例

4. 加 工

けがき・切断，開先加工，穴あけ加工，摩擦面の処理などの作業をまとめて加工とよんでいる。

(1) けがき

CAD/CAMによって制作された現寸型板を使って，鋼材の表面に切断・曲げ・穴あけ箇所，組立や付属金物取付け位置などを書きしるす。図4-38は現寸型板の一例であり，図4-39は鋼材の表面にブラケットのフランジ位置をけがきしているところである。

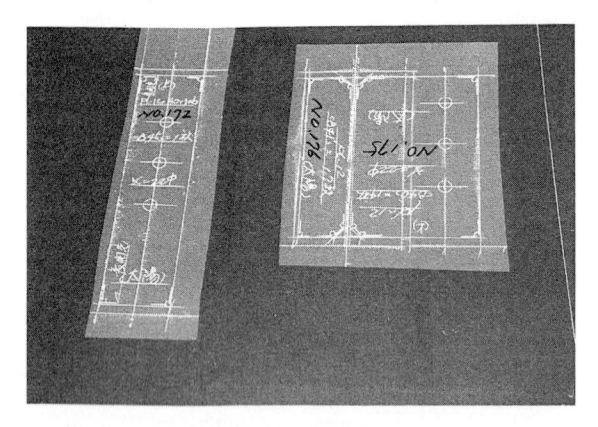

図4-38 現寸型板

図4-39 けがき作業

(2) 切断・開先加工

けがきした鋼材の切断は，図4-40の自動ガス切断機（ガス切断法）や，図4-41のバンドソー切断機（機械切断法）を用いて行う。切断する鋼材の材質，断面形状，要求される断面精度，機械の切断能力，経済性などを十分に検討したうえで最も適した切断機械を選定する。

図4-40 自動ガス切断機（ガス切断法）

図4-41 バンドソー切断機（機械切断法）

図4-42 可搬式自動ガス切断機による開先加工（ガス加工法）

図4-43 開先加工専用機（機械加工法）

図4-44 開先角度の検査

開先加工は，図4-42の可搬式自動ガス切断機（ガス加工法）や，図4-43の開先加工専用機（機械加工法）を用いて行う。加工が終わると，図4-44に示すゲージを用いて開先角度の検査を行う。

(3) 穴あけ

柱・梁などに使われる鉄骨の母材は，組み立てられる前に図4-45に示すドリルでボルト孔などの穴あけを行う。スプライスプレート[1]は，図4-46に示す多軸ボール盤で一度に数枚を重ねて穴あけを行う。

図4-47はせん断機（打抜き）による穴あけの状態を示したものである。

表4-7は「建築基準法施行令」に定められている各種ボルトの穴あけ寸法を示したものである。

図4-45 ドリルによる母材の穴あけ

表4-7 各種ボルトの穴あけ寸法
（単位：mm）

種　類	穴あけ寸法	ボルトの呼び径
高力ボルト	$d+2.0$	M12, M16, M20, M22, M24
	$d+3.0$	M27, M30
アンカーボルト	$d+5.0$	—

注．dはボルトの軸径

図4-46 多軸ボール盤による穴あけ

---

1) スプライスプレート：鉄骨材をつなぎ合わせる添え板である。

図4-47 打抜きせん断機による穴あけ

図4-48 ディスクサンダーによる摩擦面の処理

図4-49 ショットブラストによる処理

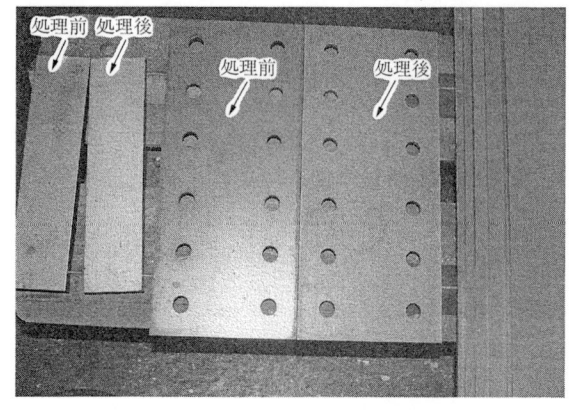

図4-50 ショットブラスト処理前と処理後

(4) 摩擦面の処理

母材の摩擦接合面の処理は，高力ボルト接合の場合，非常に重要な作業であり，図4-48に示すように，ディスクサンダーを用いて母材表面の黒皮（ミルスケール）や他の付着物を取り除き，半月ほど自然放置して赤さびを発生させる。

スプライスプレートは，図4-49の機械でショットブラスト処理を行い，部材表面の黒皮や付着物は必ず取り除いておく。図4-50はショットブラスト処理を行う前のスプライスプレートと，処理後のスプライスプレートである。

ショットブラスト処理を行った部材は赤さびを発生させなくても摩擦接合面として使用できる。

5. 組　立

加工が終わると鉄骨材を組み立てる。工場では，主として柱型，柱梁接合部やトラス梁などの組立が中心となる。

鋼管柱の加工は，通しダイアフラムとすることが多いため，パネルゾーンと柱・梁を別々に製作し，最後にこれらを組み立てる方法がとら

組立は次のようにして行う。

1) 梁（ブラケット）とパネルゾーンは別々に製作する。図4-51のようにパネルゾーンに取り付く梁せいが異なる場合は，低いほうの梁せいにあわせて内ダイアフラムを取り付ける。
2) 床面に書かれたけがきにあわせ，図4-52に示すように，ブラケットと柱とパネルゾーンをセットし，仮溶接を行う。その際，接合箇所に目違いやずれが生じていないか十分に注意し，また裏当て金の有無やルート間隔（図4-13）が適正かどうかを確認する。
3) パネルゾーンとブラケットの組立が完了すると，それに柱を取り付け，柱の組立が完了する。組立は図4-53に示す組立治具を用いて行う。組み立てた後，開先形状，ルートフェースの状態，ルート間隔などが適正かどうかを検査する。

図4-51 柱・梁接合部の名称

図4-52 柱・パネルゾーンの組立

6. 溶　接

部材の組立が完了すると，仮付け溶接，本溶接の手順で溶接作業を進める。

1) 突合せ溶接部の開先状況を検査して間違いがなければ，図4-54に示すように仮付け溶接を行う。仮付け溶接は，いい加減に行うと溶接部欠陥の原因となることもあり，仮付け位置，ピッチ・長さなどは事前に検討しておく。
2) 開先の加工状態を再度検査する。開先内に付着物（水分・油脂・ペンキ・さび）などがあると，溶接部の割れの原因とな

図4-53 組立治具

図4-54 仮付け溶接

図4-55 回転治具を用いた本溶接

るので完全に取り除く。

3) 仮付け溶接および開先内の検査が完了した部材は，図4-55に示す回転治具に固定し，治具を回転させて，正しい溶接姿勢を確保して本溶接を行う。溶接棒は，必ず乾燥したものを用いる。

図4-56 柱の寸法検査

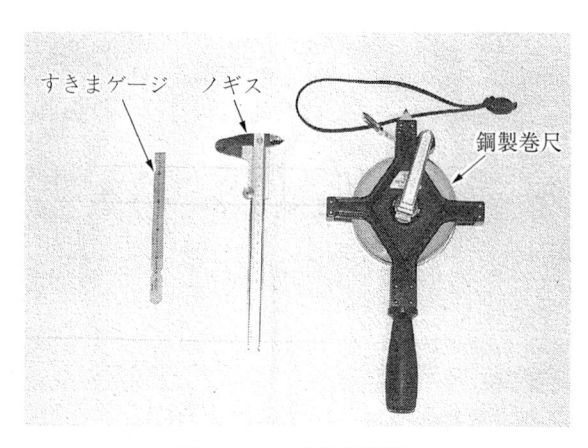

図4-57 寸法検査用器具

7. 製品検査（現場受入検査）

製品検査は，完成した鉄骨部材を製作工場から工事現場に搬出する前に，設計図書で要求される品質が確保できているかどうかを検査するものであり，出荷の可否を決定する重要な検査である。

製品検査には寸法検査・外観検査・溶接部非破壊検査などがある。

(1) 寸法検査

図4-56は柱の寸法検査を行っているところである。部材寸法・階高・幅・ブラケット長さ・せいなどについて寸法測定を行い，工作図と照合して間違いのないことを確認する。

寸法測定に使用する鋼製巻尺は，現寸検査のときテープ合わせを行ったものを使用する。図4-57の器具は，寸法検査に使用するすきまゲージ・ノギス・鋼製巻尺である。

(2) 外観検査

部材や溶接部の表面の欠陥を目視および器具を用いて行う検査である。

部材の表面検査は，表面のきずなどを見付けるのがおもな仕事であり，溶接部の表面検査は，割れ・アンダーカット[1]（図4-58）・脚長（図4-59）・余盛高さなどを目視・測定する。

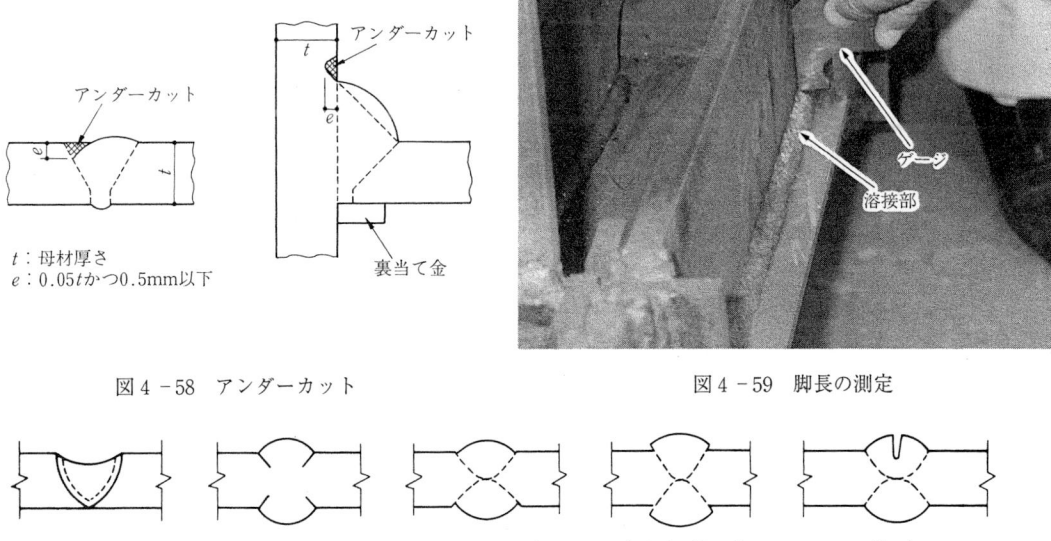

図4-58 アンダーカット

図4-59 脚長の測定

(a) 突合せ溶接：のど厚不足，余盛の過大，アンダーカット，オーバーラップ，ピット

(b) すみ肉溶接：のど厚不足，余盛過大，アンダーカット，オーバーラップ，サイズ不足

図4-60 外観検査でわかる代表的な溶接欠陥

(3) 非破壊検査（超音波深傷検査）

目視による外観検査だけでは，溶接内部に生じた欠陥まで検出できないため，必要に応じ，超音波探傷検査を行い，内部欠陥の有無を検出する。

超音波探傷法は溶接部を破壊せずに検査を行う方法であり，図4-61に示すように，溶接部とその周辺部に塗り込んだグリセリンの上から超音波探傷機を用いて超音波を発射し，その発射音の強さと伝播時間の結果をみて，溶接部の内部欠陥を検出する方法である。内部欠陥には，ブローホール[2]，内部割れ，スラグの巻き込みなどがある。

---

1) アンダーカット：溶接の上端に沿って母材が掘られて，溶着金属が満たされないで溝となって残る溶接欠陥をいう。
2) ブローホール：溶接金属中にガスによってできた球形または,ほぼ球形の空洞をいう。

図4-61 超音波探傷法

参考 図4-61は超音波探傷法のなかで、溶接部の欠陥を検出するために用いられている斜角探傷法を示したものである。探傷面に対して斜めに横波超音波を入射させたとき、溶接内部のきずに当たるとブラウン管に図(b)のような探傷図形が表れる。この探傷図形のきずエコーFの立上がり位置を読み取り、探触子の入射点から超音波ビームの進行方向に沿ったきずまでの距離W_F（ビーム路程）を測定する。探触子からの入射点および屈折角θをあらかじめ測定しておき、きずまでの水平距離をY_F、探傷面からの深さをdとすると

$$Y_F = W_F \cdot \sin\theta, \quad d := W_F \cos\theta$$

によってY_F, dの値が計算され、きずの位置を見つけることができる。

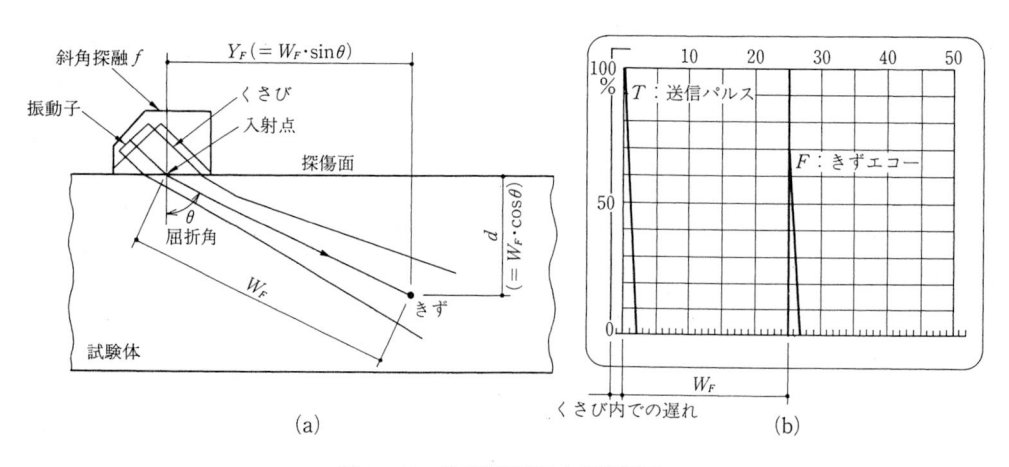

図4-62 超音波探傷法と探傷図形

(4) さび止め塗装検査

製作工場から製品を出荷する前に、さび止め塗装の状態を検査する。一般には、目視で行うことが多いが、計測器で確認する方法もある。防錆効果をあまり必要としない隠蔽部では一般用さび止めペイント（JIS K 5621）、長期の防錆効果を期待する場合には亜鉛化鉛さび止めペイント（JIS K 5623）やシアナミド鉛さび止めペイント（JIS K 5625）などが用いられる。近年では環境への配慮から鉛やクロムを含有しない鉛・クロムフリーさび止めペイント（JIS K 5674）も用いられている。

さび止め塗装の状況確認とともに、工事現場で溶接する部分、高力ボルトの摩擦接合部分、コンクリートに埋め込まれる部分、耐火被覆を施す部分（塗装する場合もある）などに、さび止め塗装が誤って行われたりしていないかなども確認する。

4-5 鉄骨建方工事

　工場で製作された鉄骨部材は，出荷前に最終検査を行ってから，工事現場に搬入され組み立てられる。工事現場では，鉄骨工事の品質の確保，工期の遵守，作業の安全性の確保を重点管理目標として，後続工程に支障をきたさないように工事を進める。

1. 鉄骨建方計画
(1) 鉄骨建方の方法

　鉄骨建方の方法は，敷地の形状，周辺道路の状況などの立地条件のほか，地下工事の有無，鉄骨構造体の形状などによって異なる。建方工事計画をたてるときには，これらの諸条件とともに鉄骨工事の品質，工期，安全性，経済性なども十分考慮して行うことが大切である。

　実例工事のA建物は，狭い敷地いっぱいに隣接建物とも非常に接近して建つように設計されており，都市型の中小規模の建物に多くみられる立地条件を有している。敷地が狭いため，効率よく建方工事を行うには，どのように建方計画をたてればよいか，**建方用重機の選択・建方順序**などを含めた細部についての検討が必要である。一般に鉄骨の建方方法には，図4-63に示す積上げ方式，建逃げ方式，軸建て方式および輪切り建て方式の4種類の方法がある。建物の形状，柱と梁の接合方法，立地条件，建方機械の種類などにより，適切な建方方法を選択する。

　4種類の方式のうち，事務所ビルでは積上げ方式と建逃げ方式が一般によく採用される。工場・倉庫などの平家建の建物の場合には軸建て方式，輪切り建て方式が多く用いられる。表4-

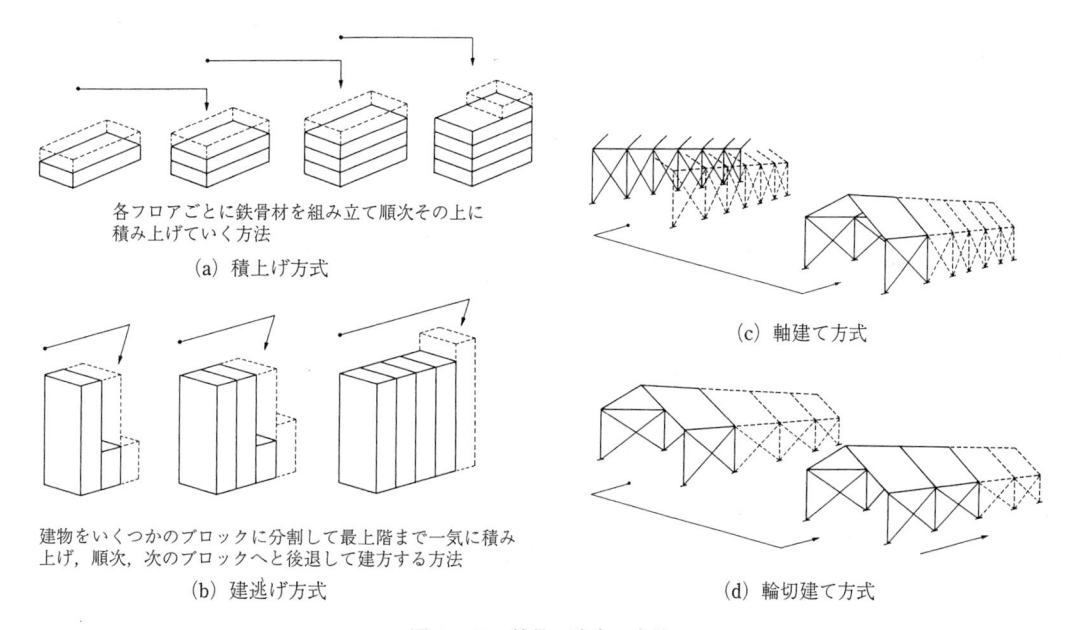

各フロアごとに鉄骨材を組み立て順次その上に積み上げていく方法
(a) 積上げ方式

(c) 軸建て方式

建物をいくつかのブロックに分割して最上階まで一気に積み上げ，順次，次のブロックへと後退して建方する方法
(b) 建逃げ方式

(d) 輪切り建て方式

図4-63　鉄骨の建方の方法

8はそれぞれの建方方式の特徴を比較したものである。

表4-8 鉄骨建方方式の比較

(a) 積上げ方式と建逃げ方式の比較

	積上げ方式	建逃げ方式
工　程	後続工程のラップ作業が可能な方式。工程進捗が一定である。	区分割りに基づき工事の進捗が決定される。工程ペースが定まらない。
安全対策	一度にフロア全体のネット養生ができる。	鉄骨の自立検討を要する。
建方精度	1筋ごとの建物全平面の建入れ調整が可能である。	建入れ修正が難しい。
建方重機	タワークレーン等大型重機となる。	移動式クレーンによる

(b) 軸建て方式と輪切り建て方式の比較

	軸建て方式	輪切り建て方式
工　程	少し長くなる。	軸建て方式に比べ短縮できる。ラップ作業が可能。
安全対策	耐風圧に対策が容易である。資材の整理が容易である。	耐風対策が容易である。ラップ作業の場合，危険はある。
構内運搬	構内通路が確保できる。	構内通路が制約される。（高さが制限される）
地組スペース	建物のスペースで地組みできる。	建物以外に地組スペースが必要である。

　実例工事のB建物は，地上13階建の建物であり，定置式クレーンを設置して各節（3フロア1節）ごとに鉄骨を順次積み上げる積上げ方式を採用している。A建物は，地上5階建の規模の小さい建物であり，定置式クレーンを設置して建方工事を行うほどの鉄骨量もないため，周辺道路の状況を考慮して建方方法として建逃げ方式を採用している。図4-64はA建物の場合の鉄骨建方計画図を示したものである。敷地周辺のうち，3方向はそれぞれ空地，事務所ビル，歩道となっているため，最終的に建方用重機が建逃げできる方向は，一方通行の道路上となる。また，搬入された鉄骨材をトラックから荷卸しする作業も，一方通行の道路上にトラックを駐車して行っている。

(2) 建方機械

　鉄骨の建方工事を効率よく，より安全に行うためには，その工事現場に最も適した建方用機械を選ぶことが重要なポイントとなる。建方機械の設置方法，その使用法などについては「労働安全衛生法」・「クレーン等安全規則」などに，その基準が定められているが，クレーン車による事故は非常に大きな事故につながるおそれがあるため，機械の選定は慎重に行い，とくに作業中の安全確保には十分注意する。

4-5 鉄骨建方工事

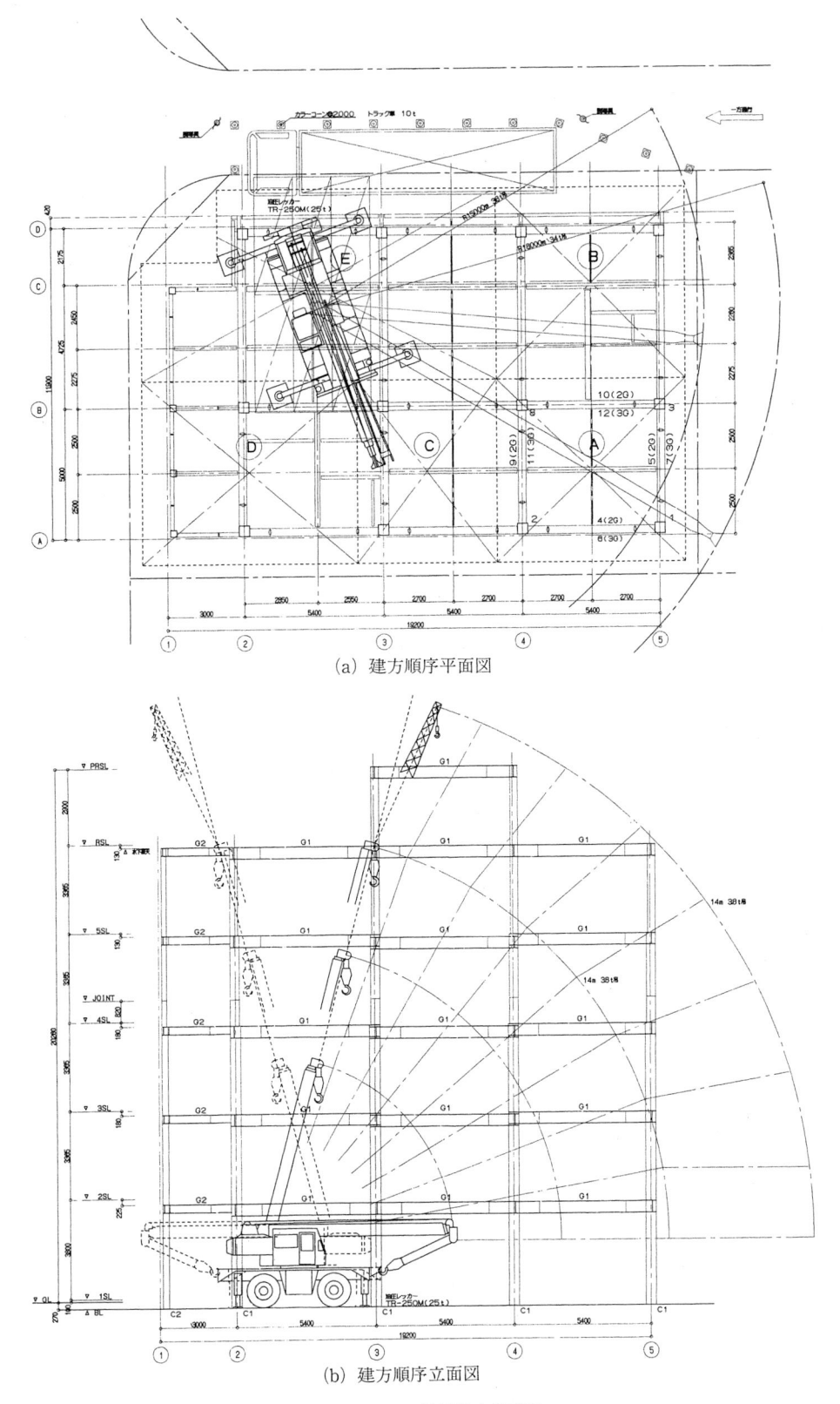

(a) 建方順序平面図

(b) 建方順序立面図

図4-64 鉄骨建方計画図

114　第4章　鉄骨工事

建方用の機械には,「2-4揚重機械」の項(P.29)で示したようにいろいろな種類のものがあるが,B建物では,定置式のタワークレーンを用いた。敷地が狭いA建物では,小回りが効き,吊上げ能力の大きい図4-65のような25t油圧式のホイールクレーン(通称ラフタークレーン)を使用した。

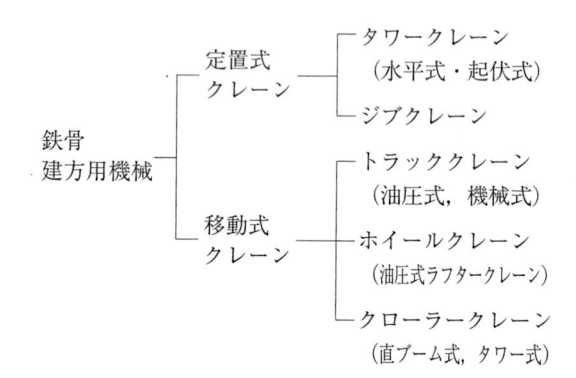

図4-65　ホイールクレーンによる鉄骨建方

```
                    ┌ 定置式  ┌ タワークレーン
                    │ クレーン │  (水平式・起伏式)
                    │        └ ジブクレーン
鉄骨建方用機械 ──┤
                    │        ┌ トラッククレーン
                    │        │  (油圧式,機械式)
                    └ 移動式 ─┤ ホイールクレーン
                      クレーン │  (油圧式ラフタークレーン)
                             └ クローラークレーン
                                (直ブーム式,タワー式)
```

(3) 鉄骨建方の順序 (A建物)

建逃げ方式の場合,鉄骨の骨組は建て逃げしていく方向に傾斜するという習性があり,建方をはじめる前に,その習性を十分にわきまえておかなければならない。建方精度が悪くなってきたからといって,建方途中で建方順序を変更すると,建方精度をなお悪くするだけでなく,製作工場での製作順序・発送手順にも影響を与えることにもなる。そのため,建方順序を変更したりすることのないよう,建方計画を前もって慎重に検討しておくことが必要である。

建逃げ方式では,図4-64(a)のように,A,B,C,D,Eのブロックに建物を分割して,決められた順序に従って建方を行う。

図4-66をもとにして,Aブロックにおける建方手順を説明する。

まず,Aブロックの鉄骨建方が行える場所を選んでクレーンを設置する。はじめに,図4-66(a)のように最も遠い位置にある①の柱材をクレーンで吊り上げて所定の位置に建て込む。続いて②,③の第1節の柱を建て込む。

柱は建て込んだ形がL形となるように建て込んでいき,次いで④〜⑦の大梁を①〜③の柱につないでいく。L形に柱を建て込んだことにより,鉄骨骨組が強固になり,安全性が増し,倒壊防止となる。

次に⑧の柱を建て込み,⑨,⑩の大梁をつなぎ,建物の形が四角形となるように組み立てていく。次に図(b)のように骨組を上部へ組み上げ,建入れ精度を確認してから左右のB,Cブロックの建方へと移動する。

4-5 鉄骨建方工事

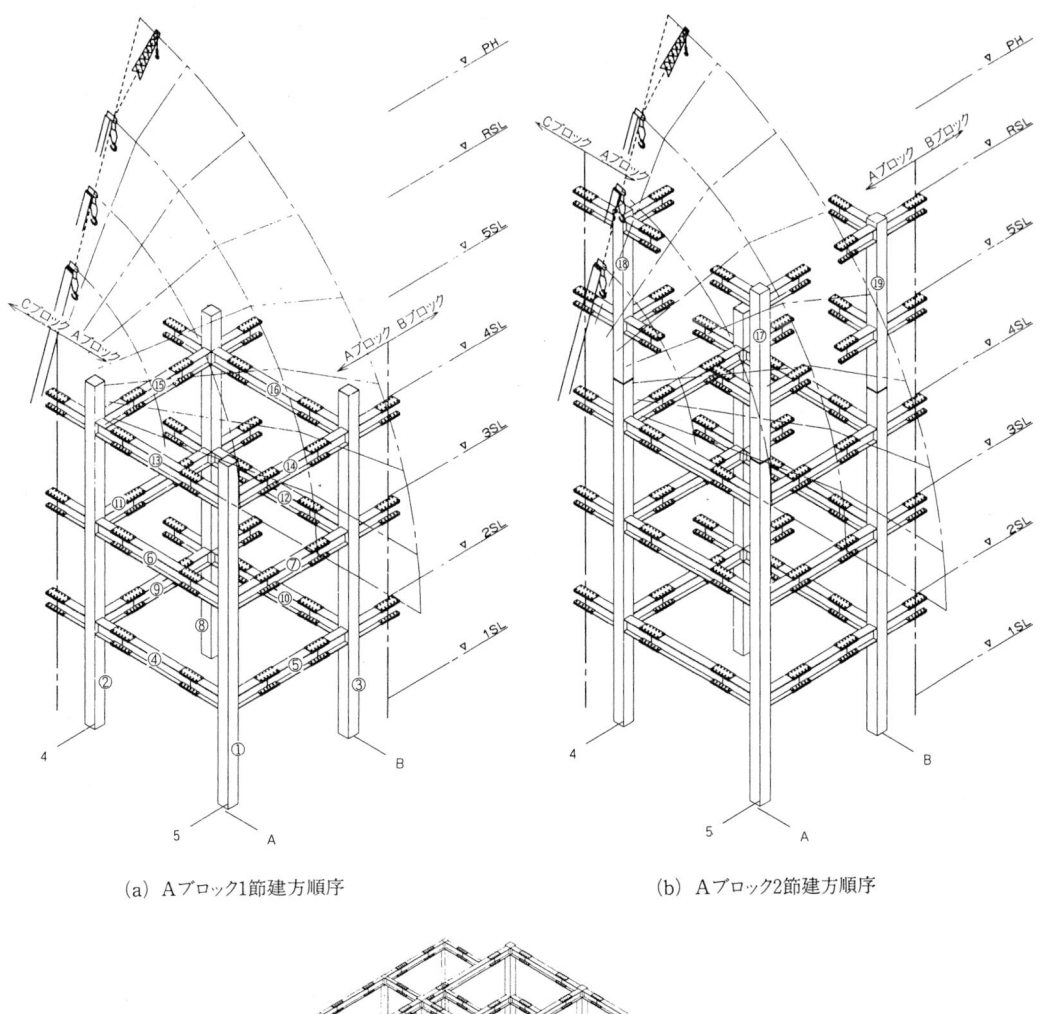

(a) Aブロック1節建方順序

(b) Aブロック2節建方順序

(c) 完成図

図4-66 鉄骨建方の順序

図4-67　垂直移動用仮設タラップと垂直親綱

図4-68　水平親綱

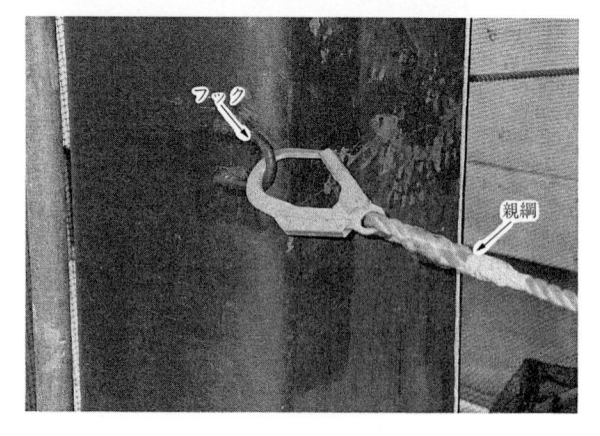

図4-69　水平親綱取付けフック

(4) 鉄骨骨組の自立検討

鉄骨の建方工事中に，鉄骨が倒壊し，大きな事故や災害につながることがある。建方計画をたてるときは，以下の点に注意し，必要に応じて耐風養生などの補強を行う。

① 鉄骨部材の断面が自重に耐え得る断面を有していること。また風荷重に対して安全であること。
② アンカーボルトは適正な径のものを使用すること。
③ 本締めが完了するまでの仮ボルトは，定められた必要本数以上であること。
④ 転倒防止用トラ綱を適正な位置に配置すること。

(5) 足場計画

鉄骨建方を行うためには足場が必要になる。その足場には，作業員が移動するための通路用の足場と，高力ボルトを締め付けたり，溶接作業を行うための作業足場とがある。鉄骨の形状，部材の接合位置，その接合方法などをよく考えて計画する。

(a) **垂直水平移動用安全設備**　垂直移動用のものと，水平移動用のものの二つがある。垂直移動用のものとしては図4-67に示すような上下階に移動するための昇降用タラップがある。このとき，柱には垂直親綱（ロリップ）や安全ブロック[1]を取り付ける。鉄骨建方時に水平移動をする場合は鉄骨梁を利用するが，そのとき，図4-68，図4-69のように，柱と柱の間に親綱を張り，それに命綱を引っ掛けて移動する

(b) **作業用足場（吊り足場）**　高力ボルトの締め付け，溶接作業用の足場には，かご足

---

1) 安全ブロック：作業員が普通のスピードで上下に移動するときはスムーズにワイヤが出し入れされるが，急激に引っ張られるとワイヤの繰り出しがストップする装置である。

場，吊り枠足場，吊り棚足場などがある（図2-11を参照）。かご足場は高力ボルトの締付けや溶接作業用として用いられるものであり，接合部分に架けられる足場である。吊り枠足場，吊り棚足場は，SRC造の建物の場合に梁の配筋用を兼ねて梁下または全面に設置される。

(6) **安全養生設備計画**

鉄骨建方期間中，作業員の墜落防止，落下物による第三者への災害防止などのため，安全養生設備が設けられる。墜落防止用の安全設備としては，垂直親綱（図4-67），水平親綱（図4-68）およびそれを止めるためのフック（図4-69）などがある。また，建方中の墜落，落下物による作業者への災害を防止するために，図4-70のような水平ネットを設ける。

その他に工事現場からの落下物による第三者災害を防止するため，図4-71に示す垂直ネットを建物の外周部分に設けて，外部への飛来落下の防止を図る。

建物の最上階などでは，柱がなく，水平親綱が取り付けられないため，図4-72に示すように，水平親綱取付け用の仮設の支柱を設ける。

図4-73は鉄骨建方が完了した後の基本的な

図4-70 水平ネット

図4-71 垂直ネット

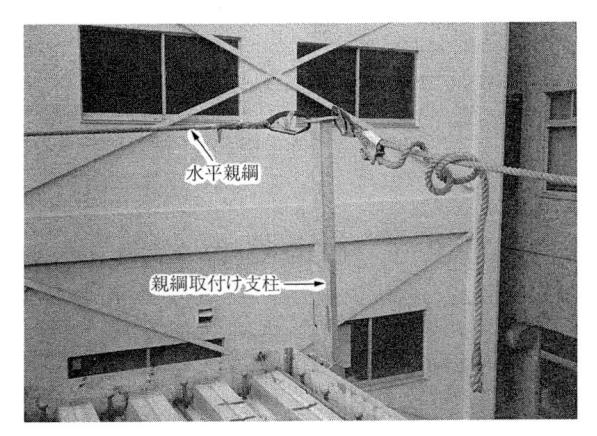

図4-72 親綱取付け支柱

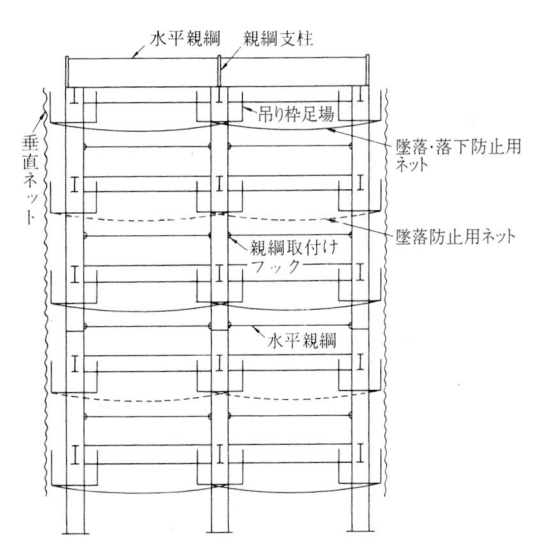

図4-73 安全養生設備

安全設備を示したものである。

(7) 鉄骨建方工程計画

建方工事を予定期間内に効率よく安全に行うため，工程計画をたてる。

工程計画と建方計画とは切っても切れない関係にあるため，工程計画をたてるに当たっては，建方計画に従い，吊上げ部材の種類・ピース数・重量，揚重機の吊上げ能力，建方の難易度などを配慮して，工程計画に必要な歩掛り[1]を算出し計画する。鉄骨部材をストックする場所の有無，前面道路の交通事情なども工程計画に大きな影響を与えるので注意する。

暦日日程で工程計画をたてるときは，作業上必要な日数だけでなく，次にあげる作業休止日も考慮する。

① 作業所の休日
② 天候不順による作業不能日
③ 近隣協定による作業禁止日および作業時間の制約

図4-74は，これらの点を考慮して作成したA建物における鉄骨建方工程計画である。敷地が狭いうえに建物の規模が小さいため，作業能率の低い工程となっている。

建方用機械の種類，建物の構造により歩掛りは一定しないが，表4-9に目安となる建方作業の歩掛りを示す。

また，鉄骨建方時の安全確保のため，天候不順による作業不能日の設定は下記による。

・時間降雨量　1mm/h以上（鉄骨全面が濡れる）
・最大風速　　10m/s以上

図4-74　鉄骨建方工事実施工程表

表4-9　建方機械，構造別歩掛り

構造		建方機械	ピース数P／日	重量t／日
工場	重量	トラッククレーン	30～45	25～30
	軽量	トラッククレーン	30～45	10～15
ビル		トラッククレーン	40～45	35～40
		タワークレーン	30～35	25～30

---

1) 歩掛り：建築工事の各種工事における単位数量当たりの単位資源量をいう。たとえば，単位面積当たりの標準労務量（労務歩掛り），標準資材量（材料歩掛り）などである。

2. 鉄骨建方作業

鉄骨の建方作業は，鉄骨工事におけるメインイベントである。製作工場で厳しく品質管理され完成した鉄骨部材を工事現場に搬入して建方計画に従って組み立てていく。

建方作業に着手する前には，まず施工計画書に示す建方計画・工程計画・施工手順などについて作業関係者と事前打合せを行い，建方作業に支障をきたさないように十分な準備をする。

鉄骨の建方作業は，一般に図4-75のような施工順序に従って進められる。

(1) アンカーボルトのチェック

建方を行う前にアンカーボルトの位置をチェックし，また，ねじ山の高さ[1]が適正かどうかもチェックする。その結果，不具合があれば改善のための対策を講じる。

参考 アンカーボルトには，構造耐力を負担する場合（A建物）と鉄骨建方用のみに使用する場合とがある。

(2) ベースモルタル

アンカーボルトのチェックが終わると，図4-76のように柱材を建てるための基準となるベースモルタルの施工をする。ベースモルタルは，鉄骨柱を建てたときその自重でつぶれないように，また，鉄骨柱が垂直に安定できるように水平に仕上げ，柱のベースプレートが納まる大きさとする。

建物規模の小さい場合には，ベースモルタルにかわるものとして，ナットを躯体の中に埋め込み，ボルトでベースプレート下端の高さを調整するものもある。いずれの場合も，鉄骨建方終了後にベースプレート下部を無収縮モルタルで充填する。

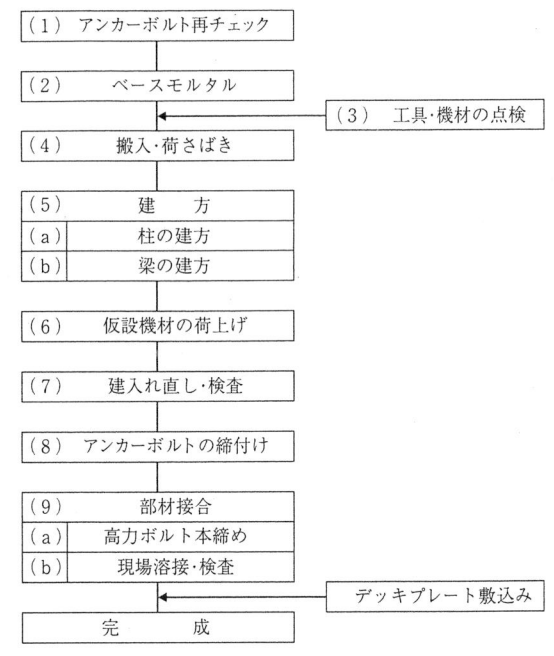

```
(1) アンカーボルト再チェック
(2) ベースモルタル
              ← (3) 工具・機材の点検
(4) 搬入・荷さばき
(5) 建 方
(a) 柱の建方
(b) 梁の建方
(6) 仮設機材の荷上げ
(7) 建入れ直し・検査
(8) アンカーボルトの締付け
(9) 部材接合
(a) 高力ボルト本締め
(b) 現場溶接・検査
              ← デッキプレート敷込み
    完 成
```

図4-75 鉄骨建方作業の流れ

図4-76 ベースモルタル

---

[1] ねじ山の高さ：ナットを締め付けた後の残りの長さは，3山が適正である。

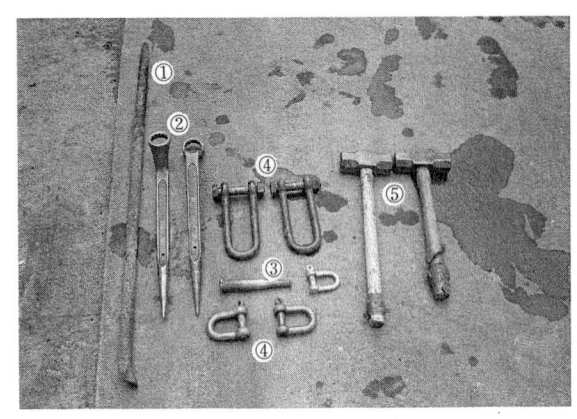

① スチールバー　② めがねスパナ
③ ボールシン　　④ シャックル
⑤ セットハンマー

図4-77　鉄骨建方用具

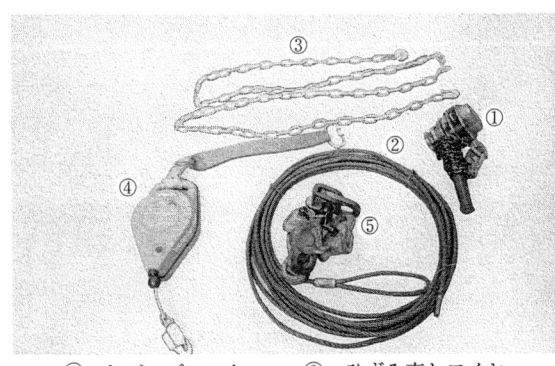

① レバーブロック　② ひずみ直しワイヤ
③ セフティチェーン　④ 安全ブロック
⑤ キトウクリップ（ワイヤ緊結用）

図4-78　鉄骨建方用機材

(3) 工具・機材の点検

建方を開始する前に，建方工事に用いる工具・機材を点検する。図4-77と図4-78は建方工事に必要な工具と機材を示したものである。

(4) 搬入・荷さばき

工事現場に鉄骨材が搬入され，鉄骨材を荷降しする前に，建方用のクレーンの設置状況を点検しておく。図4-79のように，クレーンのアウトリガーの接地面に厚鋼板を敷くなど，足元の安定状態を確認する。クレーンの設置状況と地盤の安全性に問題がないことを確認してから鉄骨部材の荷卸しを行う。

建方作業を効率よく行うためには，鉄骨部材を運搬する車両を決められた時間までに工事現場に到着させなければならないが，工事現場の近くに車両が待機できる場所を確保しておくことも必要である。図4-80のように，一般車両の通行の邪魔にならない場所を選び，車両の待機場所とする。

A建物のように，敷地内に場所がなく，道路上に運搬車両を駐車したまま荷卸しする場合は，あらかじめ所轄の警察署の道路使用許可を受け，図4-81のように誘導員を配置して，歩行者や一般車両の安全を確保する。

図4-79　アウトリガー接地面の状況

図4-80　車両待機場所

(5) 建　方

(a) 柱の建方

1) 搬入した柱材は傷めないように仮置きし，吊り上げる前に図4-82に示すように，建方時に必要な建入れ直しワイヤ[1]，安全ブロックなどの付属機材と玉掛け用の台付ワイヤを取り付けておく。柱の建方には，自動的に吊りバランスがとれて遠隔操作で玉掛けはずしができる治具を使うことが多くなっている。

2) 柱の建方は建方計画に従って行う。図

図4-81　誘導員

図4-82　柱の付属機材の取付け

図4-83　第1節柱の建込み

図4-84　アンカーボルトの仮締め

図4-85　転倒防止のために張られたとら綱

---

[1] 建入れ直しワイヤ：鉄骨の建入れ直しと倒壊防止のために鉄骨を建て込んだ後にブレース状に張るワイヤをいう。

図4-86 第2節柱の建込み

図4-87 柱接合部状

4-83は柱材をクレーンで吊り上げ，所定の位置に建て込んでいるところである。

3) 柱を所定の位置に据え付けると，図4-84のようにアンカーボルトをナットで仮締めする。仮締めはダブルナットで行う。柱には転倒を防止するため，図4-85のようにとら綱[1]を張る。

4) 第2節目からの柱の接合は第1節の梁などの取付けが完了してから行う。図4-86は第2節目の柱を取り付けているところである。墜落防止のために，梁の上には水平親綱を設け，それに作業員が命綱を掛けて建方作業を行う。図4-87は建方が完了した柱の接合部分を示したものである。エレクションピースには必ず仮締め用のボルトを全数取り付ける。

5) 柱の建入れ精度が悪いと梁の取付け作業に支障が生じるので，十分注意して柱を建て込む。

(b) 梁の取付け

1) 現場に搬入された梁部材を荷卸しす

図4-88 梁材の仮置き

図4-89 梁材の吊りピース

---

1) とら綱（虎綱）：支え線で，トラワイヤともいう。

るときは，危険防止のため図4-88に示すようなクランプを用いて吊り込み，リン木の上に仮置きする。

クランプの許容耐力を超えるような重い梁には，図4-89に示すように吊りピースを工場であらかじめ取り付けておく。

2) 梁部材には，地組みする段階で，図4-90のように水平親綱，仮締めボルトなどの付属機材を取り付けておく。

梁部材を柱に取り付けるとき，梁の取付け方向や取付け階数を間違えないようにする。図4-91のように梁に書かれたマーク（合番）を確認する。

梁材は，吊り上げると風などによって回転し危険なため，図4-92に示すように地組みの段階で介錯ロープを取り付けておき，それによって回転を止めたり，梁材を手元に引き寄せやすいようにする。

3) 図4-93に示すように，梁材を柱に取り付けるときは，スチールバーやめがねスパナを用いて行い，仮ボルトを入れて仮締めする。取り付ける仮ボルトの本数は図4-94に示すように一つのボルト群において設計本数の1/3かつ2本以上とする（フルウェブの梁の場合は，その必要本数のうち2本をウェブ面に取り付ける）。

図4-90 梁に取り付ける付属機材

図4-91 梁材のマーク（合番）

図4-92 介錯ロープ

図4-93 梁材の取付け

図4-94 仮ボルトの本数

図4-95 仮設機材の仮置,落下防止処置

図4-96 トランシットによる建入れ検査

4) 仮締めが終わると水平親綱を張り，それに命綱を引っ掛けて移動し，玉掛けワイヤを取り外す。

以上の手順で1層1ブロックの大梁の取付けが完了する。この時点で水平ネットを鉄骨梁の間に張り，以後行われる作業での墜落防止を図る。

(6) 仮設機材の荷上げ

荷上げした仮設機材は，荷くずれして落下したりすることもあるので，図4-95のようにセフティチェーンなどでしっかりと梁材に結んでおく。仮設機材の荷上げは鉄骨の組立作業と並行して行う。

(7) 建入れ直し，検査

建入れ直しワイヤを緊張して柱の倒れを修正し，柱の垂直精度を確保する。建入れ直しは各ブロックの1節ごとに区切って行い，最終的に全体のバランスがとれるように行う。ワイヤのかわりにエレクションピースに建入れ直し用治具を取り付けて，治具のジャッキ機能で建入れを調整する方法も増えてきている。

建入れ精度の検査は，図4-96のようにトランシットを用いて確認することが多いが，下げ振りで確認する場合もある。高層の建物など

図4-97 レーザー光線鉛直器

では図4-97のようなレーザー光線鉛直器を使用することがある。図4-98は柱の建入れ精度の許容差を示したものである。

(8) **アンカーボルトの締付け**

鉄骨の建入れ検査にすべて合格すると，図4-99に示すように，ベースプレートの下のすきまにグラウト材（無収縮モルタル）を充填する。グラウト材が硬化するのをまって，図4-100のようにアンカーボルトのナットを必要なトルク値が得られるまで締め付ける。ナットは必ずダブルナットとする。

図4-99 グラウト材の充填

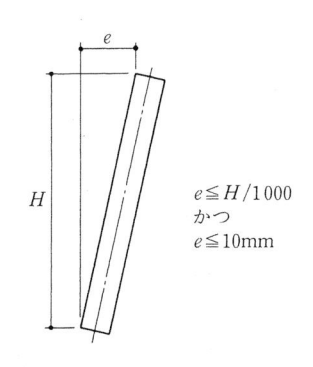

$e \leqq H/1000$
かつ
$e \leqq 10\text{mm}$

図4-98 柱の建入れ精度の許容差

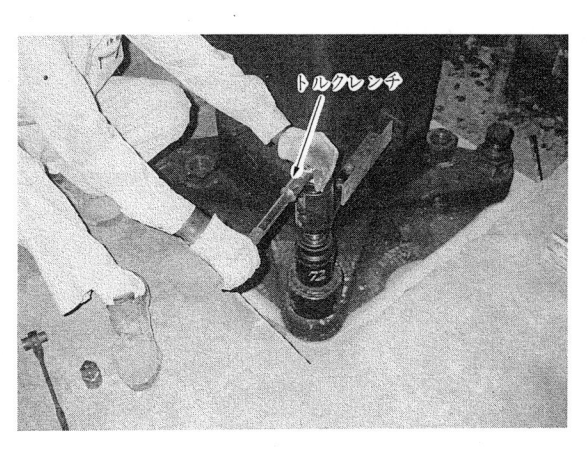

図4-100 アンカーボルトの締付け

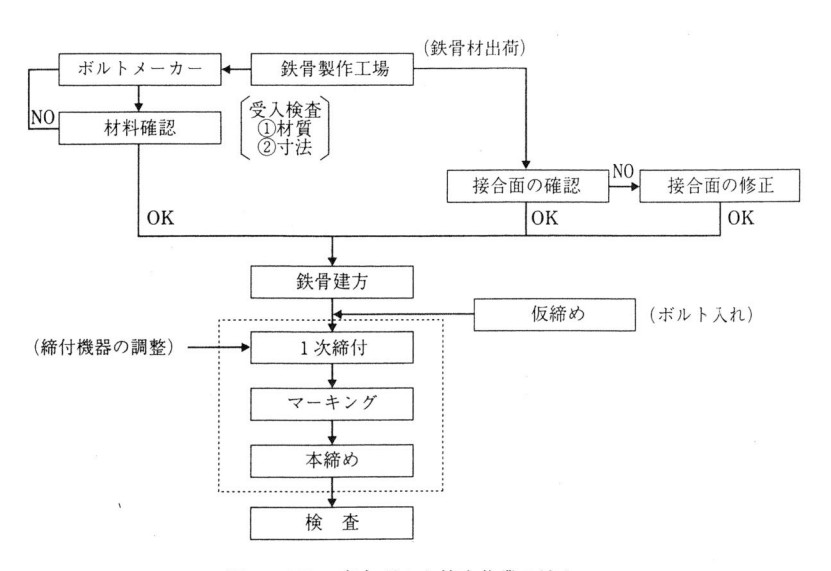

図4-101 高力ボルト接合作業の流れ

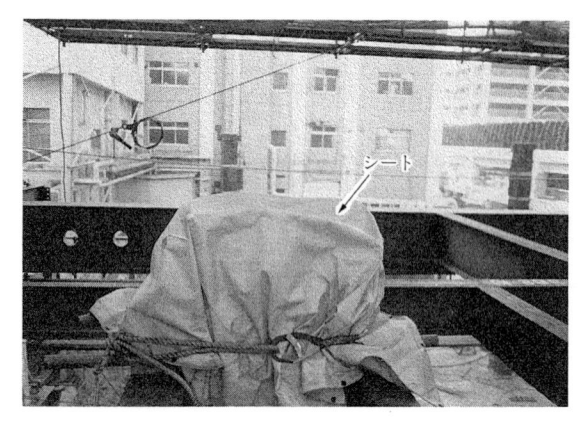

図4-102　高力ボルトの現場保管

図4-103　高力ボルト挿入の向き

図4-104　トルシア形高力ボルト専用締付け機

(9) 部材の現場接合

　実例工事では，梁と梁の接合部にはトルシア形高力ボルトが用いられており，柱と柱の接合部は半自動アーク溶接による現場溶接接合となっている。

　トルシア形高力ボルト接合作業は，図4-101のような手順で進められる。

　1) 高力ボルトが現場に搬入されると，そのボルトが設計仕様に適合した製品であるかどうかを，ボルトメーカーの社内試験成績によって確認する。

　　　受入れ検査で合格した高力ボルトは，図4-102のようにシートで覆い，雨水がかからないように保管する。高力ボルトの導入張力確認試験は必要な場合のみに行う。

　2) 接合部にボルトを取り付ける前に，鉄骨部材の摩擦面の検査を行う。浮きさびが発生していたり，油・じんあい・塗料・溶接スパッタなどが摩擦面に付着していないか検査する。付着物があると耐力低下をきたすので，ディスクサンダーなどを使って取り除く。

　3) ボルトはねじ山を傷めないように挿入し，ナット・座金の向きを正しくセットする。ボルトは差し込む方向によっては，フランジ面とウエブ面に入れたボルトが接触して締付け機械が装着できず，ボルトの締付けができなくなることがあるので，図4-103のようにボルトは上部フランジでは上向き，下部フランジでは下向きに，それぞれ差し込むことが多い。

　4) トルシア形高力ボルトの締付けは，図4-104のような専用の締付け機械を用

いて行う。

a) まず，図4-105のように一次締付けを行う。母材とスプライスプレートを一定の力で締め付けるため，一次締付け電動レンチを用いて締めつける。表4-10に一次締付けトルク値を示す。

表4-10 一次締付けトルク

ボルトの呼び径	一次締付けトルク(N・m)
M12	約50
M16	約100
M20, M22	約150
M24	約200
M27	約300
M30	約400

図4-105 一次締付け

b) 一次締付けが完了すると，図4-106のように全数のボルトに白いマジックインキで**マーキング**を行う。マーキングは高力ボルトの締め忘れの有無を確認するためと，マークのずれによってナットとボルトに共回り・軸回りなどが起こっていないかなど，ボルトの締付け状態のばらつきや不良箇所を発見するために行うものである。

図4-106 マーキング

c) マーキングが終わると，締付け専用機械を用いて図4-107のように本締めを行う。ボルトのピンテールの破断を確認して，本締めが完了する。図4-108はボルト群の締付け順序を示したものであり，接合部の中央から外側に向かって順次締め付ける。

5) トルシア形高力ボルトの締付け状態の合否の判定は，ピンテールの破断とマーキングのずれの有無を確認して行う。

a) ボルトのピンテールがすべて破断しているかどうかを確認する。ピンテールが破断していないボルトがあれば，

図4-107 本締め

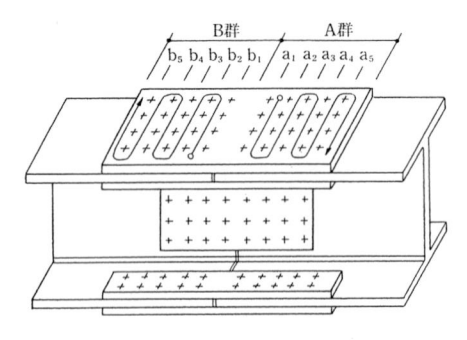

図4－108 高力ボルトの締付け順序

ボルトの締付け順序
① A群のボルトを矢印の方向に a_1, a_2, ……の順序で締め付ける。
② B群のボルトを矢印の方向に b_1, b_2, ……の順序で締め付ける。

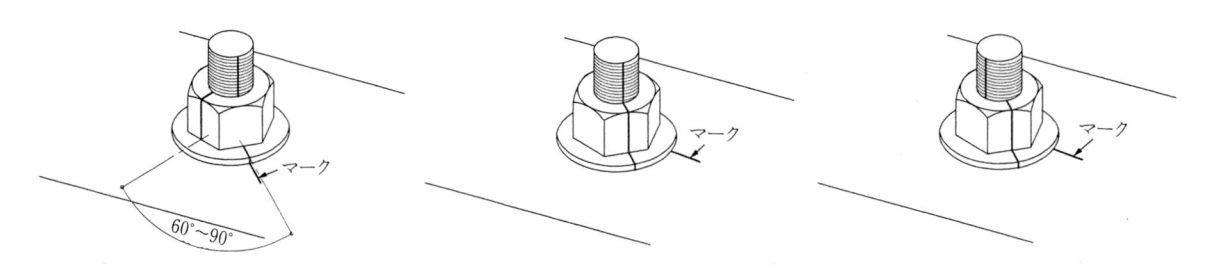

図4－109 ボルト・ナットの適正な回転量　　図4－110 ボルトの共回り現象　　図4－111 ボルトの軸回り現象

　　　　別のトルシア形高力ボルトに取り替えて締付け直しを行う。うまく締付けできない場合は、JISに定める高力ボルトに取り替える。
　　b) マーキングのずれの状況を確認する。そのずれの状況によって、本締め作業の合否を判定する。マーキングのずれは図4－109のように60～90°の範囲が適正とされている。締付け不良には、図4－110のような共回りや、図4－111のような軸回り現象などがある。そのような現象があれば、ピンテールの破断不良の場合と同じ要領で処理する。
　　c) ボルトの余長は、ナット面からねじ1山～6山の範囲にあることを確認する。

(10) 現場溶接，検査

　工事現場で行う溶接作業は、製作工場での場合に比べ、自然条件（風・雨）下での作業となるうえに、作業姿勢、溶接機械設備など不利な条件が非常に多い。適正な溶接計画をたて、正しく実行していくことが大切である。
　ここでは、半自動溶接による柱接合部の現場溶接について、作業時の注意点を述べる。
　　1) 溶接作業を行う前に、接合部のルート間隔・開先角度および開先内の清掃状況などを検査する。ルート間隔や開先角度が適正でないことを発見した場合は、ディスクサンダーなどを使って修正する。
　　2) 図4－112は柱の溶接作業を行っているところであるが、溶接時はできるだけ体を静止させ、一定の溶接速度を保持できるようにして行う。溶接をおこなう場合、適切な溶接電流、アーク電圧および溶接速度を決定し、過大な熱量が溶接部分に投入されないようにす

る。被覆アーク溶接，炭酸ガスアーク溶接などは溶着量に限界があるため，厚板を完全溶け込み溶接するときは何回か溶接パス[1]をくり返さなければならない。このとき，溶接パスと溶接パスの間の時間が短く，溶接部の温度が高すぎる状態で次ぎの溶接パスをおこなうと所要の強度を得られなくなる。そのため，温度チョーク[2]や示温塗料[3]を用いて，溶接部近傍の温度を管理しながら溶接をおこなう必要がある。

3) 母材温度が低い[4]と，溶接部に割れが発生するおそれがあるため，気温が低いときは作業を見合わせる。ただし，やむを得ず行う場合は，溶接部の母材温度を適正に保つため，図4-113に示すように，溶接部の周囲10cmの範囲を電気ヒーターまたはガスバーナーで均一に加熱して予熱する。

また，雨・雪によって，溶接部分に水分が付いた状態で溶接を行ったり強風時[5]にむりに溶接を行うと溶接部に重大な欠陥が生ずるおそれがあるため，それぞれ対策を講じて作業を行う。図4-114は強風時の溶接対策として用いる防風設備を示したものである。

4) 溶接作業が終わると溶接部の検査を行う。溶接部の検査は目視による外観検査と超音波探傷検査（非破壊検査）の二つの方法がある。

目視により，割れ・アンダーカットな

図4-112 柱接合部の現場溶接

図4-113 溶接部の母材の加熱

図4-114 溶接用防風設備

---

1) 溶接パス：溶接継ぎ目に沿っておこなう1回の溶接をいう。
2) 温度チョーク：所定の温度以上になると溶けるチョーク。
3) 示温塗料：所定の温度以上になると変色する塗料。
4) 気温が-5℃以下の場合は溶接を行ってはならない。10℃以下の場合は予熱を行う。
5) 被覆アーク溶接では風速10m/s以上，ガスシールドアーク半自動溶接では風速2m/s以上の場合は溶接作業を中止する。

130　第4章　鉄骨工事

図4-115　現場溶接部の超音波探傷検査

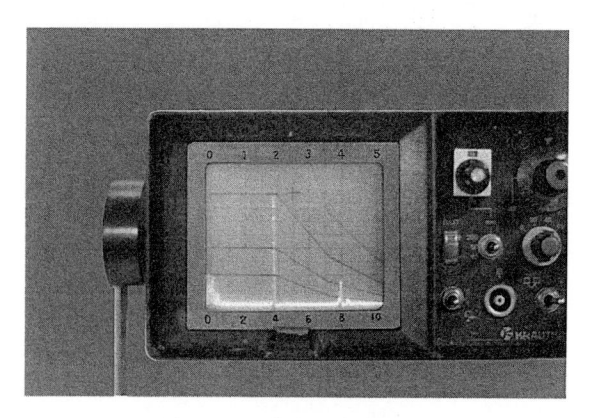

図4-116　超音波の反射状況

どがないか，余盛り寸法が不足していないかなどを検査する。図4-115は柱接合部の超音波探傷検査を行っているものである。図4-116は超音波探傷検査中の超音波の反射（エコー）状況を表す画面である。

5) 検査で不良箇所が発見された場合は，グラインダーやアークエアガウジングで不良箇所を削り取り再度溶接する。これらの検査が終了して鉄骨工事が完了する。

4-6　床の施工

1．概　　説

　鉄骨造の床には，施工性がよいことからデッキプレート構法が良く用いられている。デッキプレート構法には，①デッキ型枠スラブ，②合成スラブ，③デッキ構造スラブの3種類がある。その他に図4-117に示すような薄肉PCa板工法などがあり，それぞれ用途に応じて使い分けがされている。

　デッキ型枠スラブは，デッキプレートを型枠として用いる鉄筋コンクリート構造であり，倉庫などのように積載荷重が大きくかかる床などの場合に用いられる。合成スラブは，トッピングコンクリートとデッキプレートが一体となって床荷重による曲げに抵抗する。デッキ構造スラブは，デッキプレート単体で構造体となり，デッキプレート単独で荷重を支える。薄肉PCa板工法は，PCa板とその上部に打設されるトッピングコンクリートとが一体となって合成スラブを形成する。

(a) デッキプレート構法　　(b) デッキプレート構法（合成スラブ）　　(c) PCa構法
　　（デッキ型枠スラブ）

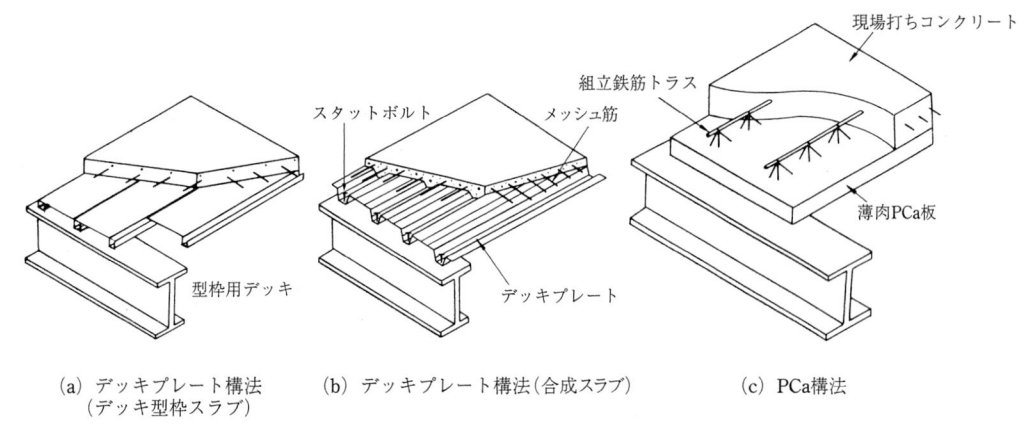

図4-117　鉄骨造の床構法

2. 工事概要

実例工事のA建物では，デッキプレートと鉄筋コンクリートを一体化することで，耐火被覆が不要となる合成スラブ構法が採用された。

3. 施工

建方が終了し，高力ボルトの本締めが完了すると，割付図に従いデッキプレートを敷き込む。床と鉄骨梁との一体化を図るため，シアコネクター[1]として，スタッドボルトを梁に溶接する。スラブコンクリート止め鉄板を梁上に溶接し，天井材や設備機器を吊り下げるために必要なインサートをデッキプレートに打ち込む。その後，溶接金網を敷き並べ，設備配管を行ってからコンクリートを打設する。床施工の流れを図4-118に示す。

(1) デッキプレート敷き

図4-120はA建物における合成床板の設計仕様である。合成スラブとして使用するデッキプレートは，図4-121に示すような形状をしており，プレート表面に突起を設けることでコンクリートのずれを防止し，付着力を高めて一体化を図るものである。

割付図に従いデッキプレートを敷き込み，そ

図4-118　床施工の流れ

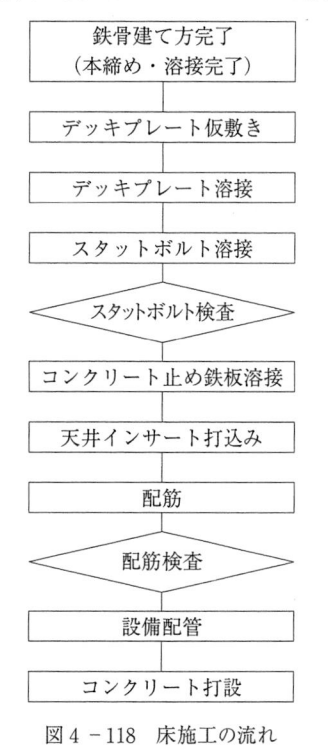

1) シアコネクター：鋼材とコンクリートとの合成構造において，両者の間のせん断応力伝達に用いる接合材をいう。

図4－119　デッキプレートの溶接

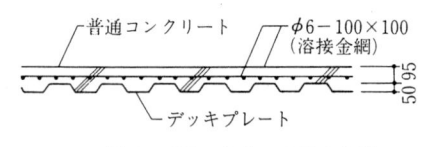

図4－120　合成スラグの仕様

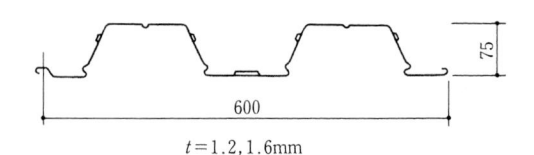

図4－121　デッキプレートの一例

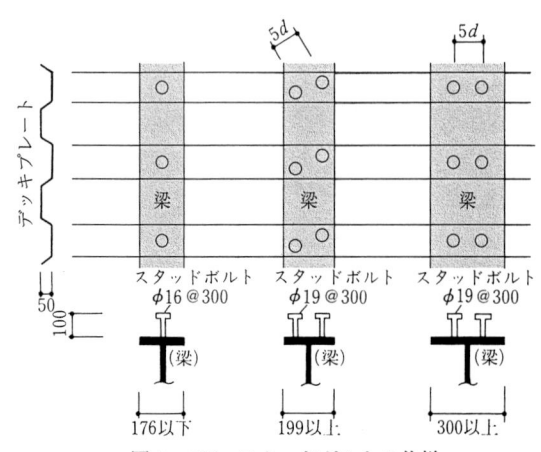

図4－122　スタッドボルトの仕様

の端部を梁のフランジに溶接する（図4－119）。デッキプレート敷き込み後，スラブ外周部にコンクリート止め鉄板を溶接する。

(2)　スタッドボルト溶接

一般に鉄骨梁と床とを一体化させて合成梁とすることが多く，そのため，シアコネクターとして，梁上にスタッドボルトを溶接する。図4－122はA建物におけるスタッドボルトの設計仕様を示したものである。

1) 鉄骨梁の上にスタッドボルトの位置を印してから，図4－123のように溶接箇所のサンダー掛けを行い，図4－124のようにスタッドボルトの溶接を行う。

2) 溶接完了後は図4－125のようにハンマーを用いてスタッドボルトを15°程度に曲げ，その融着状態を検査する（15°打撃曲げ試験）。

参考　スタッドボルトは柱脚をコンクリートで根巻きして，固定端とするときにも使用される。図4－126のように柱脚部にスタッド溶接を行ってシアコネクターとしての役目を果たす。

(3)　配筋・コンクリート打設

図4－127に示すように，デッキプレートに墨出しを行い，所定の位置に天井インサートを打ち込む。

次に，溶接金網を敷き並べ，設備工事関係の配管を行う。その後，コンクリートを打設する。床仕上げがPタイルや長尺シートの場合は，直仕上げとすることがある。その場合，仕上げ材の厚さが薄いため，その下地の床コンクリートの仕上げ精度の良し悪しがそのまま仕上がりの良し悪しとなってあらわれる。仕上げ材が薄いときには，とくにこてむらや不陸が生じないように，入念に仕上げる。

4-6 床の施工   133

図4-123　溶接箇所のサンダー掛け

図4-124　スタッド溶接

図4-125　15°打撃曲げ試験

図4-126　柱脚部スタッドボルト

図4-127　天井インサートの施工

図4-128　溶接金網の施工

図4-129 コンクリート天端測定用レベル

図4-130 コンクリート天端ならし

図4-131 コンクリート表面研磨・金ごて押さえ

床コンクリートの直押え作業は，以下の順序に従って行う。

1) コンクリートを打設する前に，図4-129に示すようにレベルを据え付けて，水平の基準墨からコンクリート天端までの寸法を測定する。その際，測定用の定規（バカ棒）をつくっておく。

2) コンクリート打設の進捗状態にあわせ，定規を用いてコンクリートの天端を測定し，その高さにあわせてコンクリートをならす。図4-130のようなアルミニウム製の定規（トンボ）を用いてコンクリートの表面を平滑にならす。

3) コンクリートの硬化具合を見計らい，図4-131に示す機械で表面を平滑にならし，最後は金ごてで仕上げして，コンクリートの直押え作業が完了する。

なお，コンクリート打設時は突固め，タンピング[1]を十分に行い，コンクリートのひび割れを防止することが重要である。

床の仕上がり精度を向上させるために，平滑に均した床を再度レベリング材で仕上げることも行われている。

---

1) タンピング：床コンクリートの打設後，コンクリートの表面を繰り返し打撃して締め固めることをいう。

4-7 鉄骨階段の施工

　鉄骨造の建物に設置される階段は，その多くが鉄骨製である。鉄骨階段は，鉄筋コンクリート階段に比べて，周辺仕上げ面との納まりが難しいうえ，歩行による騒音問題などがあるが，工期を短縮できるという利点がある。また，鉄骨本体の建方作業と並行して建方を行えば，工事用の昇降路として利用できるため，経済性，安全性からも有利となる。
　一般に，鉄骨階段は構造形式で分類すると図4-132のような種類がある。このうち，(a) 側桁階段と (b) 力桁階段は，鉄骨構造では最も多く用いられている。

(a) 側桁階段　　　(b) 力桁階段　　　(c) 片持ち階段

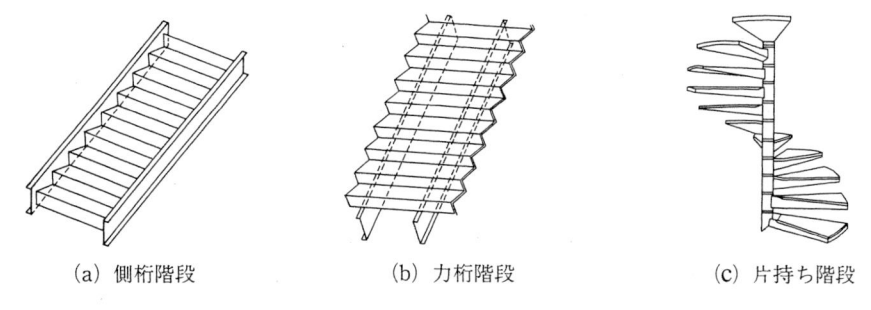

図4-132　構造形式による鉄骨階段の分類

　図4-133は，側桁階段の各部の名称を示したものである。側桁階段を受け梁に取り付ける方法として，図4-134に示すようなガセット方式とあご掛け方式の二つの接合方式がある。

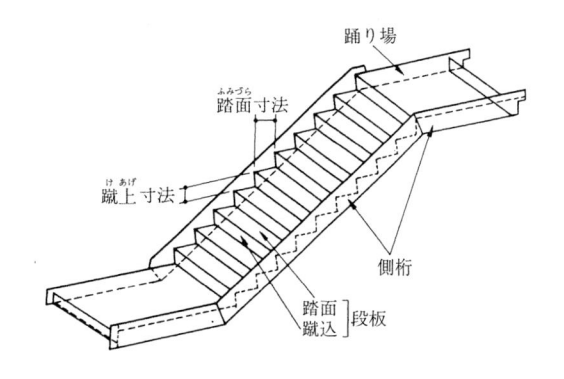

図4-133　側桁階段の各部の名称

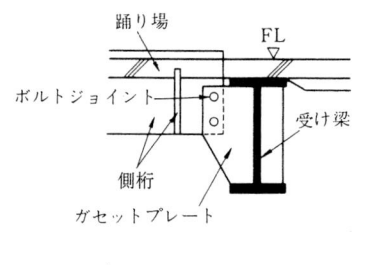

(a) ガセット方式　　　(b) あご掛け方式

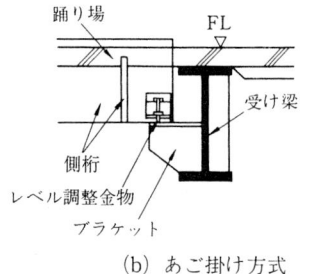

図4-134　側桁階段と受け梁の接合方式

4-8 耐火被覆

1. 概　説

鉄骨は火災によって温度が上昇すると，強度や剛性が低下し[1]，自立できなくなる。そのため，鉄骨造建物では，避難に必要な一定時間の間，鉄骨の温度が上昇しないように，鉄骨材に耐火被覆を施すことが「建築基準法」に定められている。一般に，耐火性能として1時間耐火，2時間耐火，3時間耐火があり，階数および構造部位によって耐火時間が決められている。

図4-135　ロックウール吹き付け工法

図4-136　巻付け工法

現在，鉄骨造建物の耐火被覆工法としては，隠蔽部分ではコストの安い，施工性の優れたロックウール吹付け工法が採用されている。

柱や見え掛かりの梁ではコストはやや高いが，取付け作業が容易で仕上げが不要なケイ酸カルシウム板やALC板などの成形板を張り付ける工法が多く採用されている。

外壁周りの柱や梁ではPCa板やALC板などの外装材と吹付けロックウールなど異種の耐火被覆材を組み合わせた合成耐火被覆工法が多用されている。また，シート状のロックウールフェルトやセラミック繊維フェルト材料を鉄骨に巻き付ける耐火被覆工法は，鉄骨建方前に施工することができ，粉塵が発生しないことから，採用されることが多くなってきている。これら以外には，ラス金網にモルタルを塗り付ける工法，セラミックなどを吹き付ける工法，火災時に発泡する耐火塗料を用いる工法などがある。

2. 工事概要

実例工事のA建物では，柱型には成形板接着工法（ケイ酸カルシウム板）が，梁型にはロックウール吹付け工法（乾式工法）が採用されている。以下にそれらの工法の概要を示す。

---

[1] 一般の鋼材は温度が450℃以上になると強度が急激に低下し，800℃になると火災に耐えられなくなる。

3. 施　　工

(1) 成形板接着工法（ケイ酸カルシウム板接着工法）

成形板接着工法には，図4－137の直張り工法と，図4－138の浮かし張り工法がある。

① 直張りの場合は，最初に鉄骨面の不純物をきれいに取り除いてから，水ガラス系の接着剤を塗布し，ケイ酸カルシウム板を直接，鉄骨面に張り付ける。

② 浮かし張りの場合は，床面に柱の仕上げ用の墨を出し，その墨にあわせて下地材を取り付け，その上に成形板を張る。

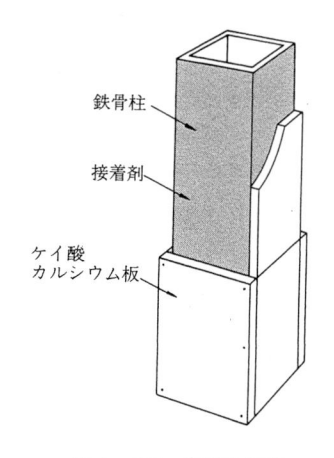

図4－137　直張り工法

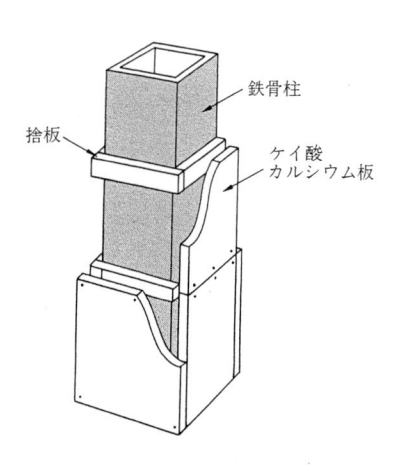

図4－138　浮かし張り工法

(2) ロックウール吹付け工法

ロックウール吹付け工法には，湿式工法と乾式工法（半乾式）がある。湿式工法はロックウールにセメントと増粘材を加えて水で練り混ぜたものを吹き付ける工法である。実例建物で採用している乾式工法は，吹付けガンを用い，セメントスラリーをノズルの先端から霧状に噴射して，ロックウールと一緒に吹き付ける工法である。施工は次のように行う。

1) 鉄骨の表面に付着しているコンクリートや，その他の不純物をきれいに取り除いてから，ロックウールの吹付けを行う。外壁と取り合う部分では，図4－139のように層間ふさぎを施した後，隙間のないようにロックウール吹付けを行う。

図4－139　層間ふさぎ

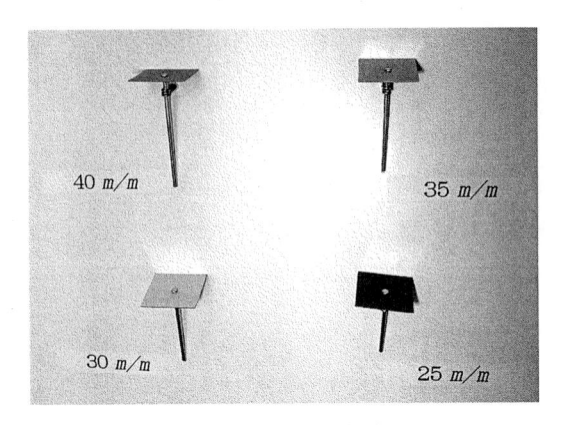

図 4-140　厚み測定ピン

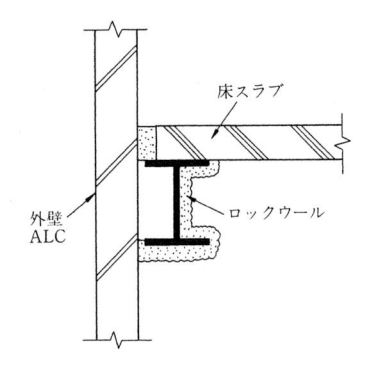

図 4-141　合成耐火被覆例

2) ロックウールの吹付けは厚さにむらがでやすいので，図 4-140 に示すようなピン（またはゲージ）を用いて，その厚みを確認しながら施工する。また，吹付け材のかさ比重を確認する。

3) 見易い場所 2 か所以上に耐火構造の表示方法によるマークを取り付ける。

参考　合成耐火被覆工法　ロックウール吹付け工法は，雨水等によってはく落するおそれがある。そのため，外装面は雨掛かりに耐えるALC板やPCカーテンウォールなどとし，室内側はロックウール吹付けを行い，鉄骨の耐火被覆とすることがよくある（図 4-141）。このように，異種の材料を合成して行う耐火被覆を合成耐火被覆工法という。実例工事においても，外装面をALC板とし，室内側は，柱はケイ酸カルシウム板，梁はロックウール吹付けとした合成耐火工法を用いている。

第5章　仕上工事

5－1　　外壁工事
5－2　　建具工事
5－3　　ガラス工事
5－4　　防水工事
5－5　　金属工事
5－6　　石工事
5－7　　タイル工事
5－8　　内装工事
5－9　　吹付け工事
5－10　塗装工事

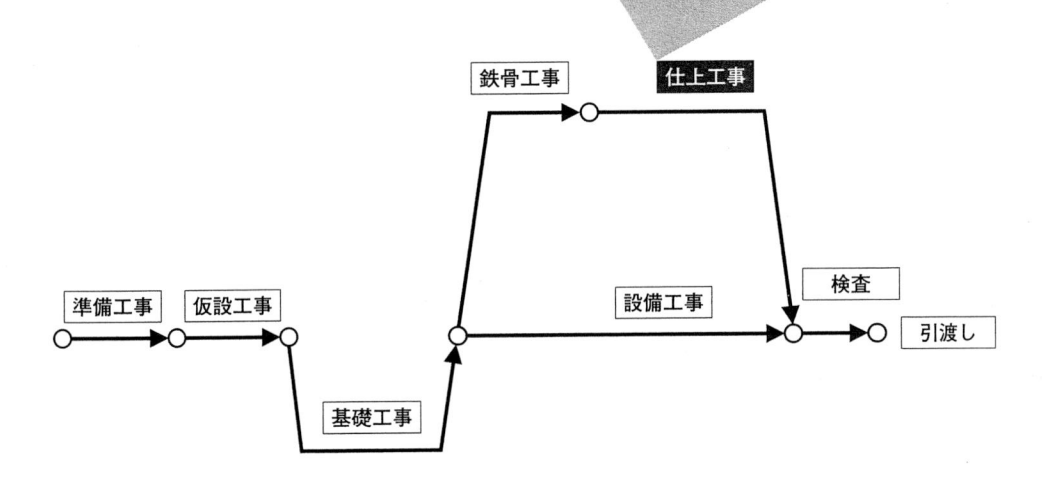

5-1 外壁工事

1. 概説

鉄骨造の外壁は一般にカーテンウォール（帳壁）とよばれる工業製品化された部材によって構成されることが多い。その代表的な種類を次に示す。

プレキャストカーテンウォール（PCCW）とよばれるコンクリート系カーテンウォールは，工場生産されたプレキャストコンクリート板を壁材とするものであり，その表面に吹付け仕上げを行ったものや，石・タイルなどを打ち込んで一体成形したものなどがある。それに対して，メタルカーテンウォールは，アルミニウム合金やステンレス鋼を主材料とした外装材であり，パネル方式・方立て方式の他，ガラス面を強調した形式（とくにガラスカーテンウォールと区別することがある）のものなどがある。その他に，ALC板や押出し成形セメント板を用いる場合がある。

図5-1はその代表的なカーテンウォールを，図5-2はカーテンウォールの代表的な構成方式を示したものである。

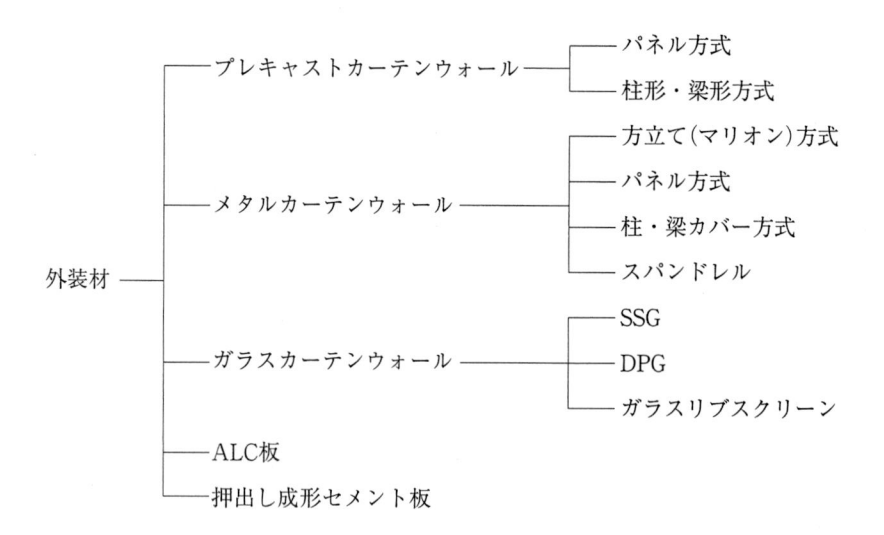

```
外装材 ─┬─ プレキャストカーテンウォール ─┬─ パネル方式
        │                                └─ 柱形・梁形方式
        │
        ├─ メタルカーテンウォール ─┬─ 方立て(マリオン)方式
        │                          ├─ パネル方式
        │                          ├─ 柱・梁カバー方式
        │                          └─ スパンドレル
        │
        ├─ ガラスカーテンウォール ─┬─ SSG
        │                          ├─ DPG
        │                          └─ ガラスリブスクリーン
        │
        ├─ ALC板
        └─ 押出し成形セメント板
```

(a) プレキャストコンクリート　　(b) 金属系カーテンウォール　　(c) ＡＬＣ板
　　カーテンウォール

図5-1　代表的なカーテンウォール

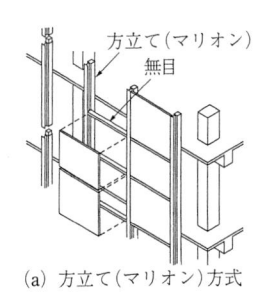

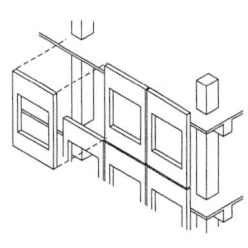

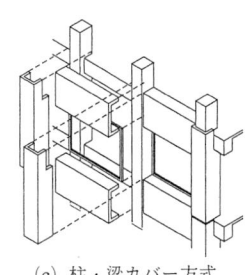

(a) 方立て(マリオン)方式　(b) パネル方式　(c) 柱・梁カバー方式　(d) スパンドレル方式

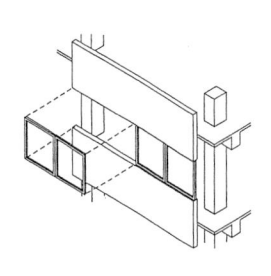

図5-2　カーテンウォールの構成方式

　外装材であるカーテンウォールには，耐風圧性能，耐震(層間変位追従)性能，水密性能，気密性能，遮音性能，断熱性能などが要求され，カーテンウォール・防火開口部協会ではこれらの性能をグレードで示している。これらの他に，耐久性能，耐火性能，耐熱膨張性能，結露防止性能，撥音・金属摩擦音などの防止，避雷対策，光・電波の反射防止などさまざまな性能が要求される。それらの性能がどのような仕様によって具現化できるかを確認し，その性能を満足するように施工する[1]。

2．工事概要

　実例工事のＢ建物のファサードにはガラスを強調したメタルカーテンウォールが，1・2階部

---

[1] 設計者サイドからは性能が指定され，施工者サイドが性能にあった仕様を確定する方式を性能発注といい，カーテンウォールではこの方式によることが多い。

分には石を打ち込んだプレキャストカーテンウォールが，その他の部分では金属パネルが採用されている。

一方，A建物の外壁には主としてALC板が採用されている。ここではメタルカーテンウォールとALC板について，その工事の進め方を述べる。

3. 施工（メタルカーテンウォール）

B建物のファサードには，バックマリオン方式のアルミカーテンウォールが採用され，カーテンウォールは縦方向のマリオンと横方向の無目とで骨組みを構成し，外装面には熱線反射ガラスが用いられている。全体的にはガラスを強調した横ラインのデザインとなっている。図5-3にB建物のメタルカーテンウォール標準詳細を示す。

(1) 準備工事

カーテンウォールの準備工事には，墨出しの他に仮設足場の設置と躯体付け金物（先付けアンカー）の構造体への取付けがある。RC造では，躯体コンクリート工事の進捗にあわせて外部足場の組立を行うが，鉄骨造では，鉄骨建方が完了した後に外部足場の組立を行うことが多い。外壁がカーテンウォールの場合は，外部足場を設置しないことも多い。

カーテンウォール部材を躯体鉄骨またはスラブに取り付けるための躯体付け金物は，鉄骨製作工場で本体鉄骨に溶接するか，スラブコンクリートに打ち込まれる。

カーテンウォールは性能発注とされる場合が多いので，施工図の作成，製作に相当の期間が必要となり，事前の準備が重要である。

(a) **外部足場の組立**　外装材の建込作業用として，また，目地シーリングの打込みおよび仕上げ作業用として，建物外周部に外部足場を設ける。

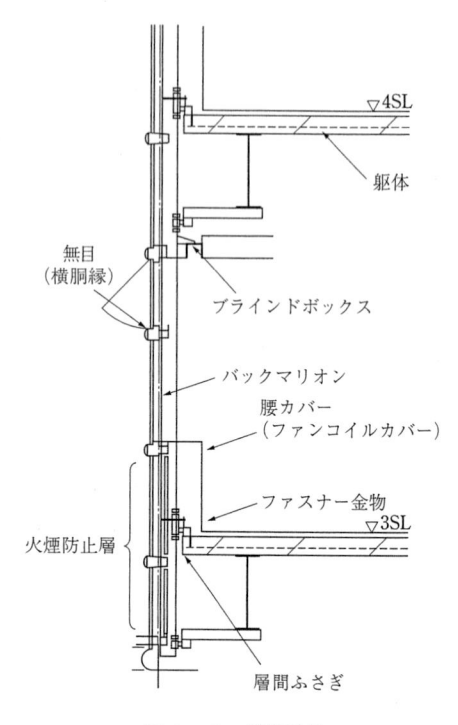

図5-3　標準詳細

準備	仮設足場組（外部足場） 躯体付け金物設置 墨出し（取付け基準の設定）
カーテンウォール取付け	材料搬入 ファスナー配置・仮締め 方立吊込み・位置調整 溶接・固定 防錆処理 （先行シール施工） 無目取付け 付属部品取付け
後続	ガラス取付け 映像調整 層間ふさぎ・耐火被覆 パネルジョイント・ガラスシーリング 清掃・養生

図5-4　メタルカーテンウォールの工事の流れ

図5-5は，外部枠組足場の組立時の状況を示したものである。その作業順序は次のように行う。

1) まず，地盤を整地して突き固める。地盤が軟弱で沈下するおそれがある場合は，コンクリートを打設して補強する。次に，枠組足場の建地の通りにあわせて敷板を敷き並べ，足場計画図に示す建地の位置にジャッキベースを配置する。

2) 第1枚目の建枠をジャッキベースにはめ込み，筋かいで建枠を順次つなぎあわせて足場を組み立てていく。その際，ジャッキベースによって，建枠の高さを調整する。建枠の高さ調整が終わると作業床となる布板を掛けていき，1段目の枠組足場の組立が終了する。2段目以降も，この方法を繰り返し行い，足場を上方へと組み上げていく。

図5-5　外部足場の組立

(b) **躯体付け金物の設置**

B建物ではファスナー受け用の躯体付け金物をスラブコンクリートへ打ち込んでいる。躯体付け金物を図5-6に示す。カーテンウォールの建て込みに先立ち躯体付け金物の精度・固定状況・損傷の有無について確認する。躯体付け金物の寸法許容差は水平・垂直とも10mm以内とする。

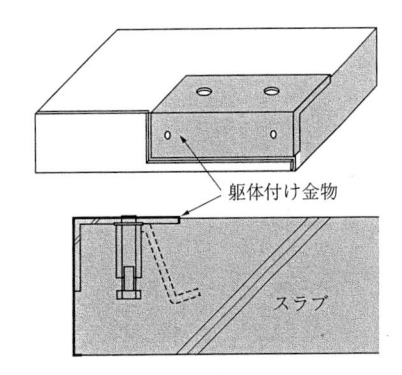

図5-6　躯体付け金物

(2) **メタルカーテンウォールの取付け**

1) 工場で製作されたカーテンウォール製品は，工事の進捗にあわせて工事現場に搬入する。運搬中に車の振動や傾斜によって製品にきずが付かないように養生するとともに，固定枠に固定したり専用のコンテナ積みで工事現場に搬入する。図5-7に専用コンテナの例を示す。

図5-7　専用コンテナ（荷姿）

PCaカーテンウォールなどの大型部材の場合は，工事現場に搬入されるとトラックから直接吊り込み，取付けを行う。

2) 基準墨をもとに，垂直・水平にピアノ線を張り，カーテンウォール心とファスナー取付け位置を墨出しし，ファスナーを取り付ける（図5-8）。方立て（マリオン）方式は，部材の曲げ変形性能によって耐震性能を確保するために，部材は固定あるいはピン接合されている。一方，パネル方式のカーテンウォールの取付にはロッキング方式やスライド方式が多く採用されている。

図5-8 ファスナーと方立ての固定状況

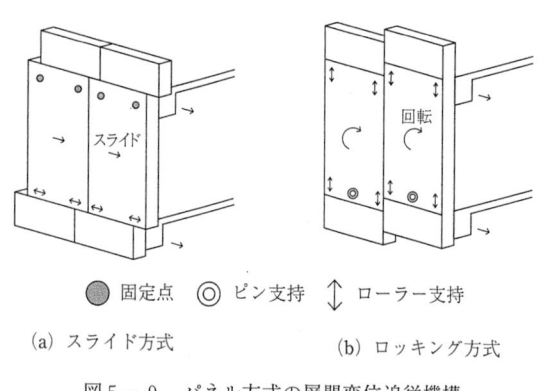

図5-9 パネル方式の層間変位追従機構
(a) スライド方式
(b) ロッキング方式
● 固定点　◎ ピン支持　↕ ローラー支持

図5-10 カーテンウォール取付け状況

3) 方立て（マリオン）をファスナーに仮止めし，無目を方立てに取り付ける。取付け位置を調整後，すみやかに本止めする。現場溶接や高力ボルト接合で本止めした後は，防錆塗装を行う。

4) 無目は2箇所以上，カーテンウォールパネルは3箇所以上で仮止めし，目地幅や目地心の通りなどに注意して取付け位置を調整した後に本止めする。（図5-10）

5) 方立て接合部や無目と方立ての取合い部をシールする。

6) 窓ユニットを吊り込み，固定する。

7) ボーダー・膳板・ブラインドボックス・目板など付属品を取り付ける。

8) ガラスを取り付け，映像調整を行う（5-3 ガラス工事（P.153）参照）。
9) 外装面では床をはさんで上下階90cm以上（スパンドレル部分）は，火煙防止層として耐火構造としなければならない。そのため，メタルカーテンウォールの場合は，この部分に耐火パネルを用いることが多い。また，スラブと耐火パネルの隙間は，火煙防止のために層間ふさぎを行う（図5-11）。
10) 目地寸法を確認し，カーテンウォール部材間のシーリングを行う。メタルカーテンウォールでは温度変化による変形が大きいため，その動きに十分追従するシーリング材を使用する。また，工場での先打ちシールとの接着性について確認しておく。
11) カーテンウォールは地震時の層間変位がRC造の壁に比べて大きいので，内装仕上げ用下地として軽量鉄骨下地を設置することが多い（図5-12）。

(a) 火煙防止層の状況

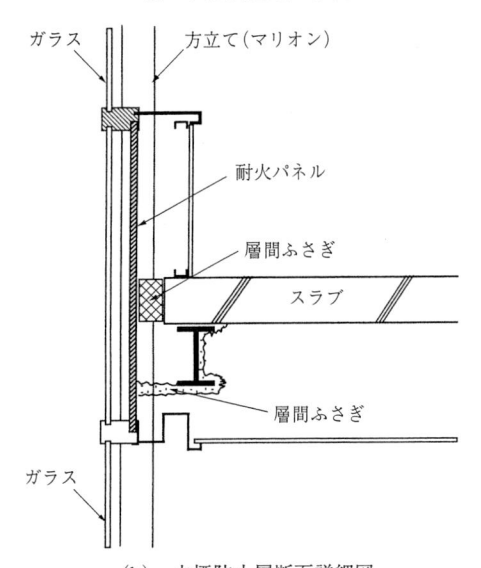

(b) 火煙防止層断面詳細図

図5-11 火煙防止層（層間ふさぎ）

表5-1 先打ちシールと後打ちシールの接着性

先打ち＼後打ち	シリコーン系 SR-2 2成分形	シリコーン系 SR-1 1成分形	ポリイソブチレン系 IB-2	変成シリコーン系	ポリサルファイド系	アクリルウレタン系
シリコーン系 SR-2 2成分形	○	○	×	×	×	×
シリコーン系 SR-1 1成分形	＊	○	×	×	×	×
ポリイソブチレン系 IB-2	×	×	○	×	×	×
変成シリコーン系	△	＊	×	△	＊	＊
ポリサルファイド系	○	＊	×	○	○	○
アクリルウレタン系	○	＊	×	○	○	○

注）1 ○：打ち継ぐことができる。
△：カットして新しい面を出し専用プライマーを使用すれば，打ち継ぐことができる。
×：打ち継ぐことができない。
＊：シーリング製造業者に確認が必要。

図5-12 内装仕上げ用下地

4. 施工2（ALC板：ロッキング構法）

ALC板は，超軽量のコンクリート板であり，価格が低廉なうえに，間柱・胴縁が不要で施工が容易なため，住宅・工場・倉庫・事務所ビルなどの中低層の鉄骨造建物に広く使用されている。いずれも，工場で製作された一体成形品であるため，品質の均一化と工期の短縮が図られ，建築生産の工業化に大きく貢献している。

ALC（Autoclaved Lightweight Concrete）とは，セメント・ケイ石・生石灰を主原料として，高温圧力釜の中で養生された**軽量気泡コンクリート**のことである。断熱性，耐火性に優れ，乾燥・収縮が少ないなど多くの優れた性能を有する反面，割れやすいという欠点がある。このようなALC板の特性を十分に知ったうえで施工することが必要である。ALC外壁の縦壁ではロッキング構法の他にスライド構法があり，横壁ではボルト止め構法がある。

(1) 準備工事

ALC工事の準備作業には，建込みに必要な仮設ステージ，作業用仮設足場の架設，建込みの基本となる墨出し作業，ALC板を留める下地金物取付け作業などがある。

1) 外壁の両端にブラケット（鉄筋等）を溶接し，あらかじめ床に墨出ししておいた基準線から，所定の寸法を追い出してブラケットに墨出しする（図5-15）。墨出しの前には，必ず次の点をチェックしておく。

　・鉄骨の建方精度は正確か。
　・基準墨が正確に出されているか。

2) 墨出ししておいたポイントにあわせて水糸を張り，それを基準にしてALC板取付け用の下地金物（定規アングル）を

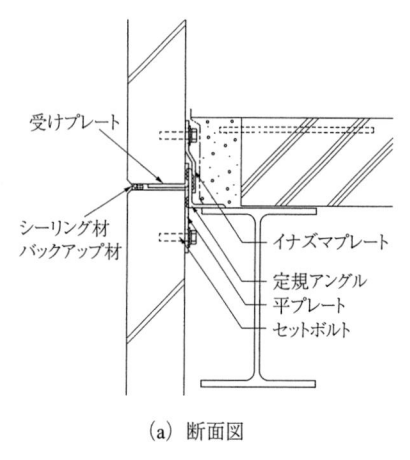

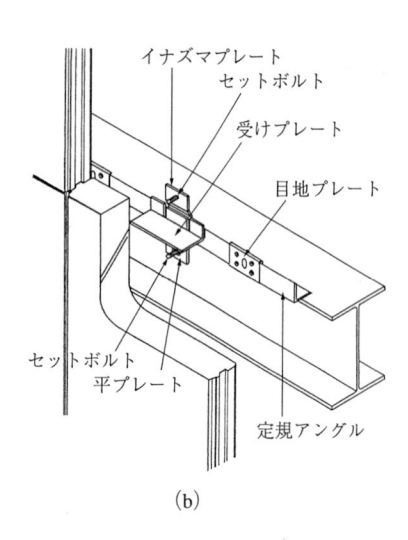

図5-13 ALC外壁工事の流れ
（1）準備工事
① 仮設足場組立
② 下地鋼材墨出し
③ 下地鋼材取付け
（2）材料搬入運搬
（3）建込み
① パネル割付墨出し
② パネル加工
③ 取付け金物取付け
④ パネル吊込み・仮止め
⑤ 取付け金物溶接
⑥ 開口部補強材取付け
（4）補修・目地シーリング
（5）検査

図5-14 ALCロッキング構法
（a）断面図
（b）

取り付ける。下地金物の溶接が終わると，その部分にはさび止め塗装をしておく。

(2) ALC板取付け

1) ALC板の加工を行うときは慎重に行う。ALC板の切断後の有効幅は300mm以上とし，溝堀りの深さは10mm以下，幅は30mm以下とする。

2) ALC板は，割付図に従い1階から上階へと順次建て込んでいく。下地鋼材にパネル割付墨を出し，ナイロンスリングで玉掛けして所定の位置にALC板を建て込む。ALC板に打ち込まれた袋ナットに平プレートをボルトで留める。ALC板を受けプレートの上に建て込み，下部はイナズマプレートにボルト止めし，上部は平プレートを定規アングルに溶接する。上部の受けプレート，イナズマプレートを定規アングルに溶接する。

3) 開口部の補強は，開口両側のパネルの建て込みが完了してから行う。垂直方向の補強材は上下の構造体にしっかりと固定し，開口部の上下のパネルや切り欠いたパネルにかかる荷重が，確実に構造体に伝わるようにする。

4) ALC板の搬入時や取付け時に損傷した箇所は専用の補修材で補修する。

5) 目地回りを清掃し，その乾燥状態を確認してからプライマーを塗布し，シーリング作業を行う。シーリング材はアクリル系またはポリウレタン系のものを使用する。一般部の目地幅は，10mm程度が標準であるが，コーナー部分は，伸縮を考慮して目地幅は20mm程度とする。また，この部分は，目地モルタルのかわりにロックウールを充填する（図5-19）。

図5-15 下地金物（定規アングル）の取付け

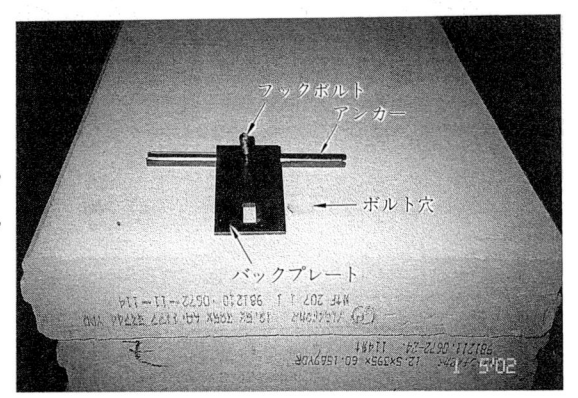

図5-16 取付け金物（取付け前）

図5-17 パネル固定

図5-18　開口部補強材の取付け　　　　　　図5-19　コーナー部伸縮目地

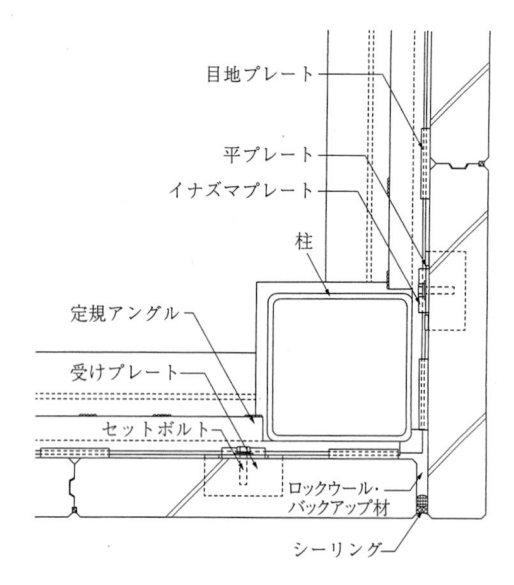

5-2　建具工事

1．概　　説

　建具は，大きく分けて**金属製建具**と**木製建具**の二つがある。建具には，建物の外壁面に取り付けるものと内部の間仕切壁に取り付けるものとがある。内部の建具には防火性能・遮音性能・強度などが要求され，外部建具にはこれ以外に気密性，水密性，断熱性，層間変形追従性，防犯性などが要求される。建具枠は，後続の仕上げ工事が行われるまでに取り付けておかなければならない。仕上げ材との納まり関係を考えて，建具の製作図を作成する。製作図の承認を受けてから建具ができあがるまでには，相当の期間が必要なので，建具を取り付ける時期を確認したうえで，いつごろまでに製作図を完成しておかなければならないかを逆算し，それに間に合うようにする。

2．工事概要

　実例工事のB建物では，ファサードのカーテンウォール以外に，外壁面の窓にはアルミニウム製建具，各居室の出入口には特定防火設備である鋼製建具が採用されている。1階のエントランスホールの出入口にはステンレス製の鏡面仕上げの建具が採用されている。外壁面のアルミニウム製建具は，デザイン面・機能面から，はめ殺し窓・すべり出し窓・回転窓などが使い分けされている。

　設計図書の建具配置図には，特定防火設備と防火設備の区別がなされている。これらを確認することによって防火区画が判別できる。また，建具リストには，建具の形状・寸法・材質などの建具の仕様が記載されている。建具配置図を図5-20に示す。

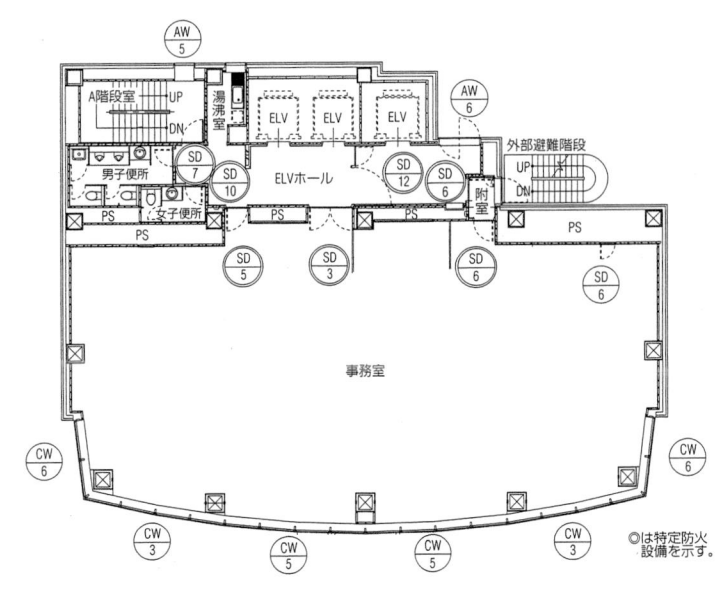

図5-20 建具配置図

3. 施　工

建具の取付け精度は、後続の仕上げ工事の出来栄えに大きな影響を与えるため、その取付け作業は慎重に行うことが必要である。ここでは、代表的なアルミニウム製建具と鋼製建具について、その取付け手順を述べる。

(1) アルミニウム製建具

アルミニウム製建具の部材断面はメーカーによっていろいろなものがあり異なっているが、製品の性能としては基準が統一されており、耐風圧性、気密性、水密性、遮音性、断熱性など5種類の性能で分類されている。ALC板に建具を取り付ける場合は、ALC板専用の建具を使用する。

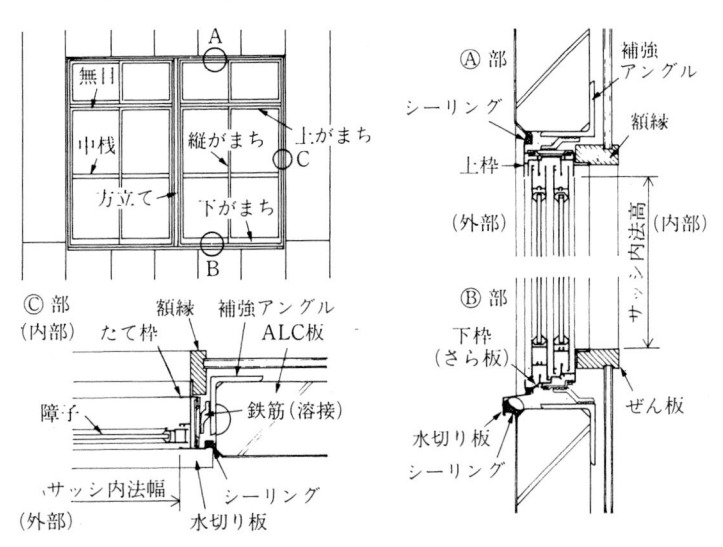

図5-21 アルミニウム製建具の部位・名称

図5-22　アルミニウム製建具の製品検査

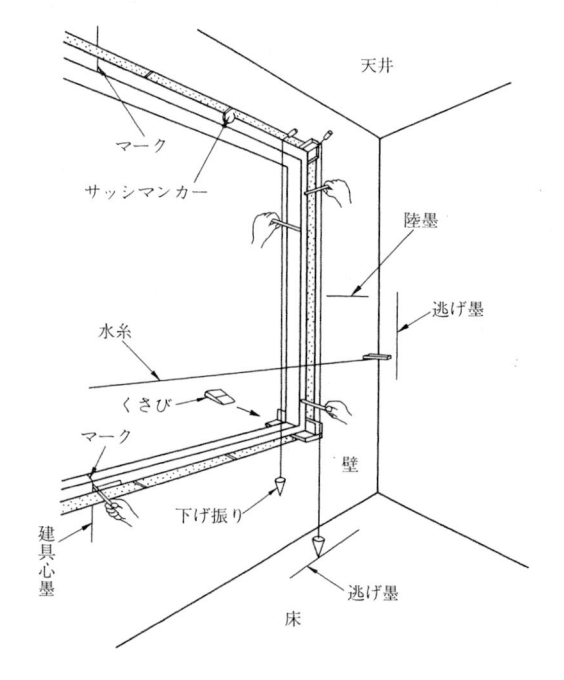

図5-23　建具取付け要領

図5-21はアルミニウム製建具の各部位の名称，および寸法の取り方の基準を示したものである。

(a) **準備および製作**
1) 製作図には，設計図書に示された内容をもとにして，性能・部材形状・内法寸法などを表示する。とくに外壁に取り付ける建具回りからの漏水事故が非常に多いため，製作図の段階で納まりについて十分な検討を行っておく。
2) 製品検査では，建具の各寸法，アンカーのピッチなどを測定する。部材の形状，指定色についても照合して，製作図と相違していないかどうかについて検査する。図5-22はアルミニウム製建具の製品検査を行っているところである。アルミニウム製建具は搬入や取付け時にきずがつきやすいため，ビニルフィルムなどで養生して出荷する。

(b) **取付け工事**　アルミニウム製建具の取付けは，図5-23に示すような道具・材料を用いて行う。
1) 建具にあらかじめ，陸墨（水平の基準墨）と心墨をマークしておき，壁面の陸墨と心墨にあわせて建具を建て込み，木製くさびで仮固定する。
2) 下げ振りで建具の倒れを，水糸で建具の出入りを調整し，正しい位置に据え付けてからサッシアンカーと壁の開口補強アングルまたは打ち込まれたアンカーに溶接する。

コンクリート内に埋め込んでおくアンカーのピッチは，400mm前後が標準であるが，必要に応じその間隔を小さくする。

外壁がALC板の場合はアンカーを埋め込めないので，開口部補強用の金物を取付けアンカーの代用とする。図5-24は，ALC板にアルミサッシを取り付けている状況である。
3) 枠回りにモルタルを充填する前に，下げ振りやさしがねを用いて再度，建具の高さ，左右の寄りのずれ，倒れなどを測定し，建具が正しい位置に取り付けられているかどうか検

4) 検査に合格すると，建具回りにモルタルを充填する。硬めのモルタルを使い，建具枠と壁の間のすきまに確実に充填する。とくに，外壁面の場合は，充填が不十分であると漏水の原因となるので，入念に施工する。

(2) **鋼製建具**

鋼製建具といえば，一般にスチールドアをさすことが多い。スチールドアは通常1.6mm厚の鋼板を片面または両面に張り付けてフラッシュ扉としたものであり，そのほとんどが特定防火設備として取り扱われている。スチールドアは工場でさび止め塗装まで行って出荷し，工事現場では，その上に塗装仕上げを行うのが一般的である。建具のなかには工場で焼付け塗装仕上げまで行ったものや，化粧鋼鈑を用いたもの，木目調のレザーなどを張り付けて完成品としたものなどもある。

図5-25は一般によく使われる鋼製建具の寸法と部位ごとの名称を示したものである。

(a) **準備および製作**

1) アルミニウム製建具の場合と同じ要領で製作図を作成する。その際，鋼製建具が特定防火設備の場合は鋼板の厚み，錠前・ドアチェックの仕様などをチェック

図5-24 アルミサッシの取付け

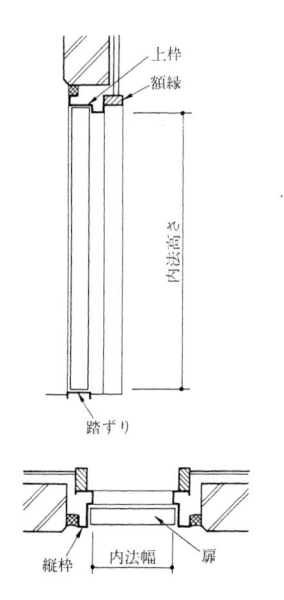

図5-25 鋼製建具の部位・名称

して，「建築基準法」・「消防法」などの法令を満足するものであることを確認する。その他，さび止め塗装の種類と塗り回数，取付けアンカーのピッチなども図面上に明記しておく。

2) 製品検査では枠・扉の断面寸法，鋼板の厚み，縦・横・斜めの寸法などを測り検査する。その他，さび止め塗装が指定されたものと同一であることを確認する。図5-26はその製品検査を行っているところである。

(b) **取付け工事**　鋼製建具の取付けはアルミニウム製建具と同じ道具・材料を用いて行う。図5-27は鋼製建具の建込み状況である。

1) 建具枠にあらかじめ陸墨をマークしておき，建込む前に扉の開き勝手を施工図から確認し，正しい向きに建て込む。

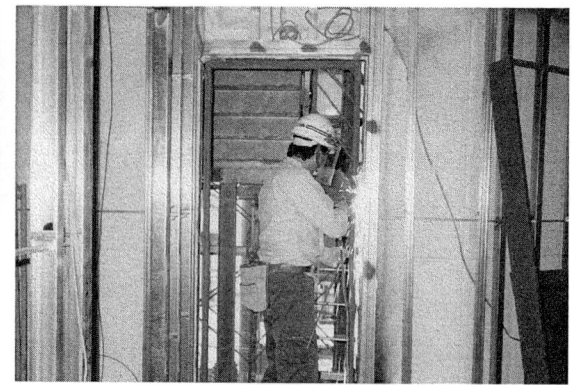

図5-26 鋼製建具の製品検査

図5-27 鋼製建具の取付け

2) 建具枠と壁との間に，木製のくさびを差し込み，調整しながら建具を建て込む。建込み方法としては，壁面に出してある陸墨と建具に印しておいたマークとをあわせ，建具の心が正しい位置にくるよう，逃げ墨から寸法を追い，くさびをしっかり打ち込んで仮固定する。

3) 下げ振りを用いて枠の倒れをチェックし，陸墨から水平位置をチェックして，正しい位置に取り付くようにくさびで調整する。再度取付け位置が正しいかどうかを確認し，異常がなければ溶接して固定する。鋼製建具の沓ずりは建て込んでしまってからではモルタルを充填できないので，図5-28に示すように，建込み前にモルタルを詰めておく。

4) 基準墨をもとにして，下げ振り・かね尺などの道具を用いて，取付け位置の高さ，左右のずれ，上下の倒れなどを測定し，検査の結果に異常があれば修正する。

5) 溶接作業が終了し，検査に合格すると枠詰めモルタルを充填する。枠詰めモルタルの充填が悪いと，扉の開閉により枠にがたつきが生じたりするのでモルタル詰めは入念に行う。枠詰めモルタルを用いない場合は，アンカーピッチを狭くするなど工夫する。

6) 扉は重量が大きいため，建具枠のモルタル詰めが終了した後，必要な時期に取り付ける。建具の建込みが完了すると，周辺

図5-28 沓ずりのモルタル詰め

の仕上げ作業の進捗状況にあわせて建具の塗装を行う。その後，図5－29に示すような錠前，その他の付属金物を取り付け，扉の開閉状態をチェックして，建具工事が完了する。

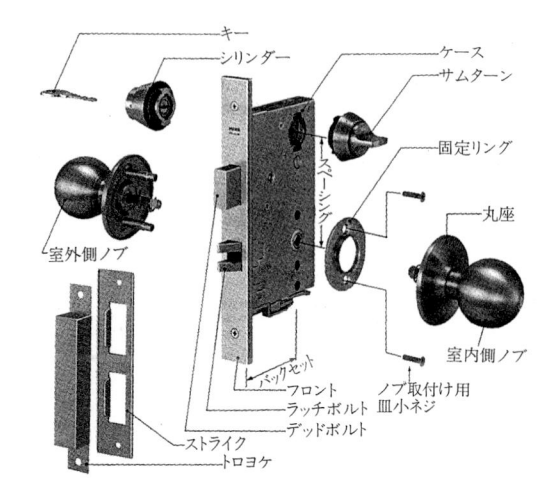

図5－29 シリンダー錠の各部名称

5-3 ガラス工事

1. 概　説

建築工事に使用される板ガラスには，右に示すものがある。ガラスは壁材として取り扱われるようになり，明かりとりの役割だけでなく，遮音性，断熱性や防犯性についても高い性能が要求されている。

ガラスの種類・厚みによって，耐風圧，耐衝撃，熱割れ防止などの安全性，防火・耐火性，遮音性，断熱性，日射遮蔽性などの性能値が異なる。使用する部位によってどのような性能が求められているのかを設計図書で確認する。

ガラスの取付け構法には，不定形シーリング材構法のほか，グレイジングガスケット構法，構造ガスケットおよび構法サッシ枠を外部から見えないようにするSSG構法やDPG構法などがある。グレイジングガスケット構法のおもなものには，図5－30に示すグレイジングビードを用いるものとグレイジングチャンネルを用いるものがある。グレイジングビードはガラスの両側から差し込んでガラスを押えるための製品である。グレイジングチャンネルはガラスの端部を包み込むようにつくられた製品であり，建具の上がまちの中央に継目を設け，雨水の浸入を防ぐ。熱の影響により伸縮したり，脱落したりすることがあるので，使用する前には十分に検討を行う。

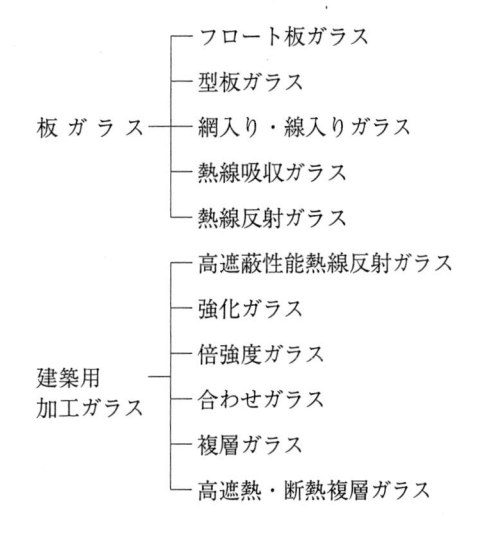

板ガラス
- フロート板ガラス
- 型板ガラス
- 網入り・線入りガラス
- 熱線吸収ガラス
- 熱線反射ガラス

建築用加工ガラス
- 高遮蔽性能熱線反射ガラス
- 強化ガラス
- 倍強度ガラス
- 合わせガラス
- 複層ガラス
- 高遮熱・断熱複層ガラス

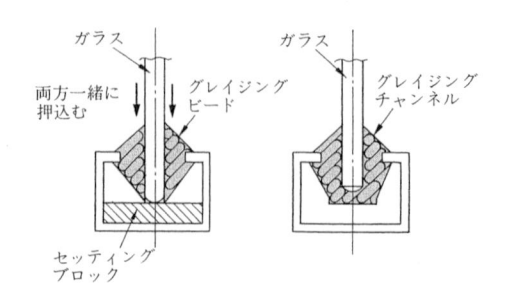

(a) グレイジング　　(b) グレイジング
　　ビード　　　　　　チャンネル

図5-30　建築用ガスケット

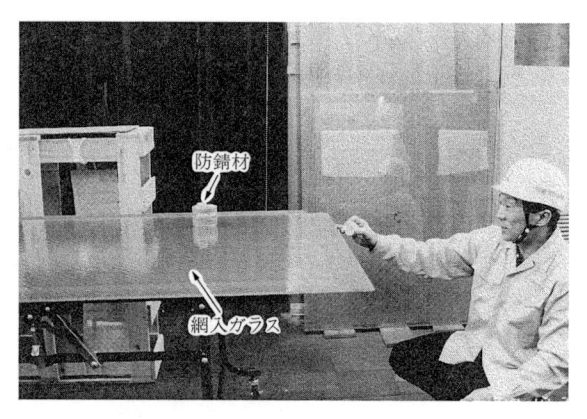

図5-31　網入りガラスの防錆処理

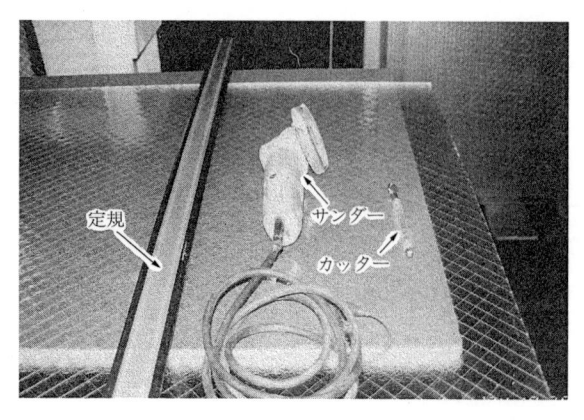

図5-32　ガラス加工用道具

2．工事概要

実例工事のB建物では，熱線反射ガラスが使われ，弾性シーリング材で固定されている。A建物では，建物の「延焼のおそれのある部分」（付録6参照）に網入り板ガラスと網入り型板ガラスが，その他の個所には，プレート板ガラスが使用されている。

3．施工

ガラス工事は，ガラスの切断・加工，はめ込み，固定という順序で行われる。

(1) 切断・加工

ガラスは，その種類・厚みによって1枚の大きさが何種類かに決められているため，現地で実際の寸法を測定し，工場で，その大きさに切断してから搬入する。

網入りガラスの場合，切断面をそのままにしておくと水が入り，網がさびてガラスに割れが発生するため，図5-31のようにガラス切断面の小口には必ず防錆塗料を塗る。防錆塗料のかわりにブチルテープを貼ることもある。

図5-32は，ガラスを加工するために使用する道具を示したものである。

工事現場にガラスが運び込まれると，破損しないように，図5-33に示すような敷板の上にクッション材を敷き，背板に立てかけて保管する。

(2) 取付け

ガラスの取付けは，一般に人力によって行われるが，ガラスが重いときは，機械を用いて取り付けることもある。事前にガラスの大きさ・重量などをチェックしておき，作業足場・揚重機・搬入路などを確保しておく。

ガラスを固定する方法として，シーリング材

による方法と，ガスケットによる方法とがあるが，ガラスの種類・大きさ・重量などにより，種々な方法が使い分けされている。

ここではシーリング材を使用して固定する方法について述べる。

1) 押縁を取り外し，ガラスをはめ込む溝をまず清掃する。次に図5-34に示すようにセッティングブロックを取り付け，ガラスをはめ込む。その後，周囲にバックアップ材を埋め込む。セッティングブロックはガラスを所定の位置にセットするために設けるものであり，塩化ビニル樹脂かネオプレンゴムが使用されている。バックアップ材は，シーリングの厚みを確保するために設けるものであり，ガラスの溝の四方に張り付ける。材質は発泡ポリエチレンフォームかネオプレンゴムである。

　ガラスの種別と板厚によってエッジクリアランスや面クリアランスの推奨値が決まっており，その数値確保が水密・気密などの性能確保と耐震性や熱割れ防止の上で重要である。ガラスをはめ込んだ後，映像調整を行い，ガラスを固定する。

2) ガラス周りのシーリング材はポリサルファイド系・シリコン系などの弾性シーリング材を用いる。防火戸では耐火シールを用いる。

　図5-36に示すように，バックアップ材をつめ，ガラス面と建具面に養生テープを張り付けてから，ガラスと建具を汚さないようにシーリングをする。シーリング後は，ガラスがずれないように，シーリング材が硬化するまでの間，窓の

図5-33　ガラスの保管

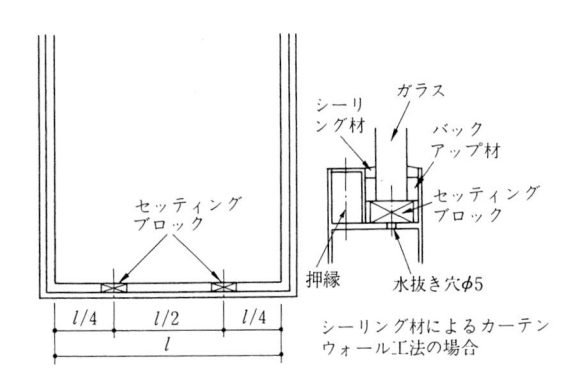

図5-34　セッティングブロックとバックアップ材

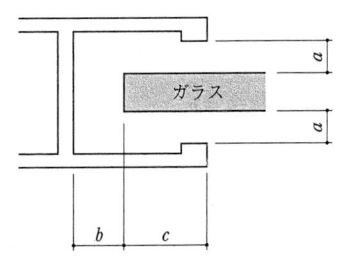

a：面クリアランス
b：エッジクリアランス
c：かかりしろ

図5-35　エッジクリアランスと面クリアランス

開閉は行わない。また，硬化するまでの間は，ほこりなどが付着しやすいので注意する。

図5-36 ガラス押えシール

5-4 防水工事

1. 概説

防水工事とは，防水材料を用いて，建物の屋根・外壁・地下壁などから雨水・地下水などが建物内部に浸入しないように，不透水性被膜の防水層を形成する工事のことをいう。

これまでの長い歴史のなかで，種々の防水材料が開発されているが，それらを工法別に分類すると次に示す**メンブレン防水・ステンレスシート防水・モルタル防水・シーリング**の四つの工法に分けられる。なかでも，メンブレン防水はその代表的な工法であり，多くの構造物の屋根防水に用いられている。とくに耐久性を高める工法としてステンレスシート防水が用いられる。モルタル防水は，信頼性が薄く簡易な場所に用いられている。

部材がシステム化，プレファブ化されるに伴い，上記の防水材料では処理しにくい部分もあり，部材の取合い部・開口部回りなどにシーリング材を充填し，その接合部分からの漏水を防止する方法がよく行われている。

(1) メンブレン防水

メンブレン防水とは，アスファルトルーフィング系，塩化ビニル（略称；塩ビ）系，ゴム系などの各種ルーフィングを防水下地の上に接着または固定して，連続した薄い膜状の防水層を形成する工法である。代表的なものにアスファルト防水（図5-37），シート防水（図5-38），塗膜防水（図5-39）がある。

(2) ステンレスシート防水

ステンレスシート防水は，厚さ0.4mmのステンレスシートの両端を折り曲げて，溝型に成型し，その溝型のシートとシートの継目をシーム溶接[1]によって連続溶接して防水層とする工法である。屋根・ベランダ・壁など，とくに耐久性を重視する場所に使われており，露出工法と非露出工法とがある。

材質にはSUS304と，さらに耐食性の高いSUS316とがある。

(3) モルタル防水

モルタル防水はモルタルに防水剤を混入したものをこてで塗り付け，防水層とする工法である。

地下二重壁や湧水槽などに使用されることが多いが，クラックが入りやすいうえに止水性に劣るため，重要な場所の防水工事には使用されることは少ない。

(4) シーリング

シーリングは，建築物の部材と部材との接合部分に適切な幅と深さをもった目地を設け，その目地に防水性をもったシーリング材を充填して止水する工法である。図5-40にシーリング工事の流れを示す。外部に面する窓枠回り，ALC板・PCa板などのパネル相互の接合部，コンクリートの打継ぎ箇所など，広い範囲にわたり使用されている。

シーリング材にはアクリル系・ウレタン系・ポリサルファイド系・シリコン系などがあり，設計図書の仕様や用途に応じて，それぞれの材料が使い分けされている。カーテンウォール工事では工場で製作時に施工されるシーリン

図5-37 アスファルト防水

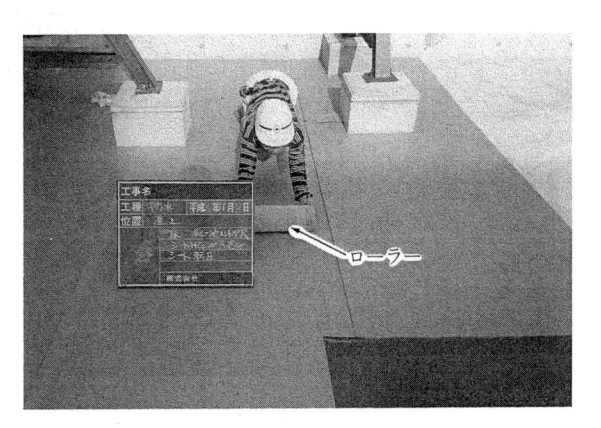

図5-38 シート防水

図5-39 塗膜防水

---

1) シーム溶接：抵抗溶接の一種で，1対の円板状電極の間に溶接部を挿入し，電極を回転することにより行う連続した溶接である。

グや工事現場での組立途中で施工するシーリングがある。これら先行シールと工事現場で後から施工するシーリング材では，その材種によって所要の接着性が得られないことがあるので材料の選定は十分に注意する。図5-41に外壁の目地部にシーリングを行っている状況を示す。

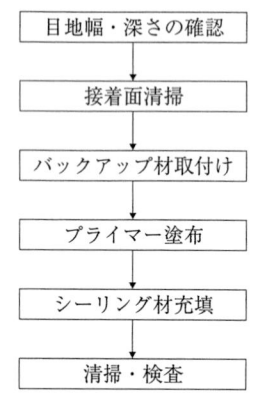

図5-40 シーリング工事の流れ

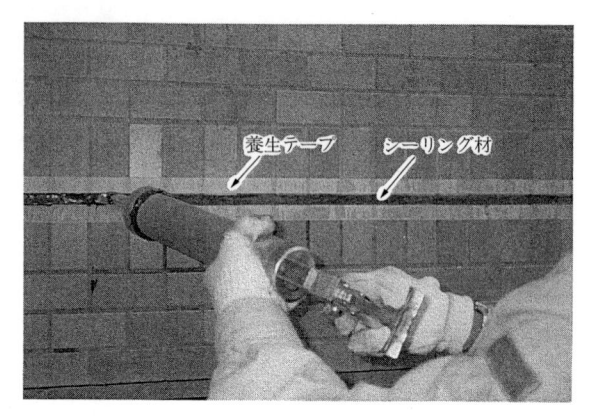

図5-41 シーリング

2．工事概要

実例工事のA建物の屋上には目隠し壁の基礎が非常に多く設けられている。したがって，屋根スラブからの立上がり部分が多いことから，施工の容易なシート防水が採用され，室内の居住性を高めるために断熱工法が採用されている。

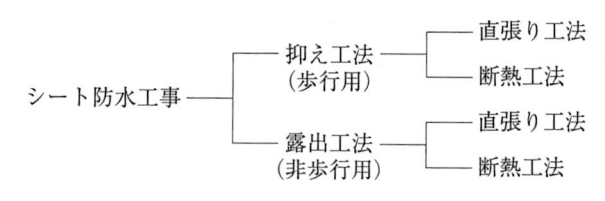

シート防水工法は，右に示すように歩行用，非歩行用によって工法の使い分けがされており，また，その下地材によって，異なった施工法が行われている。

実例工事のA建物およびB建物では，図5-42（a）に示すようなシート防水露出工法の断熱工法が採用されている。図5-42（b），（c）にその他のメンブレン防水を示す。

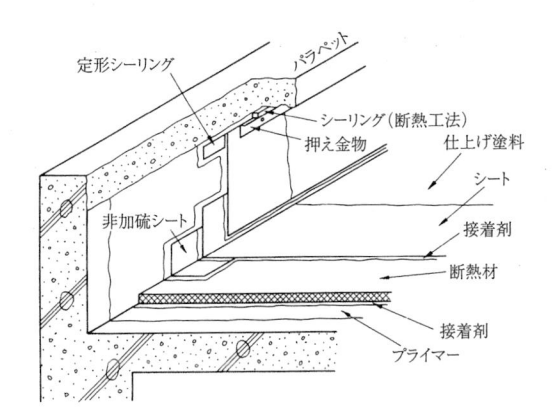

(a) シート防水露出工法（断熱工法）

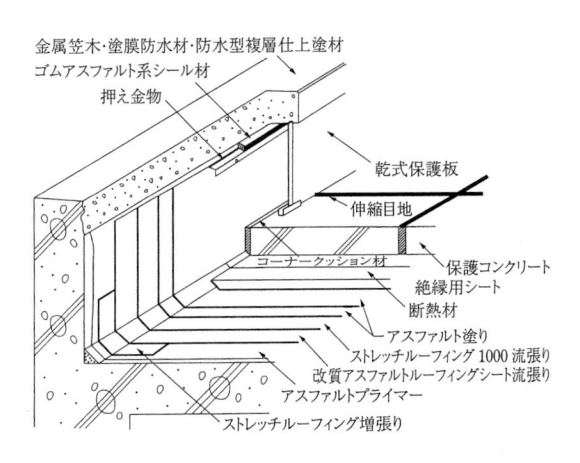

(b) アスファルト防水保護工法（断熱工法）

(c) 塗膜防水

図5-43 メンブレン防水の種類と納まり

3. 施 工

B建物の場合のシート防水工事は図5-43に示す手順で行われる。この際、下地の乾燥が不十分であったり、降雨があったりすると施工に支障をきたすので、工程には余裕をもっておく。

(1) 下地処理

防水の下地となるコンクリート面は突起物や付着物を除去し、平滑でひび割れが少なく、また、レイタンス[1]などが付着していないことを確認する。

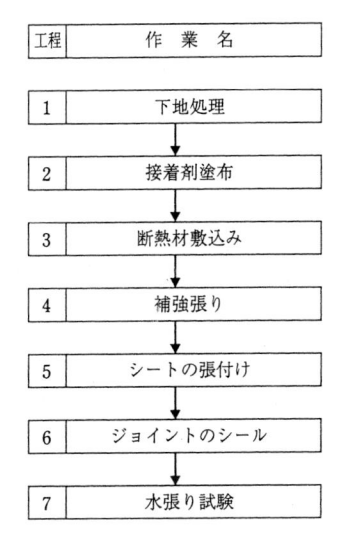

図5-43 シート防水工事の流れ

---

1) レイタンス：コンクリートが打ち込まれた後、浮き水とともに浮上し、コンクリート表面に発生する薄い泥状の層のことである。

図5-44　コンクリート下地面接着剤塗布

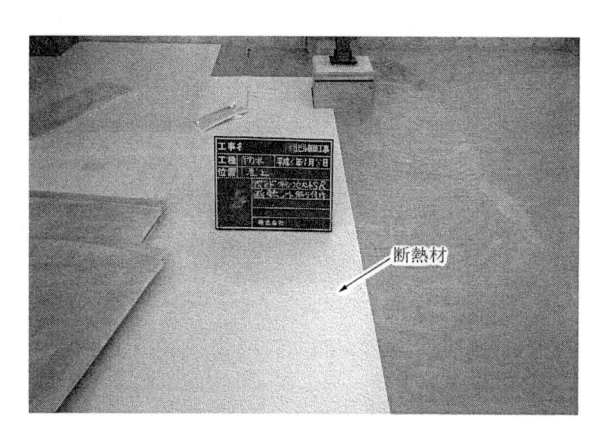

図5-45　断熱材の敷込み

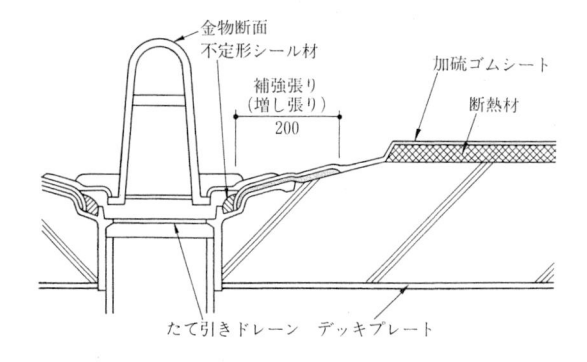

図5-46　ドレーン回りの詳細図

1) 突起物があればケレン棒あるいはグラインダーで削り取り，ひび割れなどの凹部はセメントペーストで埋めて補修する。
2) パラペットや基礎の立上がりなどの出隅部分は3～5mm程度の大きさで面を取り，入隅部は直角のままとする。
3) 下地の乾燥状態は含水率10%以下とし，乾燥度を確認してから作業にかかる。

(2) **接着剤塗布**

1) コンクリート下地の乾燥を確認してからプライマー[1]を塗る。
2) プライマーが乾燥するのをまって（1～2日ほど必要），指定の接着剤をはけまたはローラーで下地面に均一に塗り付ける。図5-44は，コンクリート下地面に接着剤を塗布しているところである。

(3) **断熱材敷込み**

1) 接着剤の乾燥を見計らい，断熱材（ポリエチレンフォーム）を下地面に十分に密着するように張り付け，ローラーで転圧する。
2) 断熱材の継合せ部分は，すきまが生じないように注意して施工し，もし大きなすきまが生じた場合は断熱材を細く切って，そのすきまに充填する。図5-45は断熱材の敷込みを行っているところである。

---

1) プライマー：コンクリート面と防水材などが良好な接着性を確保するために，あらかじめコンクリート表面に塗布しておく材料のことである。

(4) 補強張り

ドレーン，貫通パイプ回り，仕上がり部分の出隅・入隅部分などの防水層は損傷しやすいので，それぞれの部位に応じた方法でシートを補強張りする（増し張り）。図5-46はドレーン回りの補強張りの詳細図を示したものである。

(5) 防水シートの張付け

(a) **水平面の施工**

1) 図5-47に示すように，下地面に接着剤を塗布する前に施工場所で仮敷きしてから，必要な寸法に切断して巻き戻しておく。

2) シートの張付けは，図5-48に示すように断熱材およびシートの接着面にローラー・はけを用いて接着剤を塗布し，ローラーで入念に転圧し断熱材に密着させる。シートを張り付けるときは，適切なオープンタイム[1]を守る。

シート面に接着剤を塗布するとき，シートとシートの重合せ部分となる幅100mmの範囲は，接着剤を塗り残す。

3) 重合せ部分は，図5-49のように接着剤とシート専用のテープを用いてシートとシートを接着する。最後に重ね合わせたシートの小口をシールする。

(b) **立上がり部の施工** パラペットや基礎，その他の立上がり部分は，施工が難しいうえに漏水が発生しやすい場所でもあり，その施工はとくに注意して行う。

図5-50に示すように入隅部の補強張りをすませてから，水平面のシートを200mm程度立ち上げて張り付け，その上

図5-47 シートの仮敷き・切断

図5-48 シートの張付け

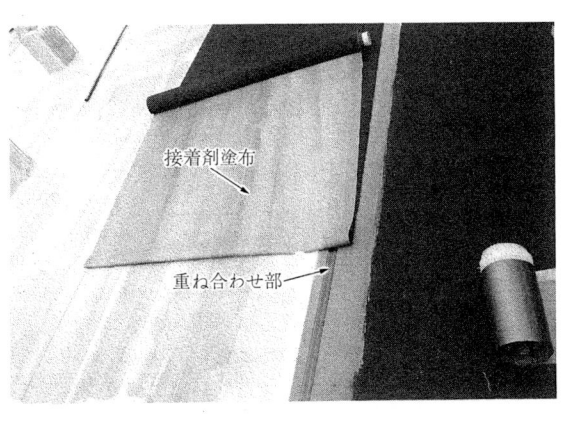

図5-49 重合せ部の施工

---

[1] オープンタイム：接着剤を塗布してから防水材を張り付けるまでの時間をいう。一般に，塗布した接着剤を指で触れた場合，べとつかなくなるまでの時間である。

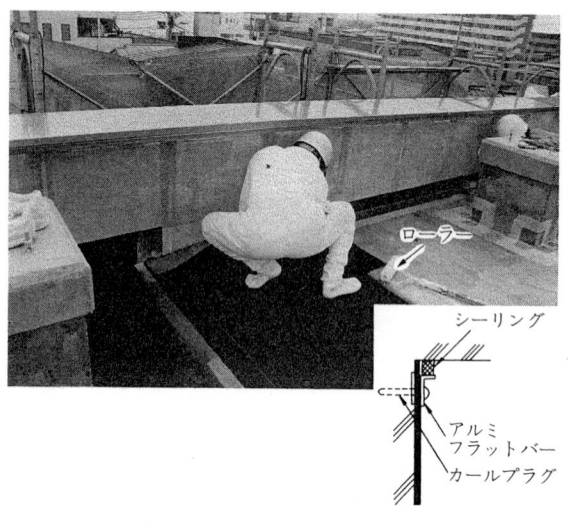

からさらにもう1枚のシートを立上がり面に張り付ける。その立上がりシートの上部をアルミニウム製のフラットバーあるいはアングルで押え、カールプラグで固定する。シートの小口をシールして立上がり部分の施工が完了する。

(6) 末端部のシール

シートとシートの重合せ部分の末端部、ドレーン・パイプなどの取合い部分にはシーリングを行う。シーリングは、シートの張付け作業が完了した翌日以降に行う。

図5-50 立上がり部分の施工

(7) 水張り試験

防水工事が完了すると目視検査を行い、水張りを行って漏水や透水がないかなどについてチェックする。水張り試験の方法は、水深が水上で10cm程度となるように水を張り、24時間以上放置する。水張り試験終了後は、必要以外は竣工まで作業員の立入りを禁止し、防水面を傷めないように管理する。

5-5 金属工事

1. 概説

金属工事で取り扱う材料・構法には、多種類のものがある。ここでは、建築工事でよく使用されるものに限定して、工事の進め方を述べる。

金属工事に使用されるものには、次にあげる材料がよく使われる。これらの金属材料を工場で加工し、製品化したものを工事現場に運び、取り付ける。

```
          ┌ 鉄 類 ┬ 鋼（熔融亜鉛めっき鋼板）
          │      └ ステンレス
金属 ─────┤
          │      ┌ アルミニウム（アルミニウムの合金）
          └ 非鉄類┼ 銅（黄銅・青銅）
                 ├ 亜鉛
                 └ 鉛
```

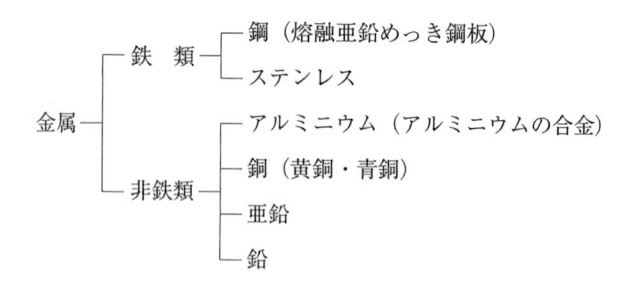

建築工事に使用される金属材料として、最も強く要求される性能に耐食性、耐久性、耐候性がある。建物の立地条件・使用場所（内・外部）などを十分に検討し、設計図書で求める品質・性能などを確保できる金属を選ぶことが大切である。金属工事には、以下に示す種類がある。

```
金属工事 ─┬─ 製作金物工事（手すりなど，特注製作品）
          ├─ 既製金物工事（ルーフドレン，カーテンレールなど）
          ├─ 雑金物工事（ラス，アンカーボルト）
          └─ 軽量鉄骨下地工事（天井，壁）
```

2．工 事 概 要

　実例工事のB建物の金属工事は，軽量鉄骨天井下地・軽量鉄骨壁下地のような仕上げ材の下地となるもののほか，内部階段の手すり，屋上パラペットに取り付けるアルミニウム製笠木などがある。

　屋上に設ける目隠しスクリーンは，溶融亜鉛めっきによるさび止めを行ったうえに塗装仕上げが行われている。その他，外部の金属工事では，アルミニウム製，またはステンレス製のものが使われている。

3．施　　　工

　内部階段手すり・アルミニウム製笠木について，その施工手順を述べる。

(1)　階段手すりの取付け

　B建物の階段手すりは鋼製であり，笠木には，図5-51に示すようにフラットバーを下地とした塩化ビニル製のものが使用されている。

　手すりのたて格子は16×16の角鋼管が使用され塗装仕上げとなっている。以下に示す順序で手すりを取り付ける。

　　1)　手すりの足元は，ぐらつかないように確実に溶接する。
　　2)　支柱の足元や笠木など，工事現場で溶接した部分は溶接スラグを落とし，サンダーできれいに仕上げるなどして，塗装工事に支障をきたさないようにする。

(2)　屋上パラペット笠木の取付け

　パラペットは，屋上に降った雨水が建物の外側にこぼれ落ちるのを防ぐために設けるものであり，また意匠上からも，一般に下から外壁面をそのままの形で立ち上げることが多い。B建物のように，パラペットの天端に外壁材であるカーテンウォールの小口が見える場合は，図

図5-51　階段手すり取付け

5-52に示すようにアルミニウム製またはステンレス製の笠木を取り付けて，その小口部分から

の雨水の浸入を防ぐ。金属製笠木の取付けは，メーカーによっていろいろな方法があるが，一般には以下の手順で取り付ける。

1) カーテンウォールと防水立上がりコンクリートの天端に，下地金具を取り付けるための専用の受けプレートを取り付ける。
2) 受けプレートに，笠木を止めるための下地金物を溶接あるいはビスで取り付ける。それにアルミニウム製の笠木をはめ込んで押さえる。
3) 笠木のジョイント部は10〜15mmの幅で目地を設け，シーリングを行う。

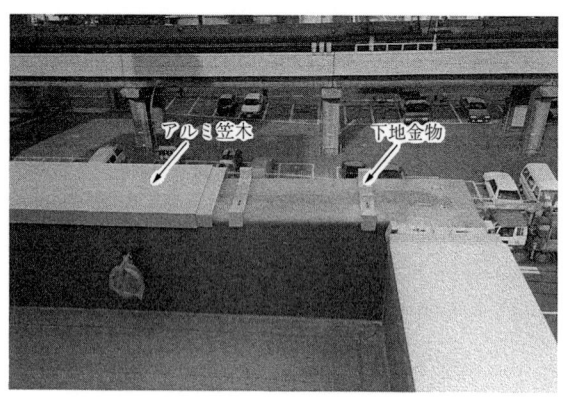

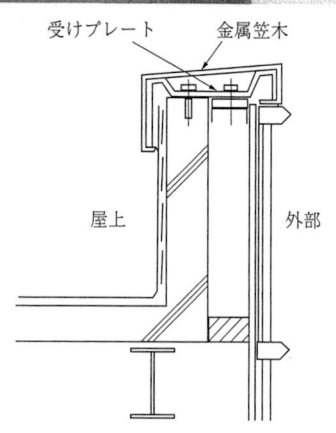

図5-52 屋上パラペット笠木の取付け

5-6 石 工 事

1. 概　説

　石は，各種仕上げ材料のなかでも高価なものであり，耐火性，耐候性，耐久性に優れ，重厚性，優雅さなど多くの特性をもっている。内外装の床・壁などの仕上げ材としてよく使われる。建築材料以外にも，家具やその他広い分野で使用されている。

　建築工事で多く使われている石材には，花こう岩・砂岩・大理石などがある。花こう岩は一般に御影石とよばれ，耐候性があるため外装材として多く使用されている。大理石は御影石に比べ耐候性が劣るため，内装材として使用されることが多い。

　建築工事における石工事（壁の場合）は，おもにこれらの石材を用いて，右に示す工法が使い分けられている。

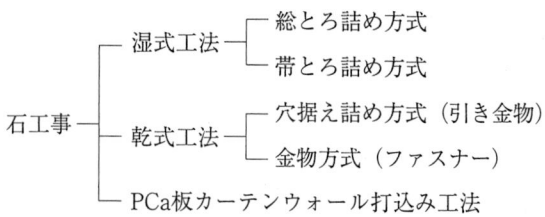

```
          ┌─ 湿式工法 ─┬─ 総とろ詰め方式
          │            └─ 帯とろ詰め方式
石工事 ───┼─ 乾式工法 ─┬─ 穴据え詰め方式（引き金物）
          │            └─ 金物方式（ファスナー）
          └─ PCa板カーテンウォール打込み工法
```

石の表面仕上げは，石の種類により，また部位により，その仕上げ方法も異なる。たとえば，床の場合はスリップ事故を防止するためにジェットバーナー仕上げが，壁の場合は本磨き仕上げがよく行われている。

図5-53は，石工事で行われる代表的な壁への取付け工法を図解したものである。

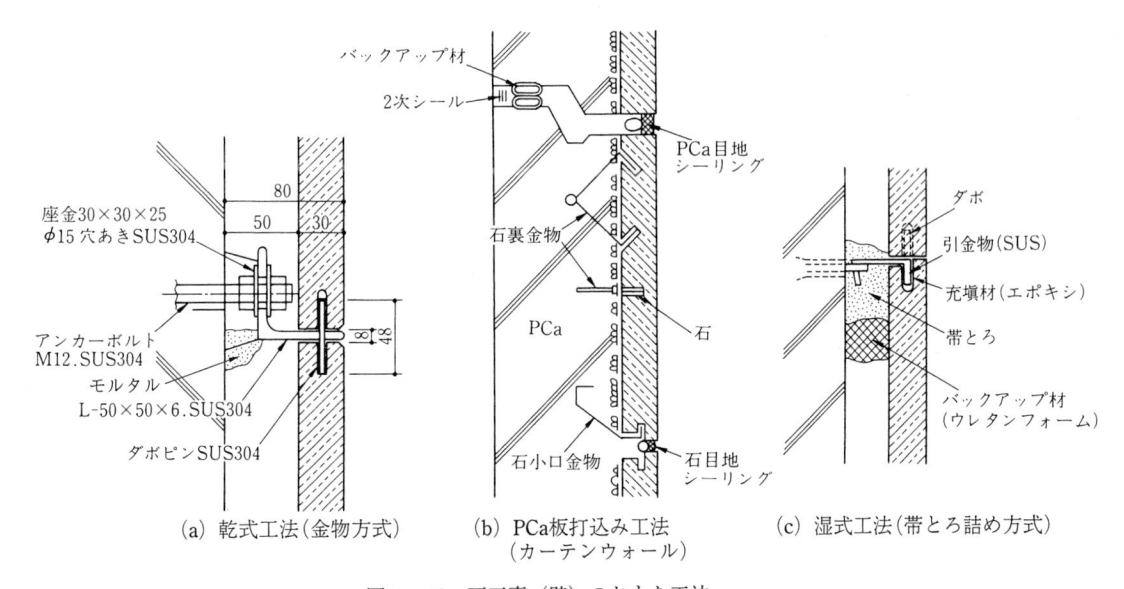

(a) 乾式工法（金物方式） (b) PCa板打込み工法（カーテンウォール） (c) 湿式工法（帯とろ詰め方式）

図5-53 石工事（壁）のおもな工法

2. 工事概要

実例工事のB建物では，アプローチおよびエントランスホールの床，壁および柱に石が用いられている。1～2階の外壁に石打込みのプレキャストカーテンウォールが使われ，床面には石の表面をジェットバーナーで仕上げた御影石（厚30mm）が使われている。床石の1枚の大きさは500～600mm角である。

3. 施工

(1) 床石張り工事

割付図に従って，工場で石材を切断し，加工してから工事現場に搬入する。

搬入された石材は，工事を行うまでは図5-54に示すような専用台の上に載せ，倒れて破損しないように保管する。

床石の張付け作業は，以下の順序に従って行う。

1) 床に印した割付墨にあわせて水糸を張り，空練りモルタル（砂とセメントだけ

図5-54 石の保管

図5-55 床石の張付け

図5-56 目地詰め

図5-57 石のダボ穴の加工

を混ぜ合せたもの）を均一に敷きならし，水糸にあわせて石を仮敷きして，下地の高さを調整する。

2) 仮敷きした石をいったん取りはずし，図5-55に示すように，セメントペーストを空練りモルタルの上に流し込み，取りはずしておいた石を元の位置に戻して張り付ける。

3) 石張りが終わっても，モルタルが硬化して石が固定するまでは立入禁止とする。石が固定するのをまって図5-56に示すように目地詰めを行う。石は損傷しやすいので，工事期間中はベニヤを敷いて養生する。大理石や砂岩は，吸水性が大きいので表面が変色しやすく，また耐久性に劣るうえに摩耗しやすいので，床材としてはなるべく使用しないことが望ましい。

(2) 外壁の石張り（乾式工法）

外壁の仕上げ材に用いられる石材は，耐候性，耐久性に優れ，また吸水率の小さい御影石が最も多く使用されている。石の大きさは700×800mm程度が標準であり，その取付け方法は図5-53(a)のような乾式工法（ファスナー方式）が一般的である。

その施工は次のようにして行う。

1) 割付図に基づき外壁面に割付墨を印す。その墨にあわせてアンカーを打ち込み，それにファスナーを取り付ける。

2) 図5-57に示すように石にダボ穴を彫り込み，そのダボ穴に図5-58に示すようなピンを差し込む。ファスナーとピンを接続して所定の場所に石を取り付ける。次に上部の石のダボ穴をピンに差

し込み，石を順次据え付けていく。
3) 石張りが完了すると，弾性系のシーリング材で，目地にシールする（目地幅は5～8 mm程度）。

図5-58 石の取付け

5-7 タイル工事

1. 概説

タイルは，建物の外装や室内の台所・便所などの水がかり部などに美装や下地の保護を目的として多く使われている。

タイルの種類は，その素地によって磁器質・せっ器質および陶器質に分類され，その素地に対して施ゆう・無ゆうの区別がある。また，図5-59のように形状・寸法は多種である。タイル張り工法も図5-60のように数多くの種類があり，タイルの種類，施工部位に応じた工法が選定される。

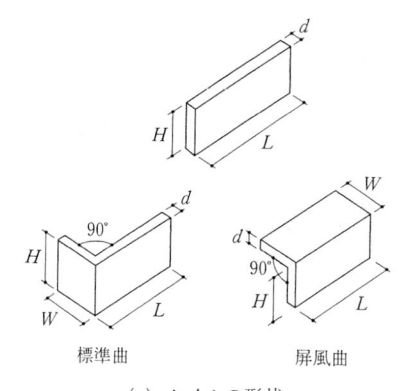

呼び名		寸法				呼び名		寸法			
		L	H	W	d			L	H	W	d
4丁掛	平	227	120	—	15	150ミリ角	平	150	150	—	12
	曲	168	120	50	16		曲				
3丁掛	平	227	90	—	14	108ミリ角	平	108	108	—	8
	曲	168	90	50	14		曲				
2丁掛	平	227	60	—	13	45 2丁	平	95	45	—	
	曲	168	60	50	13		曲	95	45	45	
小口	平	108	60	—	9	47ミリ角	平	47	47	—	
	曲	108	60	50	12		曲	47	47	47	
53角	平	150	90	—	9	40ミリ角	平	40	40	—	
	曲	115	90	35	13		曲	45	40	40	

(a) タイルの形状　　　　　　　　(b) 標準タイル寸法

図5-59 代表的なタイルの寸法・形状

工法名	改良圧着張り	改良積上げ張り	密着張り
略図	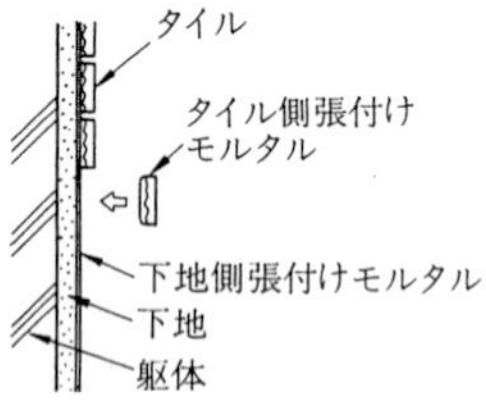 タイル／タイル側張付けモルタル／下地側張付けモルタル／下地／躯体	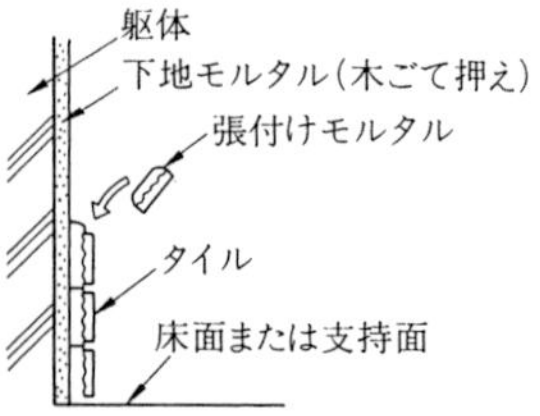 躯体／下地モルタル（木ごて押え）／張付けモルタル／タイル／床面または支持面	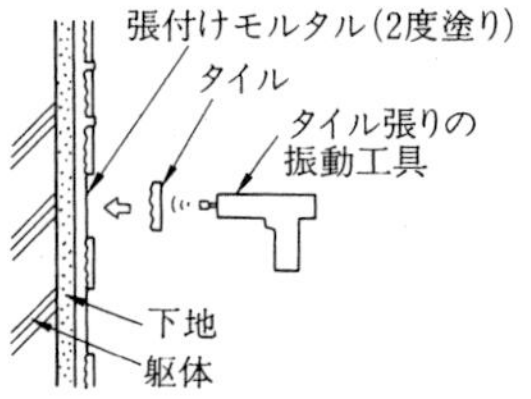 張付けモルタル（2度塗り）／タイル／タイル張りの振動工具／下地／躯体
適用タイル 種類	外装タイル	外装タイル	内装タイル	外装タイル
適用タイル 形状	小口平,二丁掛	小口平,二丁掛,三丁掛,四丁掛	100角〜200角	小口平,二丁掛,100角
適用部位	外壁,内壁	外壁,内壁	内壁	外壁,内壁

工法名	マスク張り	接着剤張り	一般床タイル張り
略図	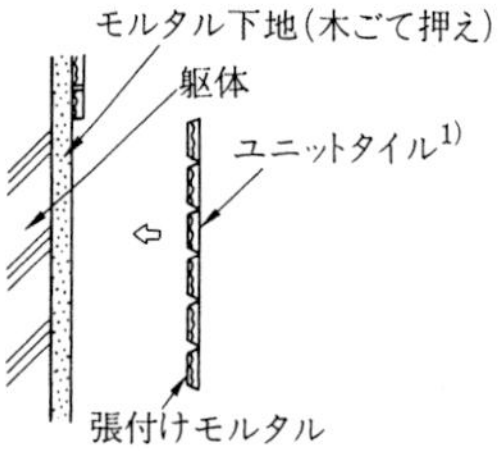 モルタル下地（木ごて押え）／躯体／ユニットタイル[1]／張付けモルタル	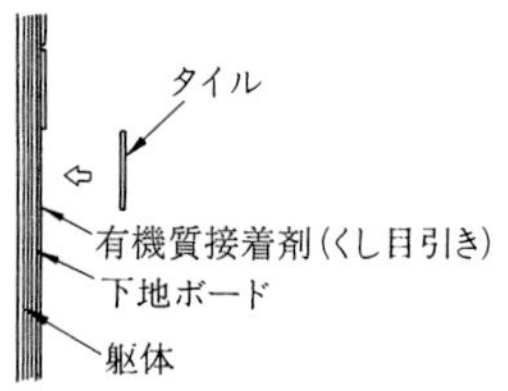 タイル／有機質接着剤（くし目引き）／下地ボード／躯体	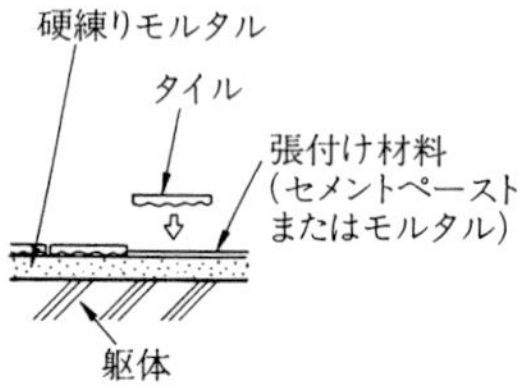 硬練りモルタル／タイル／張付け材料（セメントペーストまたはモルタル）／躯体
適用タイル 種類	内装ユニットタイル	モザイクユニットタイル	内装タイル,内装ユニットタイル	モザイクユニットタイル	床タイル	モザイクユニットタイル
適用タイル 形状	100角,108角	50角,50二丁,60×100	100角〜150角	各種	100角〜200角	各種
適用部位	内壁	外壁,内壁	内壁	内壁	内・外部床	

1) ユニットタイル：施工しやすいように，タイルの表面もしくは裏面にシート状，ネット状またはそれらに類する台紙を張り付けるか，またはその他の方法で多数のタイルを並べて連結したものである。

図5-60 代表的なタイル張り工法

2．工事概要

鉄骨造の場合，プレキャストカーテンウォールへのタイル打込み，ロビーなどの床タイル張り，便所などの水回りで内壁へのタイル接着剤張りが採用される。

3．施工

(1) 使用材料の確認

タイルの見本品または見本張りしたものを作成して，監理者の承認を受ける。その際，張付けモルタル・目地モルタルを，現場調合とするか，市販の既調合品とするかを決めておく（図5-61）。その他の注意事項は以下のとおりである。

- ・寒冷地では，吸水率の大きい陶器質タイルは割れやすいので使用しない。
- ・床面には，原則として無ゆうタイルを使用する。
- ・特注品の場合は，生産に50〜60日を要するので，早めに注文する。

(2) 割付図の作成

使用するタイルの寸法を確認し，設計図をもとにしてタイル割付図を作成する。その際，伸縮目地（亀裂誘発）の位置，出隅・入隅の納まり，天井・床面との取合い，設備機器との取合いに

注意し，必要な場合には役物タイルを使用する（図5-62）。

参考 伸縮目地の入れ方

1) 下地材の目地と同じ位置に設ける。
2) 縦横3～4m以内に設け，目地で区切られた面積が約10m²以内となるようにする。

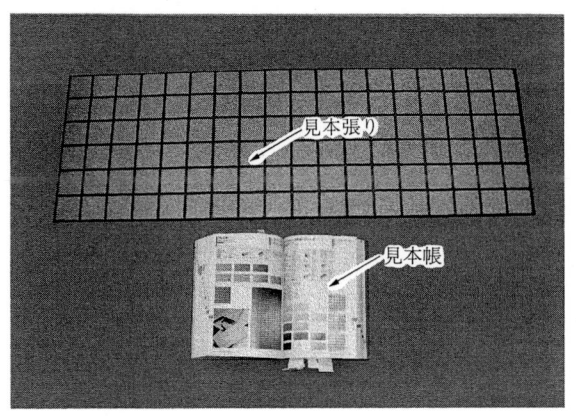

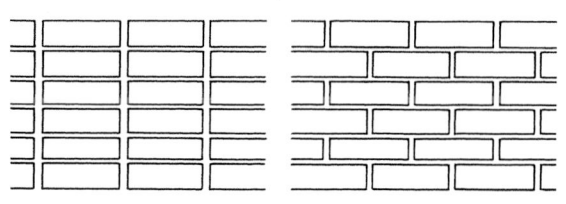

図5-61 見本帳と見本張りの例

(a) 芋目地張り　　(b) うまのり目地張り

図5-62 タイル張りのパターン

170　第5章　仕　上　工　事

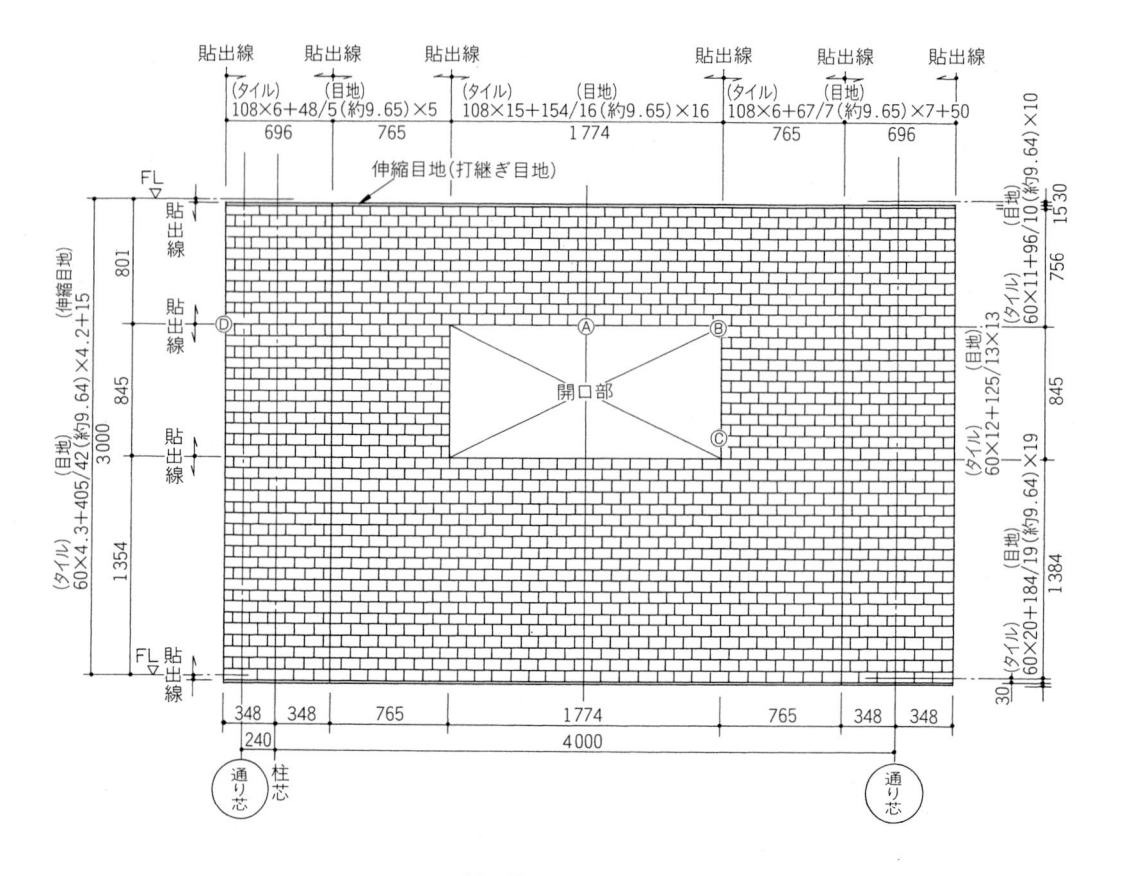

(a) 外装タイルの例

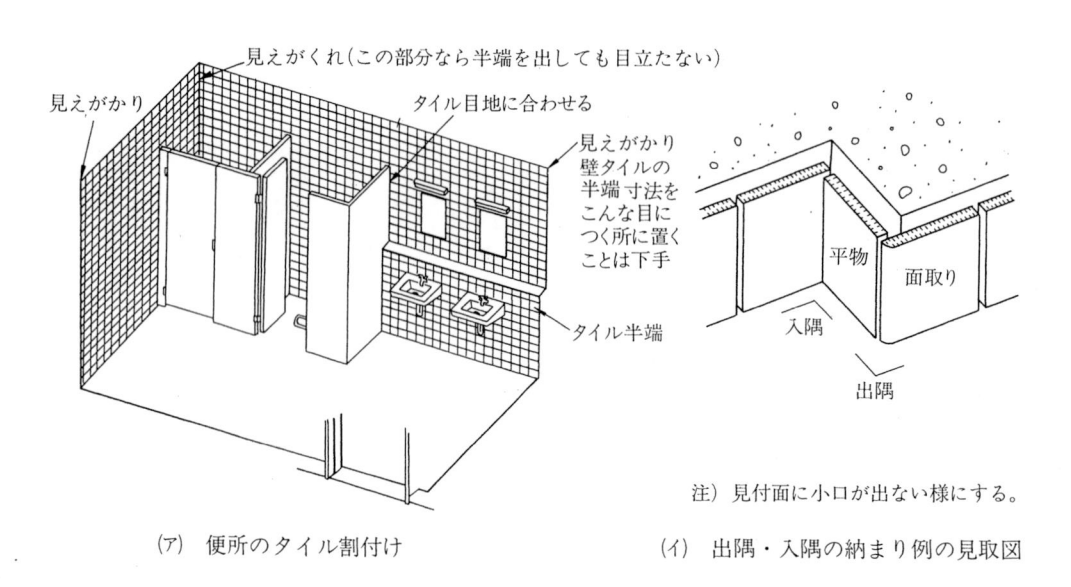

(ア) 便所のタイル割付け

(イ) 出隅・入隅の納まり例の見取図

注) 見付面に小口が出ない様にする。

(b) 内装タイルの例

図5-63　タイル割付図

(3) 下地の確認

施工に先立ち，下地に不陸・浮き・汚れなどがないか，また，乾燥程度に問題がないかなどを確認する。タイルの接着に悪影響を及ぼすものはすべて除去する。

タイル下地の乾燥状況を確認する。モルタル下地施工後，夏期で7日，冬期で14日以上経過していることが望ましい。しかし，施工にあたっては適度な湿りけをもたせる。

(4) タイルの張付け

割付図をもとにして目地割りを行い，タイルが正しく割り付けられているかどうかを確認してから，張付けを行う。

(a) **外壁改良圧着張り**（図5-64）
1) 張付けモルタルを下地面に3～6mm厚で塗る。
2) タイル裏面に張付けモルタルを塗り付け，タイル表面を木づちでたたきながら張り付ける。
3) 張付けモルタルの硬化を見計らい，目地底を清掃する。

(b) **内壁接着剤張り**（図5-65）
1) くし目ごてを用い，こてで下地面を押え付けるように接着剤を塗り付ける。一度に塗る面積は3m²以内とする。接着剤のオープンタイムに留意し，タイルを圧着して張り付ける。

(c) **内部床タイル張り**（図5-66）
1) 下地コンクリート面を清掃してから，水打ちして下地に湿りけを与える。その上に空練りモルタルを30～50mm厚に敷き，木ごてなどで所定の高さにならし固める。
2) セメントペーストを塗り付け，その上にタイルを張り付ける。下地がモルタル塗りの場合は，張付けモルタルを塗り付け，その上にタイルを張り付ける。

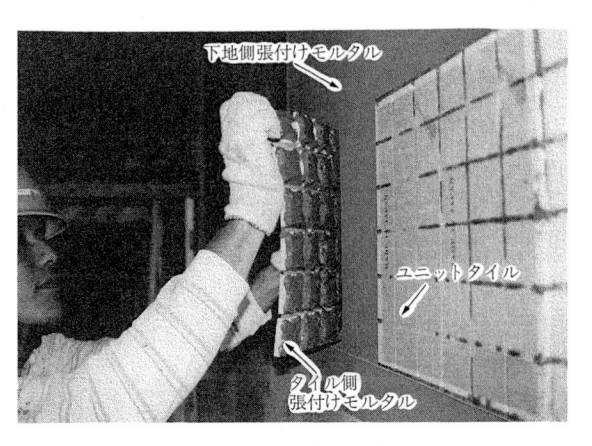

図5-64 改良圧着張り

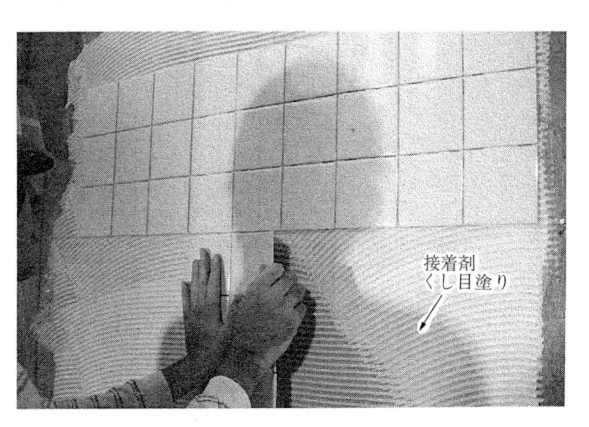

図5-65 接着剤張り

図5-66 床タイル張り

図5-67 目地詰め

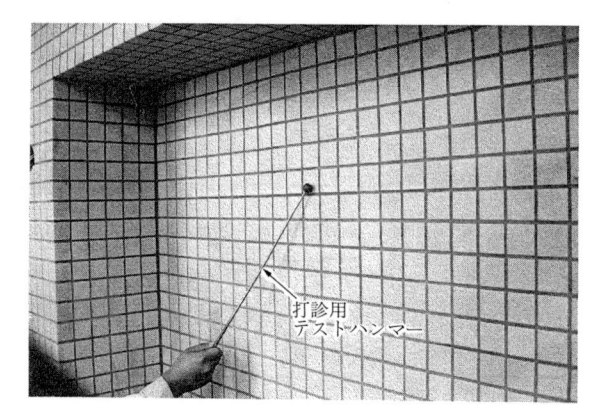

図5-68 タイルの浮き検査

(5) 目地詰め

張付け後1日以上を経過してから行うことが望ましい。図5-67のようにゴムごてを用いて行い，目地切れのないように入念に塗り込む。床の場合も同じように行う。

(6) 検　査

目地材が硬化してから，図5-68のようにテストハンマーを用いてタイルの浮き・はく離を検査し，異常があれば，その部分を張り替える。

(7) クリーニング

タイルの表面に付いている目地材や，他の汚れなどはきれいに落とし，クリーニングをする。一般に，タイルのクリーニングは30倍ほどに薄めた希塩酸を使用し，その後十分に水洗いする。

5-8　内　装　工　事

1．概　　説

内装工事は，壁・天井・床などの下地にボードやクロスなどの仕上げ材を取り付ける工事である。内装材料は，種類が多いうえにいろいろな施工法が用いられており，また，新しいものが次々と開発され市場に提供されている。そのため，使用するにあたっては，その材料・施工法が有する性能を十分に把握しておく必要がある。パーテーション・システム天井・OAフロアなど，工場で生産された部材を工事現場に持ち込んで取り付けることも多くなっている。それぞれがもつ特徴をよく理解し，設計図書で求められる遮音・防耐火・耐久・衛生・美観などの各性能を満足できるように適正な材料を用いて正しく施工する。とくに，設備機器との取合いや異種部材の接合部にも留意する。

2．工　事　概　要

実例工事のB建物では，表5-2に示す材料を使って，壁・天井・床などの仕上げが行われて

いる。防火区画，内装制限など設計図書で要求される遮音・断熱・防火などの各性能を満足するように，それらに適した仕様の材料を用いる。

内装工事に際し，使用する内装材料，接着剤および家具から放散される化学物質[1]（クロルピリホス，ホルムアルデヒド，トルエン，エチルベンゼン，スチレンなど）で室内空気が汚染されることがあり，居住者がシックハウス症候群におちいることがある。そのため建築基準法（平成15年改正）ではクロルピリホスを含有する建材を使用禁止にし，ホルムアルデヒドを含有する建材についてはランク付け（F☆☆☆など）をして，それぞれのランクに応じて使用制限の有無を設けている。また，住宅の居室では機械換気設備の設置が義務づけられている。

表5－2　B建物における代表的な仕上げ

	床	幅木	壁	天井	回り縁
事務室	フリーアクセスフロア タイルカーペット $t=7$	ソフト幅木	軽量鉄骨下地 プラスターボード $t=15$の上EP塗装	システム天井 岩綿吸音板	プラスチック
エレベーターホール	コンクリート下地 タイルカーペット $t=7$	ステンレス	ALC下地 アルミパネル	軽量鉄骨下地 プラスターボード $t=9$ + 岩綿吸音板 $t=12$	プラスチック
便所	コンクリート下地 長尺シート張り $t=3$	ステンレス	ALC下地 プラスターボード $t=12$の上EP塗装	軽量鉄骨下地 プラスターボード $t=9$ + 岩綿吸音板 $t=12$	プラスチック
エントランスホール	コンクリート下地 大理石張り $t=25$		ALC下地 大理石張り $t=25$	軽量鉄骨下地 アルミ成形板張り	アルミ
応接室	コンクリート下地 タイルカーペット $t=7$	ソフト幅木	軽量鉄骨下地 プラスターボード $t=12$の上EP塗装 クロス	軽量鉄骨下地 プラスターボード $t=12$の上EPビニルクロス	プラスチック

3. 施　工
3.1　壁の施工
(1) 壁の工事概要

B建物のエレベーター廻りではALC下地にアルミパネル張り，内部の間仕切り壁では軽量鉄骨下地にねじ止めによるせっこうボード張りが行われている。ボードの仕上げは，事務室などでは合成樹脂エマルションによる塗装仕上げ，応接室ではビニルクロス仕上げとなっている。

(2) ALC板壁下地工事

ALC板による間仕切り壁下地は，フットプレート工法とアンカー筋工法がある。いずれもパネル下部を床スラブに固定し，パネル上部は面内方向に可動できるように取り付ける構法であり，スライド機構によって層間変形に追従する。図5－69にフットプレート構法の概要を示す。

---

[1] アセトアルデヒド，トルエン，キシレン，スチレンなど沸点が低く，大気中で気体状となる有機化合物を総称して揮発性有機化合物（VOC（volatile organic compounds））と呼ぶ。

以下にALC板壁下地の施工手順を示す。

1) 間仕切り位置の墨出しを行い，スラブ下あるいは梁底に間仕切りチャンネルを取り付ける。出入り口などの開口部回りはアングルで補強を行う。
2) 側面を本実目地加工されたALC板の下部にフットプレートをはさみ込み，割付墨にあわせて建て込む。
3) フットプレートは打込みピンでスラブに固定する。
4) ALC板のジョイント部に接着剤を塗布してALC板の一体化を図る。
5) 耐火規定がある場合は，他部材との取合い部や伸縮目地にロックウールなどの耐火（目地）材料を充填する。気密性や遮音性能が要求される場合はアクリル系シーリングなどを取合い部や目地部分に施工する。

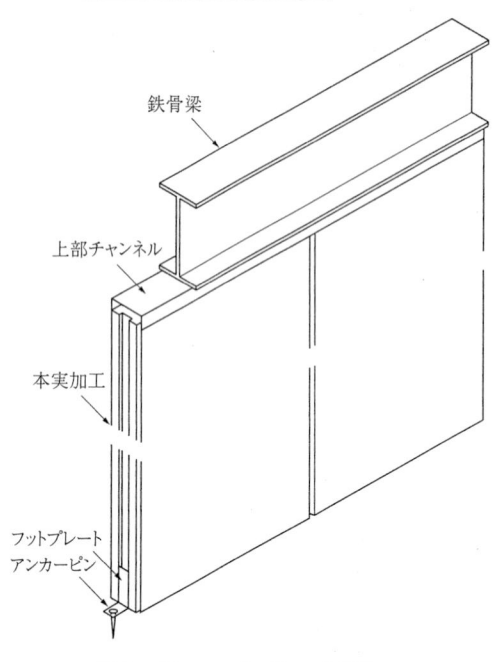

図5-69 フットプレート構法

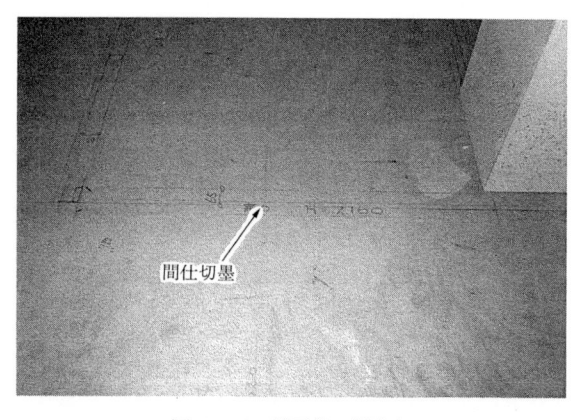

図5-70 壁下地の墨出し

図5-71 軽量鉄骨壁下地組

(3) 軽量鉄骨壁下地工事

軽量鉄骨壁下地は施工が容易なうえ，木軸製の壁と違って不燃物なので，間仕切壁に使われることが多い。最近では，軽量鉄骨壁下地の間にグラスウールを充填し，両側にボードを2枚重ねで張り付け，耐火や遮音構造として認定されている工法もある。

1) 壁下地の墨出しは，図5-70に示すように基準墨から寸法を追い出し，床面に下地材を取り付ける位置を記す。床面に記した墨を下げ振りで天井面にあげ，天井面に壁の上部の位置の墨出しをする。開口部があるときは，その位置も墨出ししておく。
2) 図5-71に示すように，床面と天井面の両方の墨にあわせてランナーを鋲

打ちまたは溶接して固定し，スタッドを取り付ける。壁下地のスタッドの間隔は，張り付けるボードの厚みによって異なるが，300〜450mmのピッチで割り付ける。スタッド材軸直交方向に1200mmピッチで振れ止めを通し，スタッドの振れを防ぐ。照明用のスイッチ，コンセントなどの位置が，スタッドの位置に重ならないようにする。

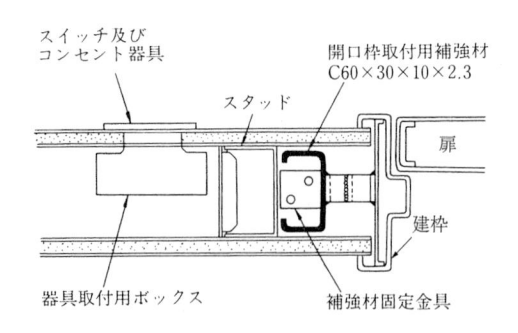

図5-72 出入り口回り開口補強要領

3) 壁には，コンセントや照明・空調のスイッチなどが設けられ，その配線が壁のなかに納められる。それら設備工事との取合いを平面的，立面的に考慮したうえで，下地材の割付けを行い，必要な所には補強工事を施す。図5-72は，出入口回りの開口部補強を示したものである。出入口には，扉の開閉によって激しい振動・揺れが生じやすいため，これらの補強材を取り付けておく。

(4) プラスターボード張り

1) 図5-73のようにプラスターボード一重張りの場合は，軽量鉄骨下地にタッピングねじ[1]を使って張り付ける。ねじの留め付け間隔は，周辺部で200mm中央部で300mm程度とする。ボード面からねじ頭が出ないように注意する。湯沸し室や便所などでは湿気が多くねじがさびることがあるので，ステンレス製のものを使用する。

図5-73 ボード一重張り

2) 二重張りの場合，その下張りは上記の工法に準じて行う。上張りは，図5

図5-74 ボード二重張り

---

[1] タッピングねじ：ねじ自身でねじ溝を切ることができるねじである。一般のねじと比較してねじのピッチが粗い。

−74のように下張りとジョイント位置が重ならないようにして，接着剤とステープル[1]を併用して縦横200〜300mmの間隔で張り付ける。

(5) ジョイント部の処理

ボード張りの上へクロスなどの仕上げ材を張るときは，そのボードジョイント部が平滑になるように素地の調整を行う。図5−75のように，ジョイント部分にテープを張り付け，その上をジョイントセメントで平滑に仕上げる。出隅部には，コーナービートを取り付け，ボードの角の破損を防止する。

コンクリートなど，異種部材との取合い部は，上記の処理だけではひび割れが入りやすいので，亀裂誘発目地を入れておく。

(6) クロス張り

使用するクロス材料は見本を提出し，承認を得てから施工を行う。クロス張りは仕上げ工事のなかで最終工程となるので，入口枠・回り縁などの塗装がすべて完了してから行う。

図5−75 ボードジョイント処理

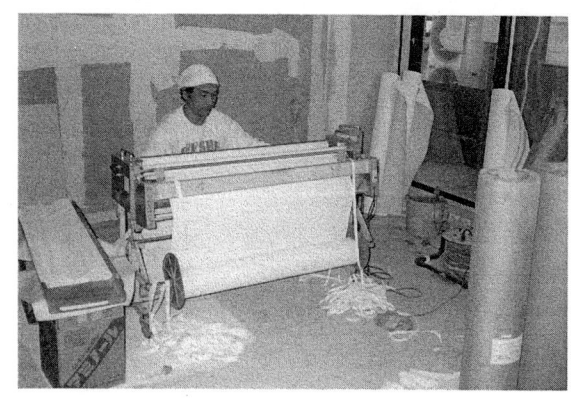

図5−76 クロスのり付け

下地が乾燥していないと，かびが発生するおそれがある。また，ボード張りのねじが湿気でさび，その汚れが表面に出ることがあるので，ねじ頭にはパテ処理を行う。

クロスは，張付け前に寸法をはかり，所定の寸法に裁断して，図5−76のように専用機械を用いてのり付けをする。クロスを張るときは，その端部を少し重ね合わせて張り付け，カッターで切断して，ローラーで押え込んで仕上げる。

3.2 天井の施工

(1) 工事概要

B建物では，事務室にラインタイプのシステム天井が，エレベーターホールでは軽量鉄骨天井下地にプラスターボードと岩綿吸音板の二重張り仕上げが，エントランスホールではアルミ成形板（スパンドレル）張り天井が採用されている。

天井の割付図は，天井の仕上げ材料の大きさを考えて作成する。割付図には，割付けの基準となる割付心と建物の基準墨（通り心，逃げ墨）との寸法関係を記入しておく。割付図には，その

---

1) ステープル：U字形の留め付け釘である。

他天井照明器具，空調関係の開口部，天井改め口などの取付け位置も明記する。なお，天井の端部および照明器具・空調器具回りに細かい天井材が入らないように割り付ける。

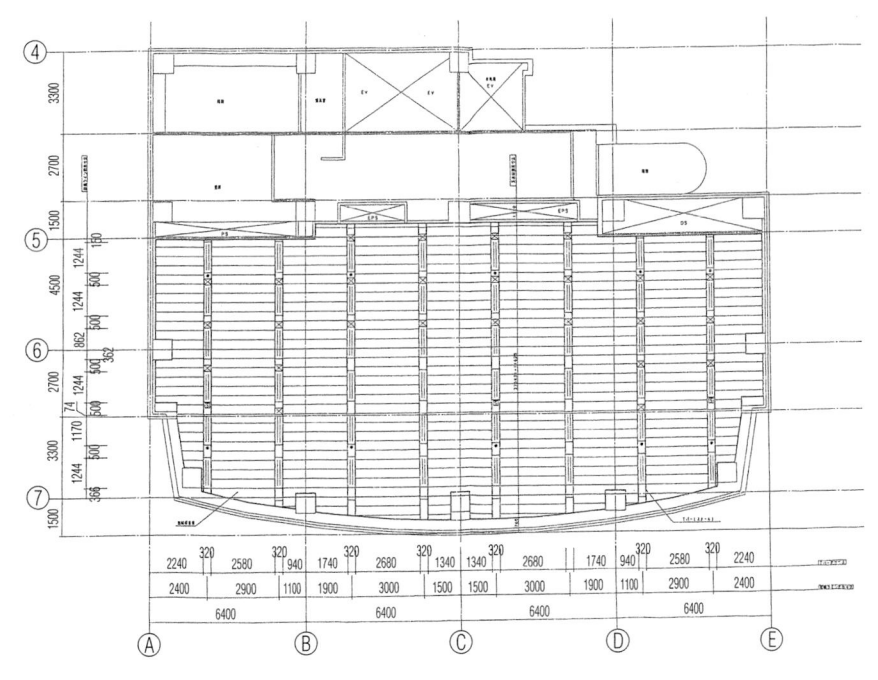

図5-77　システム天井割付け図

(2)　システム天井

図5-78にラインタイプシステム天井の概要を示す。システム天井は，間仕切り壁位置の変更に対応しやすく，意匠性や施工性に優れた工法であり，事務所建築で多用されている。Tバーを直線状に流し，設備機能をライン状に集約したライン方式や，Tバーを格子状に組み，設

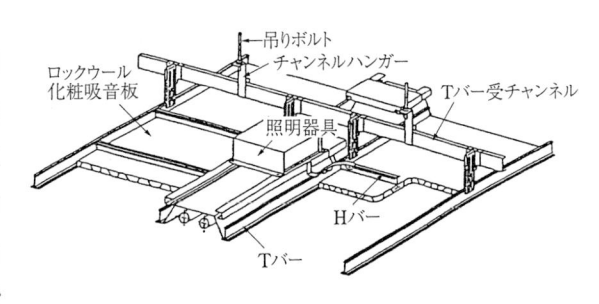

図5-78　ラインタイプシステム天井概要

図5-79　ラインタイプ*

図5-80　グリッドタイプ*

＊写真提供：日東紡績

備機器を格子内に落とし込むグリッド方式などがある。実例のB建物で採用されているラインタイプのシステム天井は，天井面に設置する設備機器をライン状に集中させて施工を合理化した工法である。

1) 先行工事の天井内に隠れる設備工事や壁工事の完了後，回り縁取付け用の陸墨を出す。
2) 墨にあわせて回り縁をねじなどで壁に固定する。留め付け間隔は600mm以下とし，接続部はジョイントピースで接続する。
3) 吊りボルトをインサートにねじ込む。
4) Tバー受けチャンネルをチャンネルハンガーに入れて吊り込む。
5) 天井伏せ図をもとにTバー取付け位置に水糸を張り，CTクリップでTバーをチャンネルに取り付ける。Tバーの接続にはTTジョイントを用い，Tバーと回り縁はTLジョイントで固定する。
6) Tバーのレベルと通りを調整後，吊りボルトにチャンネルを溶接してブレースを取り付ける。溶接部は防錆塗装を施す。
7) 設備機器を取り付けた後，再度レベルと通りを確認する。
8) 天井伏せ図を基に天井割付心を墨出しする。天井板をHバーで接続させながらTバーの上に載せてゆく。その際，目地に目違いやすきまがないようにする。また，天井板落下防止のためにHバーをTバーに結合する。
9) 点検口位置には点検口用の天井板を使用する。

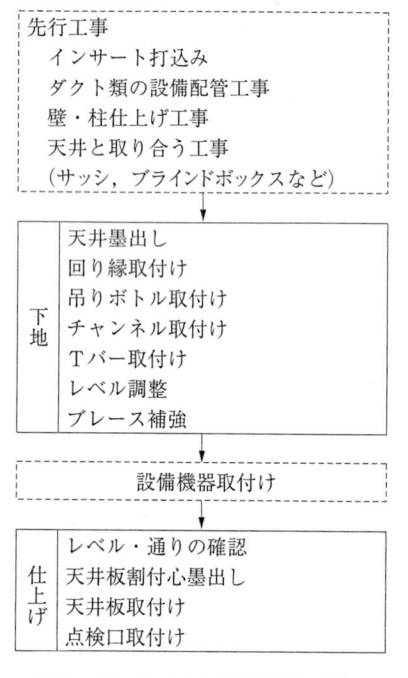

先行工事
　インサート打込み
　ダクト類の設備配管工事
　壁・柱仕上げ工事
　天井と取り合う工事
　（サッシ，ブラインドボックスなど）

下地
　天井墨出し
　回り縁取付け
　吊りボルト取付け
　チャンネル取付け
　Tバー取付け
　レベル調整
　ブレース補強

設備機器取付け

仕上げ
　レベル・通りの確認
　天井板割付心墨出し
　天井板取付け
　点検口取付け

図5-81　システム天井工事の流れ

図5-82　システム天井使用材料

図5-83　システム天井施工状況

(3) 軽量鉄骨天井下地工事

軽量鉄骨天井下地は，図5-84のような形で組み立てられる。

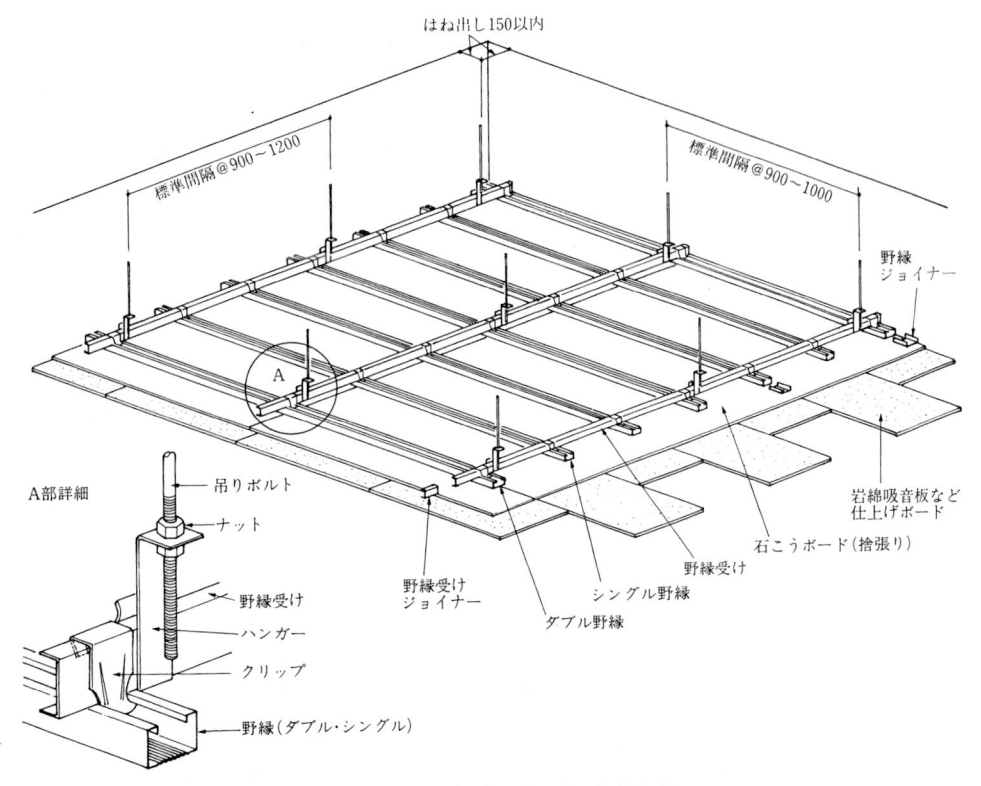

図5-84 軽量鉄骨天井下地の各部名称

1) 割付け図にあわせて，床面に割付けの基準墨を出し，壁面に天井高さの墨を出す。
2) 作業用ステージを設けてから，図5-85に示すような部材を用いて，図5-86のように下地を組み立てる。このとき，ボードの長辺方向のジョイント部にはダブル野縁を設ける。
3) 天井下地は，壁面への端部のはね出し寸法を150mm以内とする。また改め口，照明器具などの開口部回りはたわみやすいので，図5-87に示すような補強工事を行う。天井ふところが大きい場合はブレースなどを設置して振止め措置を行う。

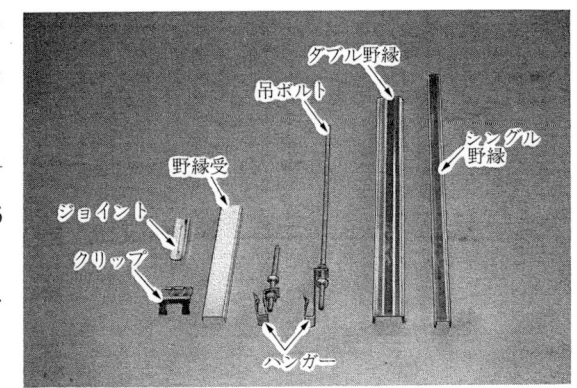

図5-85 軽量鉄骨天井下地部材

180　第5章　仕上工事

図5-86　天井下地の組立

図5-87　天井開口部の補強

(4) 天井の仕上げ

　天井の仕上げには，木あるいは軽量鉄骨の天井下地にせっこうボード張りの上，クロスや塗装仕上げを行う工法，岩綿吸音板等の仕上げボードを張って仕上げる工法，アルミ成形板を張って仕上げる工法などがある。不燃・準不燃等の内装制限に注意して材料を選ぶ。

図5-88　岩綿吸音板張り

(a) **岩綿吸音板張り**　図5-88に示すように，せっこうボードを下張りしてその上に岩綿吸音板を張り付ける。下張りのせっこうボードは周辺部150mm，中央部200mm程度の間隔でねじ止めして張り上げる。上張りの岩綿吸音板は，割付図に従い，天井中央部より周辺に向かって張り上げていく。接着剤とステープルを併用し，ステープルは200～300mmの間隔で留め付ける。

参考　天井ふところが大きく，吊りボルトの長さが長くなる天井にあっては，地震時の天井の崩落の危険を考慮して，振止めの設置や壁際に十分な隙間を設けることなどが義務付けられている。

(b) **アルミ成形板張り**　軒天井やエントランスホールでは，アルミスパンドレルなどの成形板張りがよく使われる（図5-89）。スパンドレルの働き幅に注意して割付けを行う。軽量鉄骨下地が，割付図どおりの位置にあることを確認して，回り縁を野縁または壁面に取り付ける。スパンドレルは，

図5-89　アルミ成形板張り

片側から1枚ずつタッピングねじで野縁に止めて張り付けていく。スパンドレルの長手方向のジョイントはダブル野縁とし，接続金物を用いてつなぐ。

(c) その他　クロス張りや塗装仕上げの場合は，壁と同様に石膏ボードを突付けで張り，ボードジョイント部分の処理を行って仕上げる。

3.3　床の施工
(1) 工事の概要

コンクリートやモルタルの上にカーペットやPタイルなどの仕上げ材を直接張る工法と，木材や金物で下地を組み，二重床として，その上に仕上げ材を張る工法がある。いずれの場合も，遮音・断熱などの性能を損なわないように注意する。

B建物では，事務室にフリーアクセスフロアが，食堂や便所には長尺シート張りが採用されている。

(2) フリーアクセスフロア

フリーアクセスフロアは，もともとコンピュータ室で床仕上げ材と床スラブの間をOA機器の配線が自由にできるようにシステム化された二重床である。事務所ビルなどではOA機器の増加に伴い配線が増加し，それらに対処するために，薄型のシステム床が用いられている。配管類・エアダクト・各種ケーブルを総合的に収容するシステム床など，多種多様の工法がある。フリーアクセスフロアは支持方式によって根太方式，共通独立脚方式，置き敷き方式などに分類される。B建物では，高さ100mmの共通独立脚方式のシステム床で，置き敷き式のタイルカーペット仕上げが採用され，配線の変更が容易な構造となっている。

1) 上がりかまちなど，フリーアクセスフロアの床パネルと取り合う部位の施工が完了後，必要に応じて床コンクリート面の防塵塗装・防水塗装を行う。

　割付図の作成では，壁際等に極端に小さなものが入らないようにするとともに，廊下，部屋の出入口など歩行量が多く汚れやすい場所では，交換しやすいように，定尺ものでの割り付ける。

2) 割付図に従って基準の墨出しを行い，支持脚を所定の位置に取り付け，高さ調整を行いながら床パネルを敷き並べる。図5-90は共通独立脚方式のフリーアクセスフロアの施工状況である。

3) 床パネルの施工後，容易に取り外せる接着剤（ピールアップボンド）でタイル

図5-90　フリーアクセスフロアの設置

カーペットを張って仕上げる。

(3) 長尺シート張り

仕上げの良否は，コンクリートあるいはモルタル下地の仕上げ精度によって決まる。

1) シートを張る前には，下地のチェックを十分に行う。コンクリート面のレイタンスは完全に取り除き，ひび割れや，不陸などがあれば補修する（図5-91）。

2) 図5-92は長尺シートの施工状況である。長尺シートは張る前に一定の期間仮敷きして，巻ぐせを取ってから張り付ける。

3) 接着剤を塗り付ける前に入念に清掃を行い，張付け後ふくれや突起がでないように十分注意する。長尺シートは厚さが薄いのでチリなどが床面に残っていると張り付けた長尺シートの表面に凹凸が出てくるので，施工前に下地面の処理は十分に行っておく。Pタイルの場合もこれに準じて行う。その際，接着剤のオープンタイムに留意する。

図5-91 床コンクリート面の補修

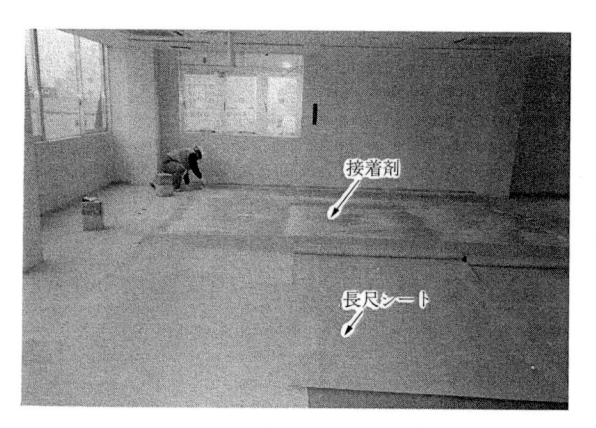

図5-92 長尺シート張りの加工

5-9 吹付け工事

1. 概　説

吹付け工事には，美装以外に，下地の保護という目的がある。表5-3に示す材料は代表的な吹付け材料であるが，おもにセメント系，合成樹脂系のものがよく使われている。リシン，スタッコ，吹付けタイル仕上げなど表面仕上げの形状まで考えると，その種類は限りがない。それぞれの材料・工法によって適用できる下地と塗り回数が異なる。設計図書が求める仕様をよく理解し，その要求品質を満足するように施工する。

表5-3 吹付け工事の種類

名　称	種　類	通　商
薄付け 仕上げ塗り材	セメント系仕上げ	セメントリシン
	けい酸質系仕上げ	シリカリシン
	合成樹脂エマルション系仕上げ	アクリルリシン・じゅらく（内装）
	水溶性樹脂系仕上げ	繊維壁・京壁・じゅらく
複層 仕上げ塗り材 （吹付けタイル）	セメント系仕上げ	セメント吹付けタイル
	ポリマーセメント系仕上げ	ポリマーセメントタイル
	けい酸質系仕上げ	シリカタイル
	合成樹脂エマルション系仕上げ	アクリルタイル
	反応硬化形合成樹脂エマルション系仕上げ	エポキシタイルRE
	合成樹脂溶液系仕上げ	エポキシタイル
厚付け 仕上げ塗り材	セメント系仕上げ	セメントスタッコ
	けい酸質系仕上げ	シリカスタッコ
	合成樹脂エマルション系仕上げ	樹脂スタッコ・アクリルスタッコ

2．工事概要

鉄骨造建物の外壁で，ALC板やセメント系押出し成形板を用いた場合は，吹付け仕上げを行うことが多い。ここでは実例工事のA建物でALC外壁下地に吹付けタイル仕上げを行うときの施工について述べる。

3．施　工

(1) 使用材料の確認

図5-93のような見本塗り板を作成して，材料の確認を行い，監理者の承認を受ける。見本塗り板はできるだけ大きいものを作成し，色あいや表面の形状がわかりやすいようにする。

(2) 下地の確認

図5-94は，ALC板の欠けた部分を補修しているところである。下地の表面は，ケレン・清掃を行い，素地調整を行う。下地がコンクリートやモルタル塗りの場合，その乾燥期間は，夏期で2週間，冬期で4週間程度が必要である。

(3) 周辺養生

吹付け材が飛散して，その周辺を汚染するのを防ぐため，吹付け作業の前には，必ず外部足場に養生シートを張るなど周辺への養生を行う。外部への飛散が問題となる場合はローラーで仕上げる場合もある。

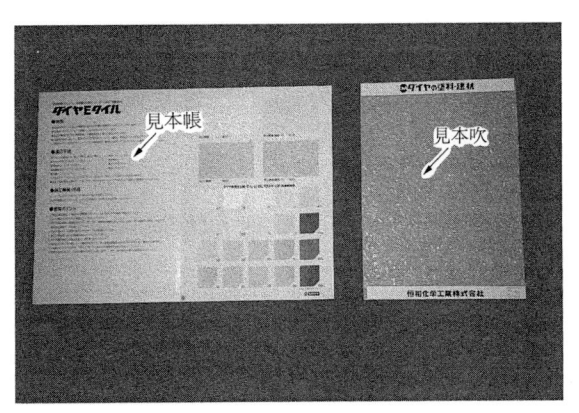

図5-93　標準見本と吹付け見本

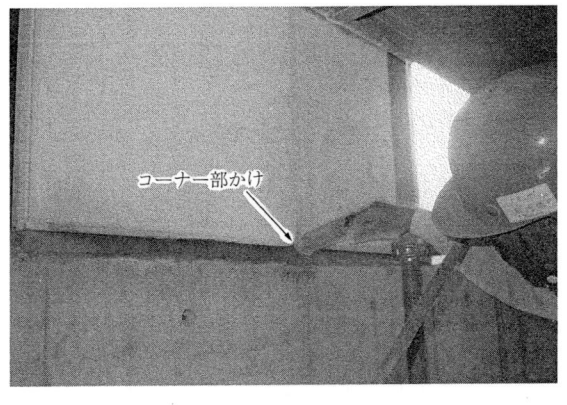

図5-94　ALC板の補修状況

184　第5章　仕上工事

図5-95　上塗り材の吹付け

(4) 吹付け作業

塗膜は，一定以上の乾燥時間が必要であり，塗膜を固化させるためには各層とも十分な塗り間隔が必要である。吹付け作業を行う前に，吹付け材の仕様を確認して，その塗り回数，塗り間隔を把握する。

下地がALC板の場合，ALC板への吹付け材の吸込みが激しいので，まず，シーラーを塗布してから吹付けをする。

一般に，吹付け仕上げは下塗りを1回行ってから，主材塗りを行い，その後，上塗りを2回行う。

図5-95は1回目の上塗りを行っている状況である。

5-10　塗装工事

1．概　説

塗装は，美装だけでなく，素地を保護するという目的もある。塗料には数多くの種類があるが，その素地と使用部位に適した材料・工法を選択しなければならない。表5-4に代表的な塗装の

表5-4　塗装の種類と特徴

名　称	略号	適用素地							特　徴	主用途
		鉄	亜鉛めっき	コンクリート	ALC	せっこうボード	ケイカル板	木		
合成樹脂 　調合ペイント塗り	SOP	○	○	×	×	×	×	○	最も一般的な一液性の調合ペイント 膜厚が厚く乾燥が遅い	鉄部・木部全般
フタル酸樹脂 　エナメル塗り	FE	○	×	×	×	×	×	○	SOPに比べ乾燥が早い はけ目のない美しい面に仕上がる	鋼製建具
塩化ビニル樹脂 　エナメル塗り	VP	○	○	○	○	−	○	×	乾燥が早い 耐水性・耐薬品性に優れる	耐水性を必要とする部分
アクリル樹脂 　エナメル塗り	AE	×	×	○	○	−	○	×	一液性で作業性がよい VEに比べ耐水性に優れる	コンクリート・スレート面
（酢酸系）合成樹脂 　エマルションペイント塗り	EP	×	×	○	○	○	○	×	一般的な水希釈形塗料 塗りやすく仕上げ程度も比較的よい	内外部の壁面・天井
（アクリル系）合成樹脂 　エマルションペイント塗り	AEP									
ステイン塗り	OS	×	×	×	×	×	×	○	木材の硬軟により吸収に差がで，色むらを起こしやすい。	木部の 　生地仕上げ

名称と略号，その適用素地，特徴などを示す。VOCなどへの対応として水溶性の塗料が多く使用されるようになってきている。

2. 工事概要

実例工事のB建物では，枠回りは合成樹脂調合ペイント塗り（SOP）が，せっこうボード壁面は合成樹脂エマルションペイント塗り（EP）が行われている。

以下，せっこうボード面への合成樹脂エマルションペイント塗りを中心に塗装工事の進め方を述べる。図5－96は合成樹脂エマルションペイント塗りのフローチャートである。

3. 施工

(1) 塗装仕様と色見本の確認

1) 設計図書をもとにして，各部位の塗装種別とその仕様を確認する。各仕様書によって塗装仕様が異なるうえに，その略号も違っていることが多いので，仕様書をよく確認する。
2) 色見本によって，各部の色を決め，図5－97のような塗り見本を作成して，監理者の了解を得る。

(2) 材料の保管

塗料は，有機溶剤が多く使われ人体に悪影響を与え，また，火災が発生しやすいので，図5－98のように換気できる部屋に保管し，消火器等も設置して火災の発生に備える。使用量が多い場合は，専用の保管庫を設け管理する。

(3) 素地の確認

1) ボードのジョイント部に目違いがないか，また，ねじ頭が突出していないか確認する。
2) 汚れなどが付着していないかなどを検

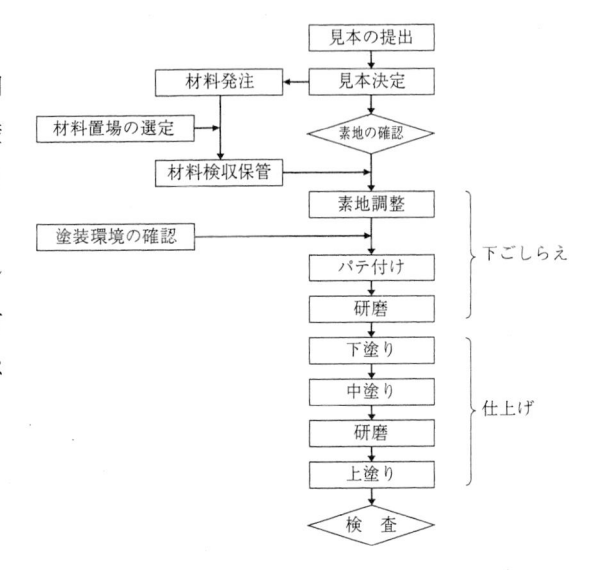

図5－96 合成エマルションペイント塗りのフローチャート

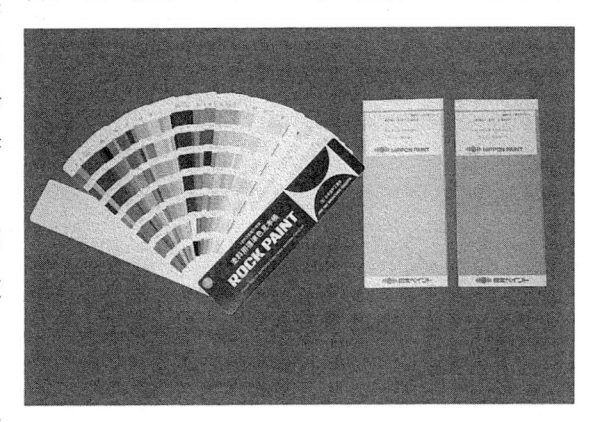

図5－97 色見本と塗り見本

図5－98 材料保管場所

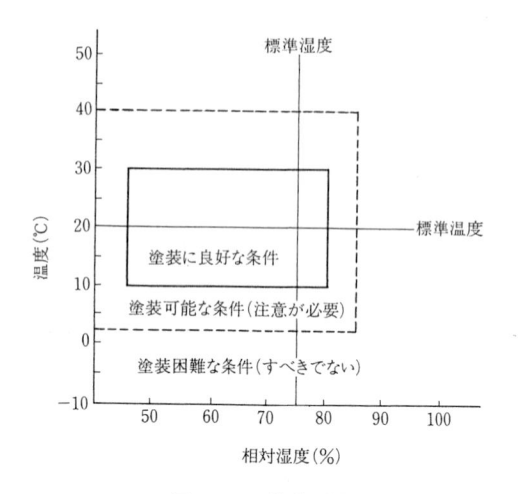

図5-99 塗装環境

図5-100 パテ付け

図5-101 研磨紙ずり

査して，汚れがあれば除去する。

(4) **作業環境**
1) 低温下では塗料の乾燥が遅く，多湿下では塗膜表面が濁ることがある。気温が5℃以下や30℃を超えるとき，湿度が85％を超える場合は，作業を中止することが望ましい（図5-99）。
2) 仕上げ面にほこりが付くこともあるので，周辺を清掃したうえで塗装作業を行う。

(5) **下ごしらえ**

塗装の出来ばえや耐久性は，下ごしらえの良否によって大きくかわるので，下ごしらえは入念に行う。

1) ボードのジョイント部やねじ部分に合成樹脂エマルションパテでパテ付けを行い，平らにする。パテは乾燥して肉やせを生じるので，1回だけでなく，十分乾燥させてから2回目のパテをかう。図5-100は，1回目のパテ付けを行っているところである。水掛かりとなる所へは，セメント系下地調整材や塩化ビニルパテを用いる。
2) 図5-101のように，パテが乾燥してから，研磨紙で研磨し，表面を平らにしたうえで，清掃する。

(6) **仕上げ**

仕様どおりの工程で塗り仕上げを行う。とくに塗り回数と乾燥時間に注意する。

1) 塗料メーカーの仕様に従い，塗料を希釈し，塗料に適したはけかローラーで下塗りする。
2) 下塗りが乾燥すると，中塗りを行う。中塗りの乾燥をまって，#280程度の研

磨紙で研磨を行う。
3) 塗り・研磨を繰り返し，最後に色見本どおりの色で仕上げる（図5-102）。

(7) **検　査**

色むら・はがれ・ひび割れ・にじみ・ふくれなど不具合がないか確認する。

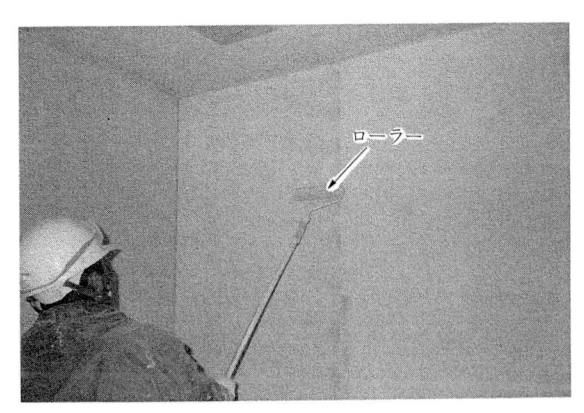

図5-102　上塗り状況

第6章　設備工事

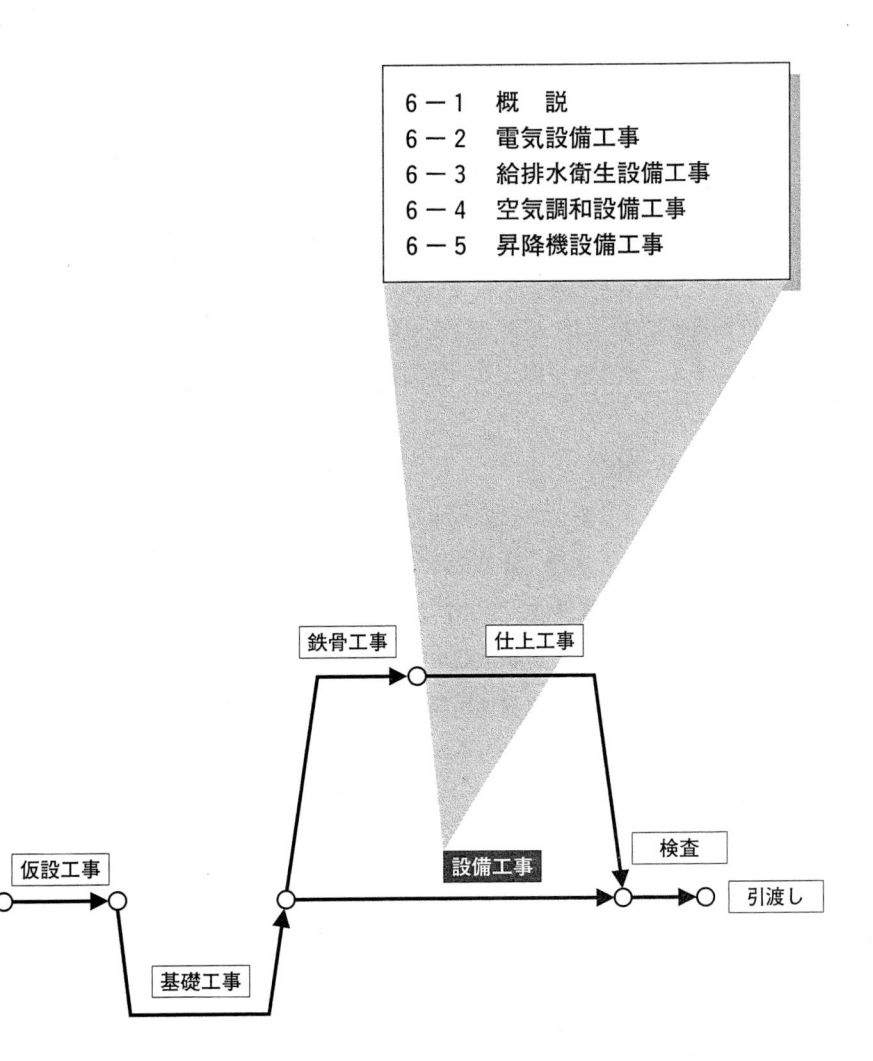

6-1　概　説
6-2　電気設備工事
6-3　給排水衛生設備工事
6-4　空気調和設備工事
6-5　昇降機設備工事

準備工事 → 仮設工事 → 基礎工事 → 鉄骨工事 → 仕上工事 → 検査 → 引渡し

設備工事

6-1 概　　説

1. 設備工事とは

　建築工事のなかで設備工事と呼ばれるおもな業種には，電気設備工事・給排水衛生設備工事・空気調和設備工事・昇降機設備工事等がある。

　部屋を明るくし，テレビを映し，外部と電話・インターネットをつなぎ，水・湯を出し，居室を暖めたり冷やしたり，エレベーターを動かしたり等，建物に生命・機能を与えるのが設備工事である。熱源装置は心臓，配管配線・ダクトは血管であると考えられる。建築を生かすのが設備であり，設備を支えるのが建築である。建築と設備の融合が快適な建物を生み出す。

2. 近年の動向

　近年，建物を計画する場合，省エネルギーと環境への配慮が重要視され，かつ，高機能化が求められている。これらを実現するために設備技術は欠かせなく，その技術は年々向上してきている。最新設備技術には，コンパクト受変電設備，省エネ照明，インターネット，集合インターホン，セキュリティ，氷蓄熱空調，ガス空調等があり，その内容は多岐にわたる。

3. 関係法令

　建物を計画し完成させるまでには，諸官庁との打合せが必要である。計画段階から協議を行い，工事を行った後に検査を受け，許可を得て初めて建物が使用できる。

　関係法令には，「建築基準法」，「消防法」，「省エネルギー法」，各地域の条例等がある。なかでも「建築基準法」に基づく建築確認申請を行いその検査済証を受理すること，所轄消防署に消防設備着工・設置届，防火対象物使用開始届等を提出し検査を受け，その検査済証を受理することが最も重要な業務である。これらを円滑に行うためには，事業主・設計事務所および施工会社の連携が必要である。

　ライフラインに関する協議も重要である。電気は電力会社，電話は電話会社，ガスはガス会社，水は水道局，排水は下水道局等，工事を開始する前から協議を行わないとその後の工事に支障が生じる。

4. 工事の流れ

　工事の主体は建築工事である。建築工事を主として，設備工事各業種と事前に工程の打合せを行い，全体ネットワーク工程表が作成される。その工程に基づき月間工程，週間工程等を作成して建築工事との取合い部分の詳細を協議して工事を進めていく。

　設計図書・契約内容に基づき，関係諸官庁と協議をして必要な申請を行う。また，具体的な施

工図および機器納入仕様書を作成し，設計事務所との密な協議を行い，その承認を受けて工事を進める。設計の意図することや事業主の要求を理解し，維持管理も視野に入れて新たな提案を行い，よりよい建物にしていくことも大切なことである。

5. 建築工事との取合い

建物の構造種別や用途にかかわらず，基礎梁へのスリーブ（貫通孔）用ボイドの取り付けから建築工事との係わりが始まる。建築工事が着工される前に，設備工事に係わる配線や配管などのメイン幹線ルートとサイズを決める必要があり，初期段階での計画が重要となる。特に鉄骨造建物の場合では，事前に梁を貫通する配管やダクトなどの有無を確認し，スリーブが必要な場合には，鉄骨を製作する前にスリーブ図面を作成して，工場にてスリーブを設ける。

設備工事は，建築の各工種との係わりが大きく，鉄骨図・コンクリート図（各種機器基礎を含む）・造作図・タイル割図・天井伏せ図・サッシ図等に基づいて工事計画をたてていかなければならない。

6-2 電気設備工事

1. 概　要

建物に設置される各種機器の大半は電気で動作する。

照明器具・テレビ・インターネット・ガス給湯器・エレベーターなど，多くの機器は電気がないと

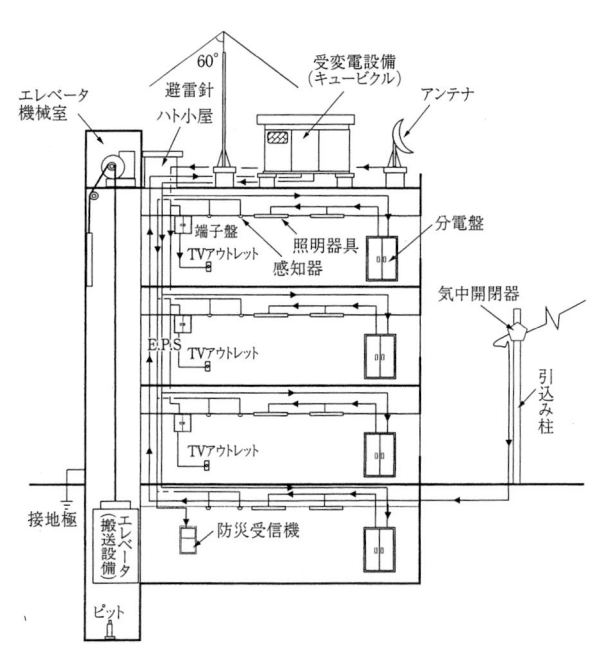

図6-1　電気設備系統図

図6-2　中央監視室の総合盤

図6-3　屋上キュービクル

図6-4　ケーブルラック工事

その性能を発揮しない。図6-1に建物の電気設備系統図を示す。図6-2は実例工事のB建物の中央監視室の総合盤を示しており，建物の設備機器の作動状況を集中的に管理している。

事務所ビルの電気工事には一般的に下記の工種がある。

(1) 引込設備工事

敷地外の電力会社柱から受変電設備までの配管配線（地中もしくは架空）。

(2) 受変電設備工事

電力会社の高圧電力を低圧電力に変電して各階の電灯動力分電盤に電気を送る設備。図6-3は，屋上に設置した受変電設備（キュービクル）を示す。

(3) 発電機設備工事

防災機器の非常用電源設備。

(4) 幹線動力設備工事

受変電設備から電灯動力分電盤への配管配線。幹線の配線は，図6-4に示すケーブルラックを用いて行うことが多い。

(5) 照明コンセント設備工事

各種照明器具・コンセントの設置。

(6) 電話設備工事

電話ケーブル用の配管配線。電話機器等が含まれる場合もある。

(7) テレビ共聴設備工事

屋上にテレビアンテナを設置およびアンテナケーブルの配線を行う。B建物の屋上に設置したテレビアンテナを図6-5に示す。近年CATVを導入する工事が多くなっている。

(8) 放送設備工事

建物内放送設備。

(9) 情報用配管設備工事

建物内LAN用の配管。

(10) 自動火災報知設備工事

「消防法」で必要とされる自動火災報知設備。

(11) 避雷針設備工事

屋上に「建築基準法」に定められた雷害防止のための避雷針装置を設置および地中にアース板を設置。

2. 施工管理

施工管理は下記の手順で進める。

① 契約内容（現場説明事項，変更内容，支給品等）・設計図書・適用仕様書等を確認する。

② 建築工事の総合ネットワーク工程表に基づき，電気工事の工程表を作成する。

③ 上記工程表に基づき，諸官庁検査日，受電日等を設定し，施工図作成予定，機器納入仕様書作成予定，諸官庁申請手続予定を工程表に記載し，定期的にこの工程に対して進捗状況を確認する。

④ 機器搬入計画書を作成し，受変電設備・発電機設備等の搬入時期および搬入ルートなどを建築担当者と取りまとめる。

⑤ 変更内容調書を作成すると同時に設計図書謄本に変更内容を記載して，打合せ事項の漏れを防ぎ，実施工と異なることのないように竣工図を作成する。

図6-5 テレビアンテナ（パラボラ）

図6-6 スラブ配管状況

3. 施　　工

建築工事と電気工事の取合いには下記のような内容がある。

(1) 基礎梁

電力引込み配管・電話引込み配管，および建物から外灯に至る配管のルートにより，基礎梁にスリーブを設置する。

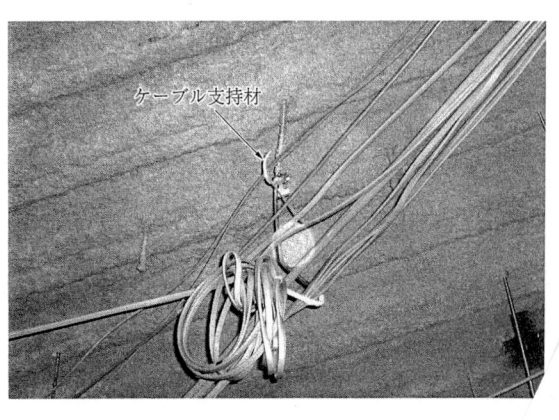

図6-7 ケーブル工事

図6-8　防火区画貫通処理

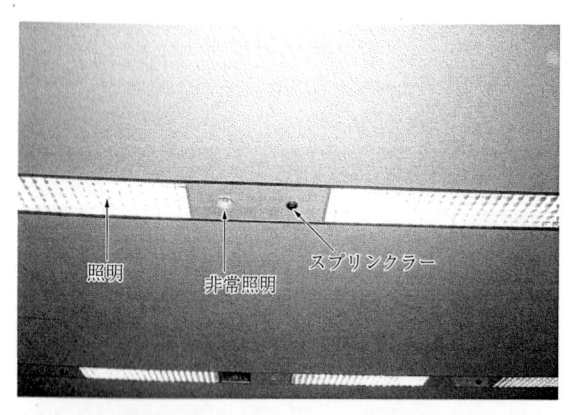

図6-9　システム天井照明器具

図6-10　システム天井裏

(2) 鉄骨梁

梁底から天井仕上がりまでの寸法が小さい場合は，配管や電線ケーブルを通すために鉄骨梁に貫通孔が必要となる。事前に鉄骨図面にスリーブ位置を記入し，鉄骨製作時にスリーブを設け，補強する。

(3) スラブ配管工事

図6-6に示すようにスラブ内を配管する場合は，コンクリートのかぶり厚さを確保するために規定のスペーサーを使用する。配管相互の離隔距離を確保し，配管は2mごとに鉄筋に固定し，さらにボックス付近は密に固定する。

(4) 天井内ケーブル支持

天井内を配線するケーブルに関しては，ころがし配線で問題はないが機器の近くは固定する。強電ケーブルと弱電ケーブルおよび他の配管とは離隔距離をとる。図6-7はスラブ下のケーブル支持材および配線を示す。

(5) 防火区画貫通

建物は耐火構造の上下居室間の床や共用部と居室間の壁などによって火災の拡大を防ぐために一定面積ごとに防火区画されている。この区画を電線ケーブルが貫通する場合は，図6-8に示すように延焼を防止するために法的に認可された防火区画処理を行う。

(6) 照明器具の取付け

天井伏せ図に基づいて，床コンクリート中に照明器具支持用のインサートを埋め込む。照明器具は構造体より吊りボルトにて支持する（用途ごとにインサートの色分けをする）。

実例工事のB建物の天井に取り付けた機器を図6-9，およびその天井内を図6-10に示す。

(7) 受変電設備基礎

図6-3（P.192）に示すように通常は屋上にキュービクルを設置する。荷重計算にて基づいて基礎の位置，形状を決める。基礎の立上がり部分の防水処理（建築工事）が重要となる。

4. 中間検査

施工が正しく行われているか，工事の中間段階で検査を行う。

諸官庁申請手続状況，機器納入仕様書・施工図の提出および承認状況，現場施工の良否，工事写真等を確認し，施工全般の是非判断を行う。

5. 竣工検査，引渡し

工事完了後は，すべての機器や設備システムに関して機能試験を行い，諸官庁・設計事務所・事業主の検査を受け，指摘事項を是正した後に引渡しを行う。後日の維持管理のために，下記の内容を整理して引き渡す。

① 竣工図
② 竣工図書
　・検査済証・保証書，諸官庁への提出書類副本
　・機器完成図・各種試験成績書
　・取扱い説明書・緊急時連絡先一覧表等

6-3 給排水衛生設備工事

1. 概要

日常生活の中で欠かせない最も重要なものに水がある。人間が生きるために必要不可欠な飲み水だけでなく，火災時には消火に使われ，洗面・入浴・トイレ・散水・空調用等多岐にわたって

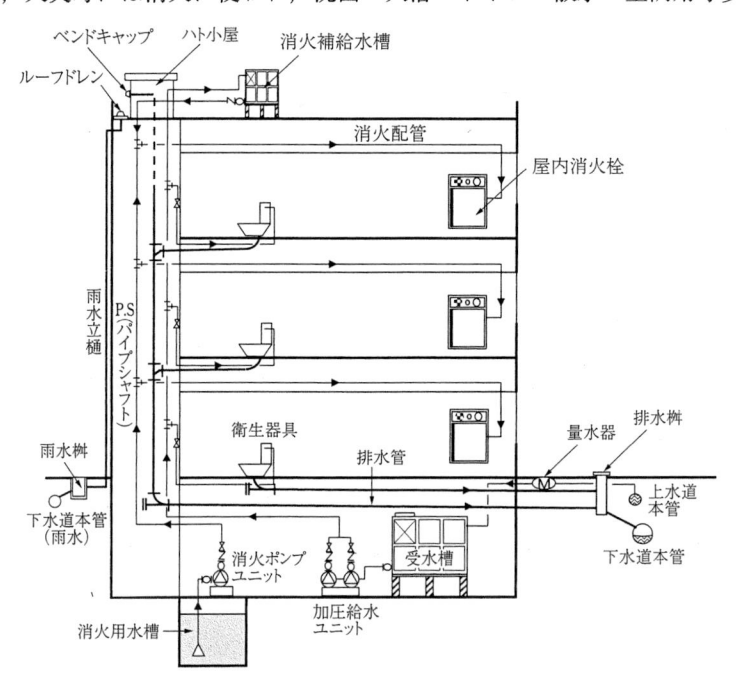

図6-11 給排水衛生設備系統図

図6-12　受水槽設置位置

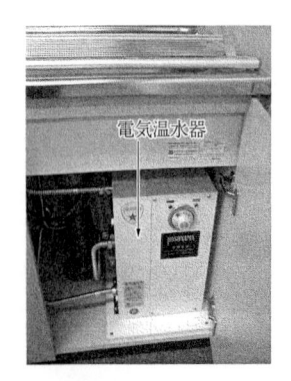

図6-13　給湯設備（電気温水器）設置状況

図6-14　消火ポンプ

活用されている。それらの水・湯を衛生的に搬送し，また使用し終わったものを排除する設備が給排水衛生設備工事である。

図6-11に給排水衛生設備の系統図を示す。事務所ビルの給排水衛生設備工事には下記の工種がある。

(1) **給水設備工事**

敷地外に埋設されている公共の給水本管より分岐し，図6-12に示すような受水槽に一旦貯留してから加圧給水ポンプによって末端器具まで送水する。

(2) **排水設備工事**

使用後の汚水・雑排水，自然の雨水を重力で配管内を流下させ，敷地外の公共下水道本管に放流する。大規模なビルでは，雨水を一旦貯水，ろ過し，中水[1]としてトイレの洗浄水などに利用する場合もある。

(3) **給湯設備工事**

小規模な場合は図6-13に示すように必要な箇所に電気温水器もしくは，ガス給湯器を設置し，湯を供給する。大規模の施設では，ボイラー等で湯を沸かして貯湯タンクに貯め，ポンプによって必要な場所へ供給する。

(4) **衛生器具設備工事**

便所・洗面・厨房・浴室などで使用する機器および，それらに付随する器具の設置。近年これら水廻りにプレハブユニット化した衛生器具の導入が多くなってきている。

(5) **ガス設備工事**

敷地外のガス会社本管より分岐し，所定の箇所や器具にガスを供給する。ガス機器のみでなく空調用・発電用のエネルギーとして供給され

---

1) 中水：排水を再利用する目的で処理された水である。再生水ともいう。

ることも多くなってきている。

(6) 消火設備工事

「消防法」により設置する防災設備（建物規模により内容は異なる）で，一般的に屋内消火栓設備・スプリンクラー設備・連結送水管設備等がある。図6－14は比較的規模の大きい建物で消火用の水を送る消火ポンプを示している。図6－15は建物内の共用部に設置されている消火栓ボックスを示し，図6－16はスプリンクラーの天井内配管を示している。

2．施　工

建築工事と給排水衛生工事の取合いには以下のような内容がある。

(1) 基礎梁

敷地外の給水本管・ガス本管から分岐し，建物内に至る配管および建物から外部の排水ますに至る配管ルートにより基礎梁にスリーブを設置する。この時配管ルートの勾配に留意しなければならない。建物の地下壁を貫通して，配管が外部（地中）へ出る時は，図6－17に示すような実管スリーブを入れるなどして，管周りの止水に注意しなければならない。

(2) 鉄骨梁

図6－18に示すように天井裏に配管を通すために，鉄骨梁に貫通スリーブが必要となる。とくに排水管は勾配の関係により最優先でルート確保が必要となる。

(3) スラブ

上下階に配管を通すために床の貫通スリーブが必要であり，スリーブをコンクリート打設前に敷設し，開口部の補強を行う。図6－19では防水層があるため実管のスリーブを床に打ち込んでいる。また，配管・機器などを吊るために

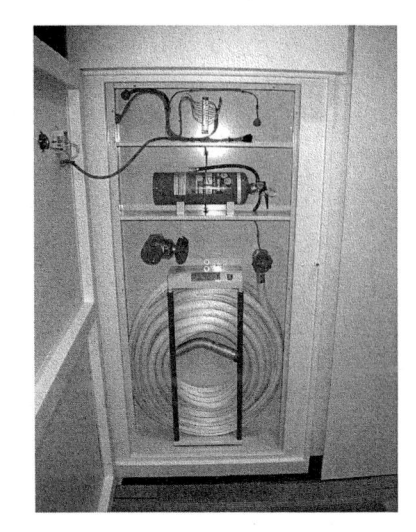

図6－15　消火栓ボックス

図6－16　天井内スプリンクラー配管

図6－17　地下壁実管スリーブ取付け状況

図6-18 鉄骨梁貫通スリーブ

図6-19 床防水前の貫通処理

図6-20 厨房配管状況

スラブ下面にインサートを敷設しておく必要がある。

(4) 天井内・床下配管

排水管は自然勾配（1/100程度）で流下させるために最優先でルートを決定する。図6-20は厨房配管状況を示している。その他の配管も空気だまりが生じないように，勾配およびルートを検討する。天井内の配管はスラブに打ち込んだインサートにボルトを取り付け，所定の間隔で吊り支持を行う。また，必要に応じて振止めを設置する。

(5) パイプシャフト

各階の設備機器に電気や水を送る配線・配管は，パイプシャフト（P.S）内に系統ごとに集中させて設置している。図6-21は実例工事のB建物のパイプシャフト内の給水管・排水管などの設置状況を示している。

(6) 衛生器具の取付け

タイルの割付図に基づいて壁・床の所定位置に敷設した配管に器具の取付けを行う。中間階のトイレ・厨房等の水周りは床の防水処理が重要となるが，最近では乾式工法で施工して防水をしないことが多くなっている。また，工程およびメンテナンス性を考慮して図6-22に示すようなユニット式のトイレの採用が増えてきている。図6-23に便所廻りの施工図の一例を示す。

図6-21　パイプシャフト内配管

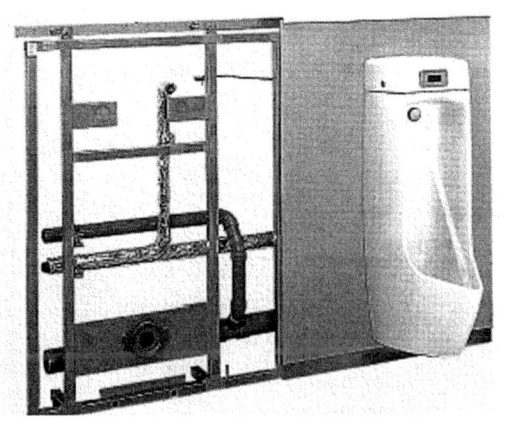

図6-22　ユニット式トイレ

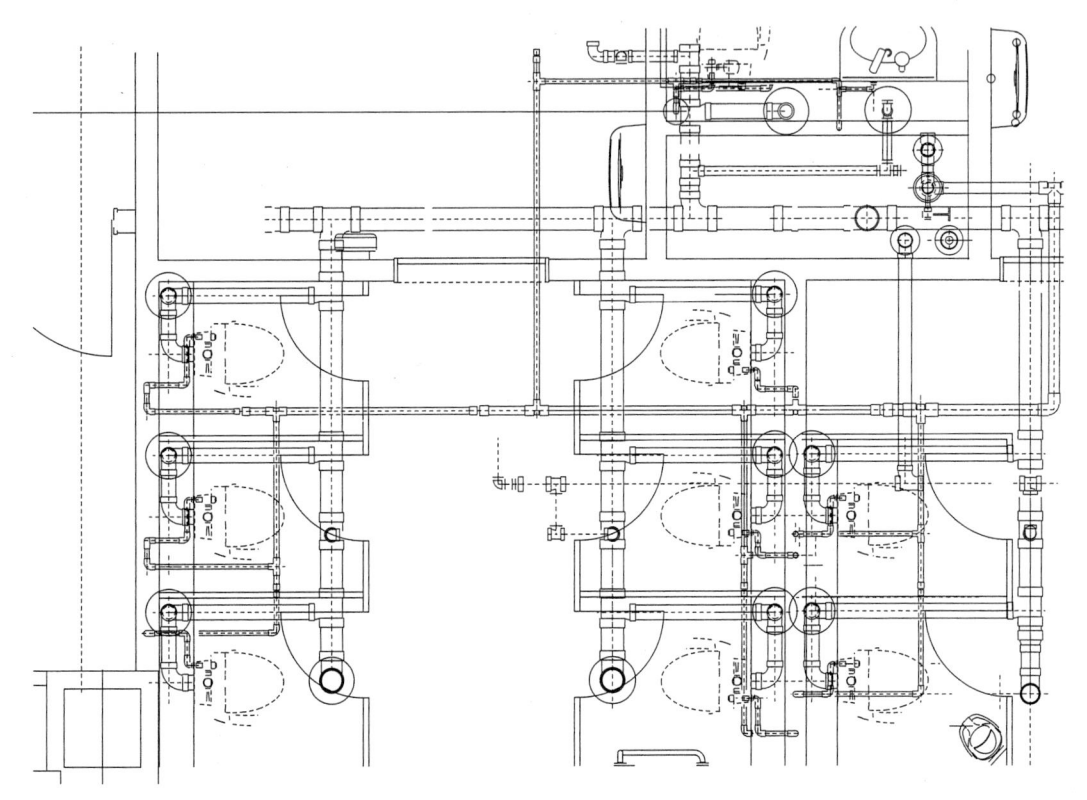

図6-23　便所廻りの施工図

3. 中間検査

施工管理について問題がないか工事の中間段階で検査を行う。そのおもな内容は下記の通りである。

諸官庁関係の申請手続状況，機器納入仕様書・施工図の提出および承認状況，現場施工の良否，工事写真等を確認し，施工全般の是非判断を行う。また，図6-24および図6-25に示すよう

図6-24 水圧テスト状況

図6-25 冷媒配管漏洩テスト

に配管の保温・断熱を行う前に施工された配管に漏洩がないか規定の圧力で検査を行う（水圧・通水・満水試験）。特に隠蔽部分（天井・壁内）については防火区画の貫通処理，配管の支持・振止め状況，保温断熱状況などの確認が重要である。

4．竣 工 検 査

工事完了後のシステム機能試験では実際に水を使用する状況に照らしあわせて水量の調整を行い，漏水がないかなど再度確認を行う。さらに，給水については飲料水に適合しているか，末端の水栓にて水質検査を実施し確認を行う。

6-4 空気調和設備工事

1．概　　要

建物内空気の温度・湿度・気流・汚染度の変化を各種機器により適切な範囲にコントロールし，快適な空間を提供する。

図6-26に空気調和設備の系統図を示す。事務所ビルの空気調和設備工事には下記の工種がある。

(1) 熱源機器設備工事

図6-27に示すような空気を冷やしたり，温めたりするための熱源機器（冷凍機・ボイラーなど）を集中して設置する中央式と，必要な部分ごとに設置する個別式がある。一般に個別式

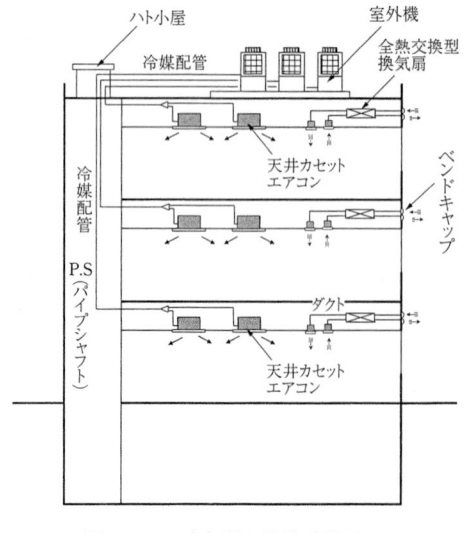

図6-26 空気調和設備系統図

空調にすることが多くなってきている。個別式は屋上に系統ごとに、電気式あるいはガス式の空冷ヒートポンプマルチ室外機を設置し、室内には天井カセット型エアコンを配置する。

(2) 配管設備工事

熱源機器でつくられた冷水・温水・冷媒を図6-28に示すようなポンプで搬送する。また、凝縮水などは管を通じて建物の外に排水する。

(3) ダクト設備工事

主として亜鉛鉄板で製作された円形や矩形の断面をもつ流路を設け、熱処理された空気を搬送する。

(4) 換気設備工事

換気装置を用いて、室内の汚れた空気を外部の新鮮空気と入れ替える。

(5) 自動制御設備工事

各部屋の温度・湿度・汚染度を検知しそれらの情報を電気的に各種機器に伝達し、所要の状態にあわせた制御を行う。

(6) 排煙設備工事

「建築基準法」・「消防法」に基づいて排煙設備を設置する。火災時に安全に避難できるように発生する煙をファンにより強制的に排出する設備で非常電源（発電機）が必要となる。

図6-27 中央方式機械室

図6-28 搬送ポンプ

2. 施　工

建築工事と空調工事の取合いには下記のような内容がある。

(1) 基礎梁

空調用ドレン配管など建物から排水ますに至る配管ルートにより、基礎梁にスリーブを設置する。

(2) 鉄骨梁

梁底から天井仕上がりまでの寸法が小さい場

図6-29 天井内の配管・ダクト

合は，配管を通すために鉄骨梁にスリーブが必要となる。特にドレン管は勾配の関係により最優先でルートの確保が必要となる。また，梁の大きさにより貫通可能なスリーブサイズが決まるため，断面の大きいダクトでは梁を貫通できないのでルートの検討が重要となってくる。

また，室外機・ファン等の重量のあるものについては，配置場所により梁サイズの変更や梁補強の打合せが必要となる。

図6-30 室外機設置状況

(3) 天井内・床下配管

施工は給排水設備工事に準じるが，ダクトなどは大断面であり，梁貫通ができないことが多く，天井内の必要寸法と天井高さの取合いが重要となる。図6-29に天井内の配管・ダクトの設置状況を示す。納まりによっては階高さにまで影響を及ぼすため，早期の打合せが必要である。

(4) 機器・器具の取付

天井伏せ図に基づき天井カセット型室内機・排煙口・換気口を天井に設置する。スラブよりインサートで直接吊り支持を行うため，スラブコンクリート打設前に位置決めが必要となる。

(5) 室外機基礎

室外機は一般的に屋上部分に系統ごとに設置する。将来的なメンテナンススペースおよび機器の性能を発揮するための必要なあき寸法を確保して，基礎の配置および形状を決める。機械用基礎が集中することがあり，防水工事は狭小な場所での施工になるため入念に行う必要がある。図6-30は屋上で基礎の上に設置した室外機を示す。

6-5　昇降機設備工事

1. 概　要

昇降機設備にはエレベーター・エスカレーター・ダムウェーター等がある。エレベーターは建物の収容人数により輸送計算を行って，定員数，速度を決定する。近年は機械室を設けないことが主流になっており，地震時管制運転装置・停電時自動着床装置・火災管制運転装置に加え，障害者配慮とセキュリティの観点から，車いすから操作できるボタンや監視カメラなどを設置するケースが多い。また，集合住宅ではかご内にペットがいることを示す表示ボタンを設置するケースが増えてきている。

図6-31　昇降路内メインレール　　　　図6-32　昇降路ピット内

2. 施　　工

　三方枠・乗場扉・インジケータ（表示板）・かご内の仕様を決定すれば，施工は専門メーカーによる責任施工となる。

　シャフトの大きさ，ピットの深さ，レール設置用部材，三方枠とインジケータ取付け用の壁開口，雨進入の危険性有無等，建築との調整が必要である。図6-31はエレベーター昇降路内に設置されたレールを示し，図6-32はエレベーターピット内を示している。躯体工事中，シャフト内仮床工事の架設時と解体時には安全面に十分注意することが必要である。また，壁開口の進入防止手すりなどの安全対策も重要となる。

　エレベーター工事を早く完成させ，工事用に仮使用することが多い。この場合は，エレベーター本体にきずがつかないように養生し，竣工時には再調整が必要である。

3. 確 認 申 請

　建築確認申請書とは別に，昇降機設備として確認申請書の手続きが必要であり，事業主名で申請し，建物竣工までに検査を受けて合格しなければならない。

第7章　完成検査・引渡し・維持保全

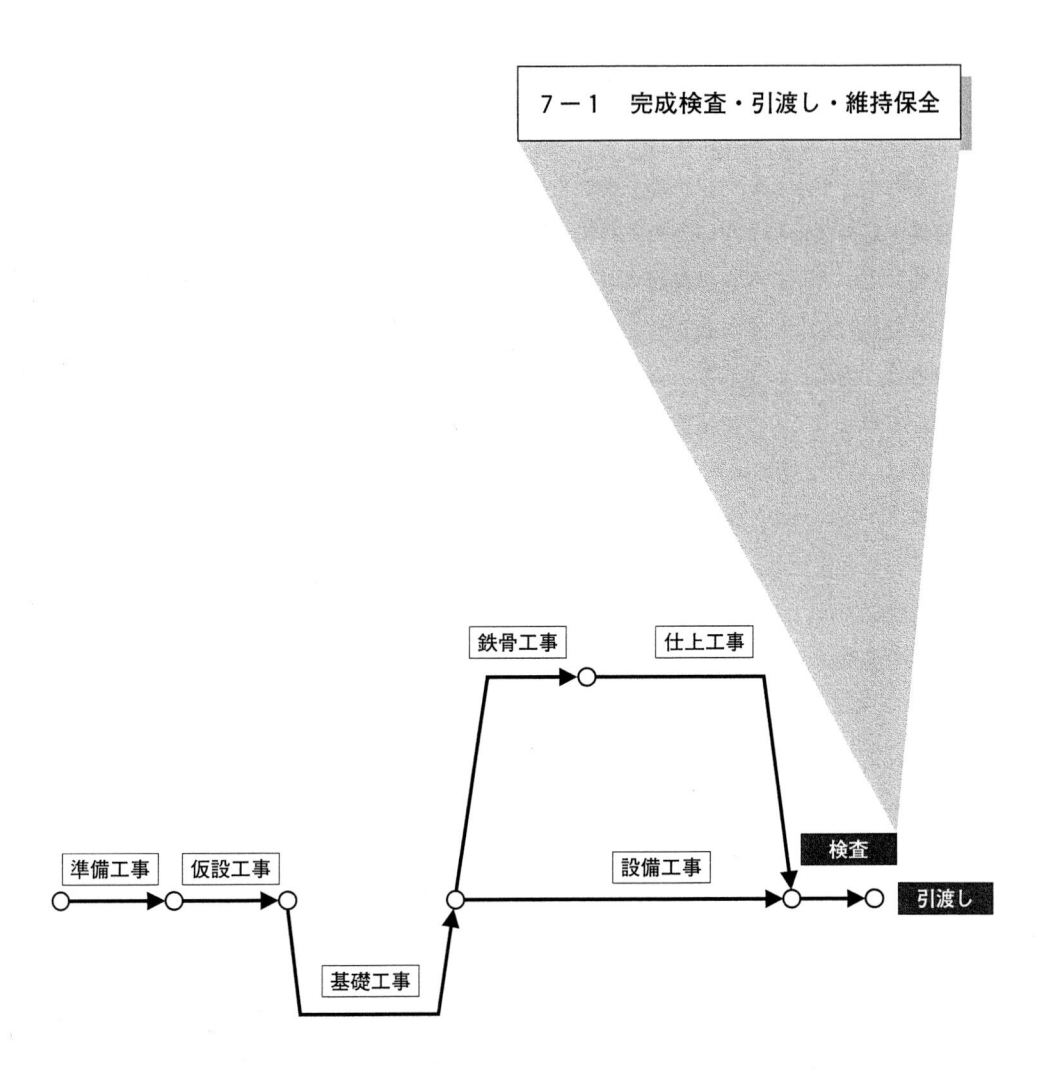

7－1　完成検査・引渡し・維持保全

準備工事 → 仮設工事 → 基礎工事 → 鉄骨工事 → 仕上工事 → 検査 → 引渡し

設備工事

7-1 完成検査・引渡し・維持保全

1. 概説

建物全体の工事が完成し，作業員の出入りが少なくなると，建物の内外の清掃を行う。特に建具・ガラス・床などの最終クリーニングは入念に行う。この後，工事の完成検査が行われる。

各検査で指摘された項目を，すみやかに是正した後に，発注者に建物が引き渡される。

2. 完成検査

建物の完成検査には，施工者が自主的に行う社内検査，設計事務所または監理者が行う検査，官公庁が行う検査および発注者が行う検査がある。それぞれの検査を行うなかで指摘された是正項目は，そのつど手直しして，再度，検査を受ける。なかでも，設備工事は，機器の機能的な欠陥まで発見するのは容易でないため，目視検査だけでなく，実際に試運転を行って，要求される機能を満足しているかどうかを確認する。

官公庁が行うおもな検査を表7-1に示す。

受電検査は，受検日が遅れると本受電が遅くなり，電気が必要な諸設備の調整が遅れて，完成検査に間にあわなくなるので注意する。

消防検査は，防火・防煙区画，避難設備，スプリンクラー，消火栓，自動火災報知器，誘導灯など検査項目が多いため，多数の検査人員を要する。また，消防設備に関する事前の検査データを用意しておく必要がある。

建築確認検査では，工事完了届けを事前に提出するとともに，工事完了報告書や構造関係監理報告書などの各種報告書の提出が義務付けられている場合がある。

表7-1 官公庁のおもな検査

工事種別	おもな申請・設置届	検査者	検査のポイント
建築工事	建築物確認申請書	建築主事	・確認書どおりに施工してあること
	防火対象物使用開始届	消防署	・設置届と施工が相違ないこと
	避難器具設置届	〃	・中間検査の指摘内容が是正されていること
	消火器設置届	〃	・清掃，クリーニングまで完了していること
設備工事	受変電設備設置届（500kW以上）	通産省	・建物の概要書を作成しておくこと ・受変電設備（500kW以上）は電気主任技術者が立ち会うこと
	〃　（〃　以下）	消防署	・設置届書と施工が相違ないこと
	消化設備設置届 （屋内消火栓・スプリンクラー・炭酸ガス等）	〃	・設備概要書を作成しておくこと ・中間検査の指摘内容が是正されていること
	防災設備設置届 （熱，煙感知器・非常用照明等）	〃	・設備機器の試験が完了していること ・各専門業者が必ず立ち会うこと
昇降機工事	エレベーター確認申請書	建築主事	・確認書どおりに施工してあること
	エスカレーター確認申請書	〃	・メーカーの施工責任者が必ず立ち会うこと

検査は，工事完了後の完成検査だけではなく，特に天井裏や躯体など隠蔽される箇所では施工途中の中間検査が必要であり，そのつど，指摘項目を是正しておかなければならない。

3．引　渡　し

建築確認検査に合格すると，検査済証が発行される。最終の発注者検査を経て，当該建物が施工者から発注者に引き渡される。

建物の引渡しの手続は，契約書や設計図書に記載された内容に基づいて行われる。必要な書類を作成し，発注者・監理者・施工者で各々その書類を保管する。引渡しでは，これら書類や鍵などの備品の引渡しのほかに，設備機器の取扱い説明が行われる。以下に引渡しのときに提出する書類の一例を示す。

なお，竣工後に改修や何らかの問題で機器や材料を取り替える必要が生じることが予想されるため，使用機器および材料（商品名）を竣工図などに明記しておくことが望ましい。

表7－2　引渡し書類の一例

引渡し証書類	諸官庁検査済証類	諸官庁許認可書	メンテナンス関係書類	その他
工事完了届 工事監理報告書 工事引渡し書 鍵引渡し書 その他(敷地境界記録，保証書など)	建築物検査済証 昇降機検査済証 電気工作物使用前検査合格書 消防用設備	確認通知書副本(建築物) 確認通知書副本(昇降機) 消防用設備着工(設備)届	建物の保全としおり 主たる協力会社 緊急連絡先表 協力会社一覧表 主要資材メーカー一覧表 仕上げ一覧表	竣工写真 工事竣工図 主要設備機器完成図 建築・設備関係取扱い説明書

4．維 持 保 全

発注者に引き渡された建物は，その後，長い年月にわたって使用される。竣工当初の機能・性能を維持するためには使用者と工事関係者の協力のもと，適切な維持管理が必要である。表7－3に法令で定められている定期点検を示す。これら以外に建物全般にわたる定期点検を行い，長期修繕計画に基づいて適切に保全することが建物の長寿命化につながる。

表7-3 法令で定められた定期点検の一例

対象	内容	関連法令等	頻度
建物の敷地，構造等	一般事項，敷地，構造，防火，避難，衛生関係	建築基準法第12条第1項	3年毎に1回
建築設備全般	非常用照明装置，排煙設備，換気設備，給排水設備等の点検	建築基準法第12条第1項	毎年1回
給水設備	水道施設の検査	水道法代19条および第34条の2第2項	1年以内に1回
	貯水槽の清掃※	水道法第19条および第34条の2第1項	1年以内に1回
排水設備	浄化槽の水質検査	浄化槽法第11条	毎年1回
昇降機	昇降機の維持，運行の管理	建築基準法第12条第2項	毎年1回
消防用設備	機能点検	消防法第17条の3の3	6ヶ月に1回
	総合点検		毎年1回
自家用電気工作物	日常点検	電気事業法第74条2項および4項	毎月1回
	定期点検		毎年1回
	精密点検		3年に1回
ガス消費機器の調査	ガス会社が実施	ガス事業法第40条の2	毎年1回
電気工作物の調査	電力会社が実施	電気事業法第52条	2年に1回

付　録

付録1　鋼材の名称および種類
付録2　鉄骨製作要領書のポイント
付録3　代表的な溶接内部欠陥
付録4　通しダイヤフラムタイプの鉄骨柱の加工順序
付録5　鉄骨精度検査基準（JASS 6抜粋）
　　　（1）製品
　　　（2）工事現場
付録6　耐火性能時間
付録7　内装制限に関する基準

付録1　鋼材の名称および種類

規　格	名　称　お　よ　び　種　類
JIS G 3101	一般構造用圧延鋼材 SS400・SS490・SS540
JIS G 3106	溶接構造用圧延鋼材 SM400A・SM400B・SM400C SM490A・SM490B・SM490C SM490YA・SM490YB SM520B・SM520C
JIS G 3114	溶接構造用耐候性熱間圧延鋼材 SMA400AW・SMA400BW・SMA400CW SMA490AW・SMA490BW・SMA490CW SMA400AP・SMA400BP・SMA400CP SMA490AP・SMA490BP・SMA490CP
JIS G 3350	一般構造用軽量形鋼 SSC400
JIS G 3353	一般構造用溶接軽量H形鋼 SWH400・SWH400L
JIS G 3444	一般構造用炭素鋼鋼管 STK400・STK490
JIS G 3466	一般構造用角形鋼管 STKR400・STKR490
JIS G 5201	溶接構造用遠心力鋳鋼管 SCW490-CF
JIS G 3136	建築構造用圧延鋼材 SN400A・SN400B・SN400C SN490B・SN490C
JIS G 3475	建築構造用炭素鋼鋼管 STKN400W・STKN400B・STKN490B
JIS G 3138	建築構造用圧延棒鋼

　各種鋼材は記号で表示されるが，その記号中の数字は，鋼材の引張強度を表している。
　例）SS400の400は400N/mm^2（4.0kgf×9.80665m/g^2）

付録2　鉄骨製作要領書のポイント

項　目	記　載　内　容
① 総　　則	1) 要領書の適用範囲 2) 準拠する仕様書，規準，図面 3) 疑義および変更の生じた場合の処置
② 一 般 事 項	1) 製作概要（工事名称，構造，概要，数量，着工日，竣工予定日，現場納入日，納地，経路，工事範囲） 2) 会社構成，作業分担，作業系統 3) 工程に応じた作業系統
③ 機 械 設 備	1) 工事に使用する主要な機械名称 2) 特殊治具 3) クレーンの種類・容量
④ 材　　料	1) 使用する材料の規格（鋼材，ボルト，溶接棒） 2) 鋼種の識別法（色分けなど） 3) 試験，検査の種類
⑤ 工　　作	1) 標準仕様書各項による特記事項 　　　　　　　　承認あるいは許可事項について特記 2) 工作図，テープ合わせ，原寸型板，材料切断，穴あけ，ガス加工，曲げ加工，組立，溶接，ひずみ矯正，摩擦面の処理および部材寸法精度標準
⑥ 組 立 作 業	1) 組立，仕口の組立，溶接柱シャフトの組立，柱の大組立，溶接
⑦ 溶 接 作 業	1) 溶接工 2) 溶接棒使用条件，溶接棒の取扱い 3) 溶接前の清掃 4) 手溶接作業，予熱自動溶接作業 5) 溶接開先規準および溶接不良箇所の補正
⑧ 検査および試　　験	1) 試験……溶接技量検定試験，高力ボルト試験，すべり試験 2) 検査……材料検査，現寸検査，加工検査，開先および仮組検査，溶接検査，製品検査，社内検査基準
⑨ 発　　送	1) 符号記入，発送および明細

付録3　代表的な溶接内部欠陥

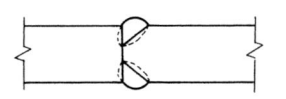

K形開先のルートフェースが残っている内部溶込み不良

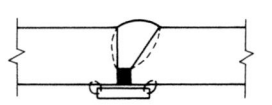

V形開先のルートフェースが残っているルート溶込み不良

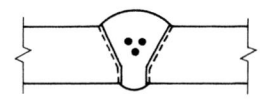

ブローホール

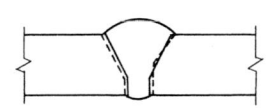

V形開先の開先面にできた融合不良

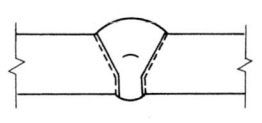

ビードとビードの間にできた融合不良

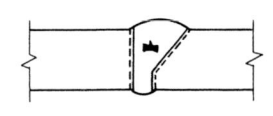

スラグ巻込み

212 付録

付録 4 通しダイアフラムタイプの鉄骨柱の加工順序

部位	切断	加工		パネルゾーンとブラケットの接合	柱本溶接
ブラケット	上フランジ / ウェブ（ビルトアップ）／ 下フランジ／（ロールH） 切断	孔あけ・折曲げ・孔あけ	開先加工・スカラップ加工・開先加工／孔あけ・開先加工・スカラップ加工	A組立本溶接 B仮取付け／A組立本溶接（裏当て金取付け）／（裏当て金取付け）	接合部ブロック組立本溶接 → 柱組立本溶接
パネルゾーン	切断	開先加工（裏あて金取付）		ダイアフラム切断／A組立本溶接 B仮取付け	
柱	切断	柱脚加工・開先加工（裏あて金取付）			

付録5　鉄骨精度検査基準（JASS6抜粋）

（1）製品

名称	図	管理許容差	限界許容差	測定器具	測定方法
(1) 梁の長さ ΔL		$-3mm \leq \Delta L \leq +3mm$	$-5mm \leq \Delta L \leq +5mm$	JIS 1級鋼製巻尺 金属製角度 直尺 直角定規 孔心間測定用治具	1) 長さが10m以上のものの測定は原則として5kgfの張力をかけて行う。10m未満のものは手引きでよい。 2) 測定位置は原則としてフランジまたはウェブ部材両端第1孔心間とする。
(2) 柱の長さ ΔL		$L<10m$ $\quad -3mm \leq \Delta L \leq +3mm$ $L \geq 10m$ $\quad -4mm \leq \Delta L \leq +4mm$	$L<10m$ $\quad -5mm \leq \Delta L \leq +5mm$ $L \geq 10m$ $\quad -6mm \leq \Delta L \leq +6mm$	JIS 1級鋼製巻尺 金属製角度 直尺 直角定規 孔心間測定用治具	1) 長さが10m以上のものの測定は原則として5kgfの張力をかけて行う。10m未満のものは手引きでよい。 2) 測定位置は任意の1面とし、鋼製巻尺を柱のフランジに沿わせ、ボルト接合の場合は第1孔心間、溶接接合の場合は両端面間とする。なお、第1節の柱脚側はベース下面とする。 3) 高力ボルト接合でもメタルタッチの柱は、柱頭柱脚部の両端面間とする。
(3) 階高 ΔL		$-3mm \leq \Delta L \leq +3mm$	$-5mm \leq \Delta L \leq +5mm$	JIS 1級鋼製巻尺 金属製角度 直尺 直角定規 孔心間測定用治具	1) 測定位置は仕口が取り付いているすべての面について行う。 2) 柱脚から最初の仕口までの階高は、ベースプレートの下面、柱脚部孔心（高力ボルト接合）または柱脚部端面（溶接接合）から仕口元端の上フランジ上面間とする。 3) 一般の階高は、仕口上フランジ上面間とする。 4) 最上部の仕口から柱頭までの階高は、仕口元端の上フランジ上面から、ボルト接合の場合は柱頭第1孔心まで、溶接接合の場合は材端までとする。
(4) 梁の曲がり e		$e \leq \dfrac{L}{1\,000}$ かつ $e \leq 10mm$	$e \leq \dfrac{1.5L}{1\,000}$ かつ $e \leq 15mm$	ピアノ線または水糸 レベル コンベックスルール 金属製直尺	1) 目視でも判別できるが、測定する場合は梁せい、梁幅の2方向について行う。 2) 梁せい方向の曲がりは、部材を横に寝かせてフランジ端面にピアノ線または水糸をある寸法だけ隔てて張り、部材中央部を金属製直尺などで測定する。梁幅方向は部材を立てて同じ方法で測定する。
(5) 柱の曲がり e		$e \leq \dfrac{L}{1\,500}$ かつ $e \leq 5mm$	$e \leq \dfrac{L}{1\,000}$ かつ $e \leq 8mm$	ピアノ線または水糸 レベル 金属製直尺 コンベックスルール	1) 測定はX, Y軸の2面について行う。 2) 柱頭・柱脚のフランジ面からある距離を隔ててピアノ線または水糸を張り、柱中央部を金属製直尺で測定する。 3) 柱頭と柱脚を基準点とし、柱中央部をレベルで測定する。
(6) 仕口部の角度 e		$e_1, e_2 \leq \dfrac{L}{300}$ かつ $e_1, e_2 \leq 3mm$ $e_3 \leq 4mm$	$e_1, e_2 \leq \dfrac{L}{200}$ かつ $e_1, e_2 \leq 5mm$ $e_3 \leq 6mm$	直角定規 すきまゲージ ピアノ線または水糸 金属製角度 直尺 コンベックスルール	柱フランジ表面に直角定規を当て、仕口元端の溶接ビードを避けて固定し、図のaおよびbをすきまゲージで測定する。 $e_1 = \|a-b\|$
(7) 仕口部の長さ ΔL		$-3mm \leq \Delta L \leq +3mm$	$-5mm \leq \Delta L \leq +5mm$	コンベックスルール 金属製直尺 治具 孔心間測定用治具	金属製直尺をウェブ面に当て、仕口先端の第1孔心までの寸法を測定する。

（2）工事現場

名　称	図	管理許容差	限界許容差	測定器具	測定方法
(1) 建物の倒れ e		$e \leq \dfrac{H}{4\,000} + 7\text{mm}$ かつ $e \leq 30\text{mm}$	$e \leq \dfrac{H}{2\,500} + 10\text{mm}$ かつ $e \leq 50\text{mm}$	—	柱の各節の倒れより算出する。
(2) 建物のわん曲 e		$e \leq \dfrac{L}{4\,000}$ かつ $e \leq 20\text{mm}$	$e \leq \dfrac{L}{2\,500}$ かつ $e \leq 25\text{mm}$	ピアノ線 鋼製巻尺 金属製直尺	四隅の柱など、あらかじめ決められた基準柱との出入りを測定して、その値より算出する。
(3) 通り心とアンカーボルトの位置のずれ e (A種)		$-3\text{mm} \leq e \leq +3\text{mm}$	$-5\text{mm} \leq e \leq +5\text{mm}$	ベースプレート型板（テンプレート） コンベックスルール	アンカーボルト径＋2mmの孔をあけたベースプレート型板をつくり、通り心地墨とベースプレート型板通り心のけがきと合わせて、孔にアンカーボルトが入るよう調整する。
(3) 通り心とアンカーボルトの位置のずれ e (B種)		$-5\text{mm} \leq e \leq +5\text{mm}$	$-8\text{mm} \leq e \leq +8\text{mm}$		
(4) 柱すえ付け面の高さ ΔH		$-3\text{mm} \leq \Delta H \leq +3\text{mm}$	$-5\text{mm} \leq \Delta H \leq +5\text{mm}$	レベル レーザーレベル スタッフ（ばか棒）	レベルを使用して、各柱ごとに4か所以上測定する。
(5) 工事現場継手階の階高 ΔH		$-5\text{mm} \leq \Delta H \leq +5\text{mm}$	$-8\text{mm} \leq \Delta H \leq +8\text{mm}$	レベル 鋼製巻尺 ばねばかり	レベルで柱に基準点を取り、AとBの寸法を鋼製巻尺で測定する。
(6) 梁の水平度 e		$e \leq \dfrac{L}{1\,000} + 3\text{mm}$ かつ $e \leq 10\text{mm}$	$e \leq \dfrac{L}{700} + 5\text{mm}$ かつ $e \leq 15\text{mm}$	レベル 鋼製巻尺 スタッフ（ばか棒）	レベルでAとBの梁の高さを測定する。$e = B - A$
(7) 柱の倒れ e		$e \leq \dfrac{H}{1\,000}$ かつ $e \leq 10\text{mm}$	$e \leq \dfrac{H}{700}$ かつ $e \leq 15\text{mm}$	鉛直トランシット ターゲット レーザー鉛直器 光学鉛直器 鋼製巻尺 金属製直尺	方法A（下げ振り法）

付録6　耐火性能時間

A．耐火性能時間（建築基準法施行令第107条第1号表）

建築物の階 （地階も算入する）				最上階から数えて4以内の階	最上階から数えて5～14以内の階	最上階から数えて15以上の階
壁	間仕切壁			1時間	2時間	2時間
	外壁	耐力壁		1時間	2時間	2時間
		非耐力壁	延焼のおそれのある部分	1時間	1時間	1時間
			延焼のおそれのある部分以外の部分	30分	30分	30分
柱				1時間	2時間	3時間
床				1時間	2時間	2時間
梁				1時間	2時間	3時間
屋根				30分	30分	30分

```
                PH₂
                PH₁
                20 F  ┐
                19 F  │ 最上階から
                18 F  │ 数えて4以
                17 F  │ 内の階
                16 F  ┘
                15 F  ┐
                14 F  │
                13 F  │
                12 F  │ 最上階から
                11 F  │ 数えて5～
                10 F  │ 14以内の階
                 9 F  │
                 8 F  │
                 7 F  ┘
                 6 F  ┐
                 5 F  │
                 4 F  │ 最上階から
                 3 F  │ 数えて15以
                 2 F  │ 上の階
地盤面           1 F  │
                B1 F  │
                B2 F  ┘
```

B．ロックウールの耐火性能別吹付け厚さ

構　造　区　分	耐火性能	平均吹付け厚さ(mm)	かさ比重
柱・梁	1時間	35以上	0.34以上
	2時間	50以上	
	3時間	65以上	
外壁（非耐力壁）	30分	25以上	0.34以上
	1時間	35以上	
床および床・天井	1時間	20以上	0.34以上
	2時間	25以上	
屋根	30分	10以上	0.34以上
	30分	15以上	0.20以上

C．延焼のおそれのある部分

隣地境界線または道路の中心線から1階は3m以下，2階以上は5m以下の距離にある建築物の部分をいう。

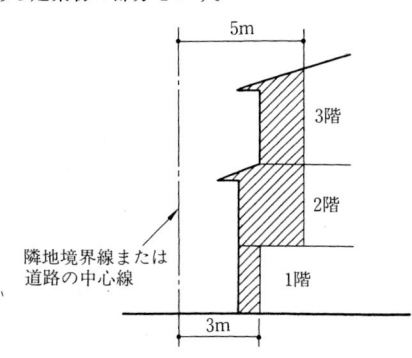

付録7　内装制限に関する基準

建築基準法および建築基準法施行令による内装制限一覧表

	用途・構造・規模区分	当該用途に供する部分の床面積の合計			適用除外等	内装制限	
		耐火建築物の場合	準耐火建築物の場合	その他の建築物の場合		壁・天井	地上に通ずる主たる廊下・階段・通路
①	劇場，映画館，演芸場，観覧場，公会堂，集会場	（客席）400m²以上	（客席）100m²以上			不燃材料 準不燃材料 難燃材料	不燃材料 準不燃材料
②	病院，診療所（患者の収容施設のあるものに限る），ホテル，旅館，下宿，共同住宅，寄宿舎，児童福祉施設等（建令令19・①参照）	（3階以上の部分）300m²以上	（2階部分）300m²以上（病院，診療所は，2階に患者の収容施設がある場合に限る）	200m²以上	・耐火建築物又は主要構造部を準耐火構造等とした準耐火建築物にあっては，100m²（共同住宅の住戸にあっては200m²）以内に防火区画された部分を除く。 ・1時間準耐火構造の準耐火建築物の下宿，共同住宅又は寄宿舎の用途に供する部分は，耐火建築物の部分とみなす。	・3階以上の階に居室を有する場合の天井については難燃材料を除く。 ・居室の壁の床面からの高さが1.2m以下の部分には適用されない。	
③	百貨店，マーケット，展示場，キャバレー，カフェー，ナイトクラブ，バー，舞踏場，遊技場，公衆浴場，待合，料理店，飲食店，物品販売業を営む店舗（10m²以下を除く）	（3階以上の部分）1,000m²以上	（2階部分）500m²以上				
④	地階又は地下工作物内の居室等で，①②③の用途に供するもの	全部				不燃材料 準不燃材料	
⑤	自動車車庫，自動車修理工場						
⑥	無窓の居室（建基令128の3の2参照）				天井の高さが6mを超えるものを除く。		
⑦	階数および規模によるもの	階数が3以上で，500m²を超えるもの 階数が2で，1,000m²を超えるもの 階数が1で，3,000m²を超えるもの			・学校等（建基令126の2・①・二参照） ・100m²以内ごとに防火区画された特殊建築物の用途に供しない居室で，耐火建築物又は主要構造部を準耐火構造等とした準耐火物の高さが31m以下の部分 ・②欄の用途に供するもので，高さが31m以下の部分	不燃材料 準不燃材料 難燃材料 ・居室の壁の床面からの1.2m以下の部分には適用されない。	
⑧	火気使用室	住宅：階数が2以上の住宅で，最上階以外の階にある火気使用室 住宅以外：火気使用室は全部			主要構造部を耐火構造としたものを除く。	不燃材料 準不燃材料	―

(注)　1．内装制限の規定で，2以上の規定に該当する建築物の部分には，最も厳しい規定が適用される。
　　　2．スプリンクラー設備，水噴霧設備，泡消火設備その他これらに類するもので自動式のもの及び排煙設備を設けた建築物の部分には，適用しない。

索　　引

あ

ISO 9001 ……………………7
合番 …………………………123
アークエアガウジング ………130
アーク溶接……………………43
アーク溶接法…………………86
亜鉛化鉛さび止めペイント …110
赤さび ………………………106
あご掛け方式 ………………135
アジテータトラック…………58
足場の種類……………………32
アースドリル …………………37
アースドリル工法……………44
アース板 ……………………193
圧縮強度………………………70
圧接……………………………86
穴あけ加工 …………………104
あばら筋………………………63
網入り板ガラス ……………154
網入りガラス ………………153
アルカリ骨材反応……………70
アルミカーテンウォール …142
アルミ成形板張り …………180
アルミ成形板 …………176, 180
アルミニウム製建具 ………148
合わせガラス ………………153
アンカー ……………………150
アンカー筋工法 ……………173
アンカーボルト…59, 116, 119, 125
安全ブロック …………116, 121
アンダーカット ………109, 129
安定液……………………44, 46, 53
アンボンド形式………………61

い

一次締付け …………………127
一側足場 ……………………32
一般競争入札 …………………5
一般建設業者 …………………6
一般構造用圧延鋼材 …………82
一般用さび止めペイント ……110
移動式足場 ……………………32
イナズマプレート …………147
犬走り…………………………49
EP ……………………………185
色見本 ………………………186
インジケータ ………………203
インターネット ……………190

う

ウエルポイント ………………50
浮かし張り工法 ……………137
受入れ検査 ………………70, 74
請負契約方式 …………………4
受けプレート …………147, 164
薄肉PCa板工法 ……………130
打込み工法……………………37
内ダイアフラム ……………107
埋込み形式……………………60
埋込み工法……………………37
埋戻し ……………………48, 76
裏当て金 …………………88, 107

え

エアリフト……………………47
衛生器具設備工事 …………196
AE減水剤…………………58, 70
ALC板 ……91, 136, 140, 142, 146

AW検定協議会 etc.

AW検定協議会 ………………88
エキスパンドメタル…………71
SS材 …………………………82
SSG構法 ……………………153
SN材 …………………………82
SM材 …………………………82
SMW工法 ……………………54
SMW壁 ………………………55
SOP …………………………185
STKN材 ………………………82
エチルベンゼン ……………173
エッジクリアランス ………155
H形鋼 …………………… 53, 82
エレクションピース …122, 124
エレクトロスラグ溶接………87
塩化ビニルパテ ……………186
塩化物量………………………70
円形鋼管………………………82
延焼のおそれのある部分 …154

お

OAフロア ……………………172
オーガー ………… 38, 41, 42, 55
オーガーヘッド …………41, 53
抑え工法 ……………………158
押出し成形セメント板 ……140
帯筋……………………………63
親杭……………………………53
親杭横矢板……………………49
親杭横矢板工法………………56
親綱 …………………………116
折曲げ半径……………………63
オープンカット工法…………49
オープンタイム ………161, 171
オールケーシング……………37
温度チョーク ………………129

か

- 温度補正値 …………………58, 70
- 加圧給水ポンプ ………………196
- 外観検査 …………67, 68, 108, 129
- 開口補強アングル ……………150
- 開先角度 ………………………128
- 開先加工 ………………………104
- 開先形状 …………………89, 107
- 介錯ロープ ……………………123
- 改正建築基準法 …………………7
- 改正独占禁止法 …………………7
- 回転圧入 …………………………37
- 回転治具 ………………………108
- 回転窓 …………………………148
- ガイド定規 ………………………54
- 外部足場 …………………32, 142
- 改良圧着張り …………………171
- 火煙防止層 ……………………145
- 角形鋼管 …………………………82
- 確認申請 ………………………203
- かご足場 …………………32, 116
- 花こう岩 ………………………164
- 笠木 ……………………………163
- 重ね継手 …………………………66
- 瑕疵担保期間 ……………………7
- ガス圧接 …………………47, 64
- ガス圧接継手 ……………………66
- ガス給湯器 ……………………191
- ガス空調 ………………………190
- ガスケット ……………………155
- ガスシールドアーク溶接 ………87
- ガス切断法 ……………………104
- ガス設備工事 …………………196
- 仮設計画図 ………………………21
- 仮設工事 …………………………26
- ガセット方式 …………………135
- 架台足場 …………………………32
- 型板ガラス ……………………153
- 型枠計画図 ………………………21
- 型枠工事 …………………………58
- カーテンウォール …91, 140, 164
- かね尺 …………………………152
- かぶり厚さ …………………63, 65
- カーペット ……………………181
- 釜場 ………………………………50
- ガラスカーテンウォール ……140
- カールプラグ …………………162
- 空練りモルタル ………………165
- 仮囲い ……………………………26
- 仮締め …………………………122
- 仮付け溶接 ……………………107
- 仮ボルト ………………………123
- 仮溶接 …………………………107
- 換気設備工事 …………………201
- 乾式工法 …………………164, 166
- 完成検査 ………………………206
- 幹線動力設備工事 ……………192
- 貫通孔 ……………………91, 102
- 貫通スリーブ …………………197
- 岩綿吸音板 ………………176, 180
- 監理技術者 ………………………6
- 監理事務所 ………………………28
- 監理者 ……………………………3

き

- 機械式クラムシェル ……………52
- 機械式継手 ………………47, 64, 66
- 機械式定着 ………………………63
- 機械・使用電力工程表 …………22
- 企画設計 …………………………3
- 木杭 ………………………………31
- 危険物貯蔵庫 ……………………28
- 木ごて ……………………………57, 78
- 基準点 ……………………………59
- 木ずり ……………………………54
- 既製杭 ……………………………37
- 基礎工事 …………………………36
- 基礎コンクリート図 ………59, 62
- 基礎状図 …………………………52
- 基礎フーチング ……………48, 60
- 木づち …………………………171
- 基本設計 …………………………3
- 逆打ち工法 ………………………50
- 脚長 ……………………………109
- 脚立 ………………………………32
- CAD ……………………………99
- CAD/CAMシステム …………102
- 給水設備工事 …………………196
- 給湯設備工事 …………………196
- キュービクル ……………192, 194
- 境界標石 …………………………17
- 強化ガラス ……………………153
- 供試体 ……………………………72
- 共通仕様書 ………………………4
- 共同請負方式 ……………………5
- 協力業者 …………………………6
- 極低降伏点鋼 ……………………82
- 切梁 ………………………………50
- 亀裂誘発目地 …………………176
- 金属製建具 ……………………148

く

- 杭 …………………………………37
- 杭頭補強 …………………………44
- 杭打ち計画図 ……………………21
- 杭基礎 ……………………………36
- 杭心出し …………………………40
- 杭間さらえ ………………………56
- 空気量 ……………………58, 71
- 空冷ヒートポンプマルチ
  室外機 ……………………201
- くさび ……………………41, 152
- くし目ごて ……………………171
- 掘削 ………………………41, 52
- 掘削液 ……………………38, 41
- 杭ずり …………………………152
- 組立 ……………………………106
- 組立治具 ………………………107
- グラインダー …………………130, 160
- グラフト材 ……………………125
- クラムシェル ……………………52
- クリアランス ……………………56

索引

グリス…………………62
グリッドタイプ……………177
クリティカルパス…………22
グレイジングガスケット構法 153
グレイジングチャンネル……153
クレーン等安全規則………29, 112
クローラークレーン…………29
黒皮……………………106
クロス張り……………176
クロルピリホス…………173

け

ケイ酸カルシウム板……136, 138
契約約款………………5
軽量鉄骨壁下地…………163, 174
軽量鉄骨下地……………173
軽量鉄骨天井下地…………163, 179
けがき…………………104
ゲージ…………………105
ケーシング……………44, 46
結束線…………………65
ケリーバー………………46
検査済証…………………190, 207
現寸図…………………63, 99, 102
建設系廃棄物マニフェスト……34
建設リサイクル法…………8
建築確認検査……………206
建築工事標準仕様書…………4
建築構造用圧延鋼材…………82
建築構造用炭素鋼管…………82
建築士…………………3
建築生産…………………2
建築主…………………3
建築用TMCP鋼……………82
現場水中養生……………74
現場説明書………………16
現場代理人………………16
研磨紙……………………187

こ

コア抜取り………………74
高圧受電…………………30
公共工事標準請負契約約款……5
公共工事標準仕様書…………4
公共工事品確法……………7
高強度プレストレス
　コンクリート杭……………38
後行エレメント……………54
鋼材……………………82
鋼材検査証明書……………64, 103
工作図…………………99
工事事務所………………28
工事の原価管理……………24
工事費内訳明細書……………24
工事別工程表………………22
高遮蔽性能熱線反射ガラス…153
高遮熱ガラス………………153
高所作業車…………………32
合成樹脂エマルジョンパテ…186
合成樹脂エマルジョン
　ペイント塗り……………185
合成樹脂調合ペイント塗り…185
合成スラブ構法……………131
合成耐火被覆工法…………136, 138
鋼製建具…………………149, 151
高性能AE減水剤……………58
合成床……………………97
剛接合……………………60
鋼接巻尺…………………108
構造設計図…………………63
構造設計図面………………58
構造体コンクリート…………58
構造特記仕様………………58
構造用ステンレス鋼…………82
工程計画…………………22, 118
孔壁……………………41, 55
鋼矢板……………………49
高力ボルト………84, 97, 116, 126
高力ボルト接合……………84, 106
高力六角ボルト……………84

コーナービート……………176
骨材……………………58, 70, 72
骨材量……………………58
固定荷重…………………58
個別式……………………200
ゴムごて…………………172
コンクリート圧送施工技能士…72
コンクリート工事……………58
コンクリート打設計画図……21
コンクリートの側圧…………69
コンクリートポンプ車………71
ゴンドラ…………………32
コンパクト受変電設備………190
コンプライアンス……………7
混和材料…………………58

さ

祭事……………………20
再下請……………………6
材質表示ラベル……………103
材料標示表…………………64
材齢……………………71
砂岩……………………164
作業員休憩所………………28
作業荷重…………………58
作業所所長…………………16
下げ振り…………41, 69, 124, 150
さしがね…………………150
サッシアンカー……………150
さび止め塗装………………110
サブコン…………………6
サブマージアーク溶接………87
サポート…………………68
桟木……………………68
産業廃棄物…………………34
三点支持…………………63

し

シアコネクター……………131
地足場……………………69

シアナミド鉛さび止め
　ペイント …………………110
CATV ………………………192
CM …………………………5
CMr …………………………5
CTクリップ ………………178
ジェットバーナー仕上げ …165
示温塗料 …………………129
直張り工法 …………137, 158
敷板 ……………………63, 143
磁器質 ……………………167
敷砂利 ………………………59
敷地境界線 …………………17
地業 …………………………36
軸建て方式 ………………111
軸回り ……………………127
支持杭 ………………………37
支持地盤 ……………………46
支持層 …………………38, 42
止水壁 ………………………50
システム天井 ………172, 177
JIS表示許可工場 …………70
事前調査 ……………………17
下ごしらえ ………………186
下小屋 ………………………29
支柱 …………………………68
地鎮祭 ………………………20
実管スリーブ ……………197
質疑応答書 …………………16
シックハウス症候群 ……173
実行予算書 …………………24
湿式工法 …………………164
実施設計 ……………………3
実費精算請負契約 …………4
自動火災報知器 …………206
自動火災報知設備工事 …193
自動ガス切断機 …………104
自動制御設備工事 ………201
自動溶接 ……………………87
シートパイル ………………49
地盤アンカー ………………50
地盤改良 ……………………39

地盤調査 ……………………18
支保工 ………………………68
指名競争入札 ………………5
締固め …………………72, 76
締付け金物 …………………68
シーム溶接 ………………157
シャーカッター ……………65
JASS 5 ………………………58
斜線式工程表 ………………22
ジャッキベース …………143
シャフト …………………203
ジャンカ ……………………76
集合インターホン ………190
15°打撃曲げ試験 …………132
受水槽 ……………………196
受電検査 …………………206
受変電設備工事 …………192
循環型社会形成推進基本法 …8
竣工式 ………………………20
竣工図 ………………193, 207
ジョイントピース ………178
ジョイント・ベンチャー …5
省エネルギー法 …………190
消火設備工事 ……………197
消火栓 ……………………206
定規アングル ……………146
昇降機設備 ………………202
仕様書 ……………………4, 5
上棟式 ………………………20
消防検査 …………………206
情報用配管設備工事 ……192
照明コンセント設備工事 …192
ショットブラスト処理 …106
ショベル ……………………78
ジョレン ……………………78
シーラー …………………184
シーリング ……145, 147, 156
心材 …………………………56
伸縮目地 …………………169
深礎 …………………………37
振動 ……………………34, 37
振動コンパクター ……57, 76

す

垂直親綱 ……………116, 117
垂直ネット ………………117
水平親綱 …………………117
水平ネット ………………117
すき取り ……………………52
すきまゲージ ……………108
筋かい …………………63, 143
スタッコ …………………182
スタッド …………………175
スタッドボルト …………131
スタッドボルト溶接 ……132
スチールテープ ……………40
スチールドア ……………151
スチレン …………………173
ステープル ………………176
捨コンクリート ……57, 59, 69
ステンレスシート防水 …156
スパンドレル …………176, 180
スパンドレル部分 ………145
スプライスプレート …105, 127
スプリンクラー設備 ……197
スペーサー ……47, 65, 69, 77
すべり出し窓 ……………148
墨出し ………………………59
すみ肉溶接 …………………89
スライド構法 ……………146
スライド方式 ……………144
スライム ………………44, 46
スライム処理 ………………47
スラグの巻き込み ………109
スランプ ………………58, 70
スリーブ ………………69, 191
寸法検査 …………………108

せ

成形板張り ………………180
成形板接着工法 …………136
製作工場 ……………………97

索引 221

製作要領書⋯⋯⋯⋯⋯⋯⋯99	**た**	超音波深傷検査⋯⋯⋯67, 109, 129
製品検査⋯⋯⋯⋯⋯⋯⋯108		長期修繕計画⋯⋯⋯⋯⋯207
せき板⋯⋯⋯⋯⋯⋯68, 72, 75	耐火鋼⋯⋯⋯⋯⋯⋯⋯⋯82	長尺シート⋯⋯⋯⋯⋯⋯132
セキュリティ⋯⋯⋯⋯⋯190	耐火塗料⋯⋯⋯⋯⋯⋯⋯136	長尺シート張り⋯⋯⋯⋯181
施工計画書⋯⋯⋯⋯⋯⋯21	耐火被覆⋯⋯⋯80, 110, 136, 138	直営方式⋯⋯⋯⋯⋯⋯⋯4
施工者⋯⋯⋯⋯⋯⋯⋯⋯3	耐水合板⋯⋯⋯⋯⋯⋯⋯68	直接基礎⋯⋯⋯⋯⋯⋯⋯36
せっ器質⋯⋯⋯⋯⋯⋯⋯167	台付ワイヤ⋯⋯⋯⋯⋯⋯121	
設計基準強度⋯⋯⋯⋯58, 71	大理石⋯⋯⋯⋯⋯⋯⋯164	**つ**
設計者⋯⋯⋯⋯⋯⋯⋯⋯3	タイル割付図⋯⋯⋯⋯⋯168	
設計図⋯⋯⋯⋯⋯⋯⋯⋯5	高止まり⋯⋯⋯⋯⋯⋯⋯43	突合せ溶接⋯⋯⋯⋯⋯⋯89
設計図書⋯⋯3, 16, 58, 97, 99, 108	ダクト設備工事⋯⋯⋯⋯201	継手⋯⋯⋯⋯⋯⋯⋯⋯63
接続金物⋯⋯⋯⋯⋯⋯⋯181	タッピングねじ⋯⋯⋯175, 181	継手位置⋯⋯⋯⋯⋯⋯⋯65
切断⋯⋯⋯⋯⋯⋯⋯⋯104	建入れ精度⋯⋯⋯⋯⋯⋯125	積上げ方式⋯⋯⋯⋯⋯111
セッティングブロック⋯⋯155	建入れ直し⋯⋯⋯⋯⋯⋯124	吊足場⋯⋯⋯⋯⋯⋯⋯32
ゼネコン⋯⋯⋯⋯⋯⋯⋯4	建て入れ直しワイヤ⋯⋯121	吊棚足場⋯⋯⋯⋯⋯32, 117
セパレーター⋯⋯⋯⋯68, 102	建方⋯⋯⋯⋯⋯⋯⋯⋯119	吊りボルト⋯⋯⋯⋯⋯178
セメント系押出し成形板⋯⋯183	建方精度⋯⋯⋯⋯⋯114, 146	吊枠足場⋯⋯⋯⋯⋯32, 117
セメントスラリー⋯⋯⋯137	建具⋯⋯⋯⋯⋯⋯⋯⋯148	
セメントペースト⋯160, 166, 171	建逃げ方式⋯⋯⋯⋯111, 114	**て**
セメントミルク⋯⋯⋯⋯54	建枠⋯⋯⋯⋯⋯⋯⋯⋯143	
セメント量⋯⋯⋯⋯⋯⋯58	棚足場⋯⋯⋯⋯⋯⋯⋯32	TLジョイント⋯⋯⋯⋯178
セルフシールドアーク溶接⋯⋯87	タボ穴⋯⋯⋯⋯⋯⋯⋯166	ディーゼルハンマー⋯⋯⋯37
膳板⋯⋯⋯⋯⋯⋯⋯⋯144	ダムウェーター⋯⋯⋯⋯202	TTジョイント⋯⋯⋯⋯178
線入りガラス⋯⋯⋯⋯⋯153	タワークレーン⋯⋯⋯⋯114	Tバー⋯⋯⋯⋯⋯⋯⋯177
先行エレメント⋯⋯⋯⋯54	単位水量⋯⋯⋯⋯⋯58, 70	DPG構法⋯⋯⋯⋯⋯⋯153
先端拡底杭⋯⋯⋯⋯⋯⋯38	単位セメント量⋯⋯⋯⋯70	ディープウエル⋯⋯⋯⋯50
専用コンテナ⋯⋯⋯⋯⋯143	単価請負契約⋯⋯⋯⋯⋯4	定額請負契約⋯⋯⋯⋯⋯4
	単管本足場⋯⋯⋯⋯⋯⋯32	定期点検⋯⋯⋯⋯⋯⋯207
そ	段差⋯⋯⋯⋯⋯⋯⋯⋯92	ディスクサンダー⋯106, 126, 128
	炭酸ガスアーク溶接⋯⋯87, 129	定礎式⋯⋯⋯⋯⋯⋯⋯20
ソイルセメント柱列壁⋯⋯49	単独請負方式⋯⋯⋯⋯⋯5	定置式クレーン⋯⋯⋯⋯112
ソイルセメント柱列壁工法⋯⋯54	断熱工法⋯⋯⋯⋯⋯⋯158	定着長さ⋯⋯⋯⋯⋯63, 65
騒音⋯⋯⋯⋯⋯⋯⋯34, 37	断熱複層ガラス⋯⋯⋯⋯153	テストハンマー⋯⋯⋯⋯172
層間ふさぎ⋯⋯⋯⋯⋯145	タンピング⋯⋯⋯⋯78, 134	テストピース⋯⋯⋯⋯⋯72
総合請負業者⋯⋯⋯⋯⋯4		デッキ型枠スラブ⋯⋯⋯130
総合請負方契約⋯⋯⋯⋯4	**ち**	デッキ構造スラブ⋯⋯⋯130
総合工程表⋯⋯⋯⋯⋯⋯22		デッキプレート構法⋯⋯130
総合盤⋯⋯⋯⋯⋯⋯⋯192	力桁階段⋯⋯⋯⋯⋯⋯135	鉄筋かご⋯⋯⋯⋯⋯44, 47
側桁階段⋯⋯⋯⋯⋯⋯135	地中連続壁⋯⋯⋯⋯⋯⋯50	鉄筋工事⋯⋯⋯⋯⋯⋯58
底ざらいバケット⋯⋯⋯46	中央監視室⋯⋯⋯⋯⋯192	鉄骨建方⋯⋯⋯⋯⋯111, 116
	中央式⋯⋯⋯⋯⋯⋯⋯200	鉄骨建方計画図⋯⋯⋯⋯21
	中間検査⋯⋯⋯⋯⋯⋯207	手配予定表⋯⋯⋯⋯⋯⋯22

テープ合わせ……………108	**な**	配管設備工事……………201
テレビ共聴設備工事………192		廃棄物処理法………………8
転圧…………………………76	内装制限……………………180	倍強度ガラス………………153
転圧機………………………77	内部足場……………………32	排水作業……………………49
点検口………………………178	内部欠陥……………………109	排水設備工事………………196
天井インサート……………132	ナイロンスリング…………147	排水ます……………………201
天井カセット型エアコン……201	中掘り………………………37	パイプシャフト……………198
電動カッター………………64	鉛・クロムフリーさび止め	バイブレータ………………72
電話設備工事………………192	ペイント…………………110	バイブロハンマー…………37
	縄張り………………………30	破壊検査……………………68
と		バカ棒………………………134
	に	バケット……………………46
陶器質………………………167		場所打ち杭………………37, 44
導入張力確認試験…………126	二重床………………………181	場所打ち工法………………37
通しダイアフラム…………106	認定工法……………………39	場所打ち鉄筋コンクリート……49
特定建設業者………………6		バタ…………………………68
特定防火設備………………148	**ぬ**	バーチャート………………22
特命…………………………5		バックアップ材……………155
土工事………………………49	布板一側足場………………32	バックホウ……………52, 56, 76
床付け………………………56		バックマリオン方式………142
土質柱状図……………19, 42, 46	**ね**	発注者………………………3
土壌汚染対策法……………8		発電機設備工事……………192
特記仕様書…………………4	根固め液…………………38, 42	はつり機械…………………48
塗膜防水……………………156	根切り……………………49, 52, 56	パテ…………………………186
土間コンクリート…………77	根切り計画図………………21	パーテーション……………172
共回り………………………127	根切り作業…………………49	パネルゲート………………27
トラクタショベル…………52	熱源機器……………………201	パネルゾーン…………92, 93, 106
トラス………………………80	熱源機器設備工事…………200	幅止め筋……………………102
とら綱………………………122	熱線吸収ガラス……………153	はめ殺し窓…………………148
トランシット…31, 40, 53, 59, 124	熱線反射ガラス…………142, 153	パラペット…………………163
ドリリングバケット………44	ネットワーク工程表……22, 193	張付けモルタル……………171
トルエン……………………173	根巻き形式…………………60	半自動アーク溶接…………126
トルシア形高力ボルト		半自動溶接…………………87
………………84, 86, 126	**の**	バンドソー切断機…………104
ドレーン……………………161		搬入ルート…………………193
トレミー管…………………47	ノギス………………………108	万能鋼板……………………27
トレミー管建込み…………47	軒天井………………………180	
ドロップハンマー………37, 43	野縁…………………………179	**ひ**
トンボ………………………134		
	は	BH……………………………37
		PHC杭………………………37
	排煙設備工事………………201	PS……………………………198

索　　引　223

BM ……………………………59	フープ筋 ………………………102	防火区画 ………………………200
引込設備工事 …………………192	ブーム……………………………71	防火設備 ………………………148
引渡し …………………………207	プライマー ………………147, 160	防錆塗装 ………………………178
PCa板カーテンウォール	ブラインドボックス …………144	放送設備工事 …………………192
打込み工法 …………………164	プラグ溶接………………………89	保温断熱 ………………………200
PCCW …………………………140	ブラケット ………………107, 146	補強張り ………………………161
非常電源 ………………………201	ブラケット付き一側足場………32	ボーダー ………………………144
非常用電源設備 ………………192	プラスターボード ……………175	ボックス型柱……………………95
Pタイル …………………132, 181	フラックス ………………………86	ボーリング調査…………………52
非破壊検査……………………67, 109	フラッシュ扉 …………………151	ボルト止め構法 ………………146
被覆アーク溶接 ………86, 88, 129	プランジャー……………………48	ホルムアルデヒド ……………173
被覆アーク溶接棒 ………………86	フリーアクセスフロア ………181	本足場……………………………32
被覆溶接技術者資格	フレア溶接………………………89	本締め …………………………116
認定証明書……………………88	ブレーカー………………………48	本磨き仕上げ …………………165
ヒービング………………………50	プレート …………………………64	
標準ボルト張力…………………86	プレート板ガラス ……………154	ま
氷蓄熱空調 ……………………190	プレキャストカーテン	
避雷針設備工事 ………………193	ウォール ……………………140	マイルストーン…………………22
平プレート ……………………147	フレッシュ試験…………………71	マーキング ………………54, 127
ピールアップボンド …………181	振れ止め ………………………175	マーク …………………………123
ピン ……………………………138	振止め ……………………179, 200	マグ溶接…………………………87
品確法 ……………………………7	プレボーリング…………………37	まくら材…………………………41
品質基準強度 …………………70, 74	プレボーリング根固め工法……37	孫請 ………………………………6
品質マネジメントシステム ……7	フローチャート …………………99	摩擦杭……………………………37
ピン接合…………………………60	フロート板ガラス ……………153	摩擦接合…………………………85
ピンテール………………………86	ブローホール …………………109	摩擦面の処理 …………………104
ピンテールの破断 ……………127	分割請負契約 ……………………4	豆板………………………………76
		マリオン ………………………142
ふ	へ	回り縁 …………………………178
ファサード ……………………141	ベースプレート …………119, 125	み
ファスナー ………………102, 143	ベースモルタル ………………119	
フォームタイ……………………68	偏心値……………………………60	御影石 …………………………164
吹付け作業 ……………………184	ベンダー…………………………64	ミグ溶接…………………………87
吹付けタイル …………………182	ベンチマーク …………31, 40, 56	水糸 ………………………69, 150
吹付けタイル仕上げ …………183	ペントナント……………………55	水打ち …………………………171
複層ガラス ……………………153		水締め……………………………76
付着力……………………………66	ほ	水セメント比 …………………58, 70
フック……………………………63		水張り試験 ……………………162
フットプレート工法 …………174	ホイールクレーン ……………114	見積り合わせ ……………………5
不定形シーリング材構法 ……153	ボイラー …………………196, 200	ミルシート ………………64, 103
部分溶込み溶接…………………89	ボイリング………………………50	ミルスケール …………………106

民間（旧四会）連合協会
　　工事請負契約約款 …………5

む

無収縮モルタル …………119, 125
無目 ……………………………142

め

目板 ……………………………144
目地シーリング ………………142
目地詰め ………………………172
目地割り ………………………171
メタルカーテンウォール 140, 142
面クリアランス ………………155
メンブレン防水 ………………156

も

木製建具 ………………………148
元請業者 ………………………3, 6
モルタルプラント ………………40
モルタル防水 …………………156
門形ラーメン ……………………80
門扉 ………………………………27

や

矢板 ………………………………53
焼付け塗装仕上げ ……………151
やっとこ …………………………43
山形ラーメン ……………………80
山留め計画図 ……………………21
山留め作業 ………………………49
遣り方 ……………………………30

ゆ

油圧式クラムシェル ……………52

油圧ショベル ……………………40
油圧ハンマー ……………………37
融接 ………………………………86
誘導灯 …………………………206
床タイル張り …………………171

よ

揚重計画図 ………………………21
養生 ………………………………76
溶接技術検定試験 ………………88
溶接記号 …………………………90
溶接構造用圧延鋼材 ……………82
溶接接合 ……………………83, 86
溶接継手 ……………………64, 66, 89
溶接パス ………………………129
溶接部非破壊検査 ……………108
溶接棒 ……………………………88, 108
横線式工程表 ……………………22
横矢板入れ ………………………53
余長 ………………………………63
呼び強度 ……………………58, 70
余盛り ……………………………48
余盛高さ ………………………109

ら

ライフライン …………………190
ラインタイプ …………………176
ライン方式 ……………………178
ラーメン架構 ……………………80
LAN ……………………………192
ランナー ………………………175

り

リシン …………………………182
リーダー …………………………55
リバースサーキュレーション …37
リバウンドハンマー ……………74

リン木 …………………………123

る

ルート間隔 ……………89, 107, 128
ルートフェイス ……………89, 107

れ

冷間成形角形鋼管 ………………82
レイタンス …………………73, 159
冷凍機 …………………………200
レーザー光線鉛直器 …………125
列記式工程表 ……………………22
レベル ……………………………77

ろ

労働安全衛生法 ……………32, 34
露出形式 …………………60, 95
露出工法 ………………………158
露出柱脚工法 ……………………61
ロッキング方式 ………………144
ロックウール …………………174
ロックウール吹付け工法 ……136
ロボット溶接 ……………………88
ローラー …………………76, 160
ロリップ ………………………116
ローリングタワー ………………32

わ

ワイヤー …………………………87
ワーカビリティ …………………70
輪切り建て方式 ………………111
枠組本足場 ………………………32
割付図 …………………165, 180
割れ ……………………109, 129

《監　修》　藤本　盛久（工学博士　東京工業大学名誉教授／神奈川大学名誉教授）

　　　　　　大野　隆司（工学博士　東京工芸大学教授）

《執筆主査》　福本　昇（株式会社淺沼組　技術研究所所長）

《執筆委員》　高見　錦一（　　同　　　技術研究所課長）
　　　　　　鈴川　衛（　　同　　　建築部品質管理室課長）
　　　　　　久保　正年（　　同　　　工務部設備グループリーダー）

《企　　画》　鬼澤　志伸（　　同　　　東京本店管理部長）

《協　　力》　山口　克彦（　　同　　　建築部品質管理室主任）
　　　　　　高畑　正仁（　　同　　　設計部設備担当主任）

[旧版著者]　森口　五郎・中谷　正明・佐藤　実

（所属・肩書きは新版発行時）

新版《鉄骨造》
建築工事の進め方

1995年10月20日　初 版 発 行
2006年10月 2 日　新 版 発 行
2014年 5 月10日　新版第 4 刷

監　修　藤　本　盛　久
　　　　大　野　隆　司
執筆代表　福　本　　　昇
発　行　澤　崎　明　治
印刷・製本　㈱デジタル・パブリッシング・サービス

発行所　株式会社　市ヶ谷出版社
　　　　東京都千代田区五番町5
　　　　電話　03－3265－3711㈹
　　　　FAX　03－3265－4008
　　　　http://www.ichigayashuppan.co.jp

ⓒ2006　　　　ISBN978-4-87071-227-0
■無断掲載複製を禁ずる

市ヶ谷出版社の 関連図書

新版 建築工事の進め方（3部作）

- 権威者の監修で，第一線実務者が執筆！
- 着工から竣工までの現場経験が習得できる！
- 実際の工事例を，工程順に，写真と図版で解説！
- 施工全般の幅広い知識の習得と対応ができる！

●鉄骨造

監修	藤本盛久	B5判 224ページ
	大野隆司	本体3,000円
執筆	福本　昇	ISBN978-4-87071-227-0
	高見錦一	
	鈴川　衛	
	久保正年	

●鉄筋コンクリート造

監修	内田祥哉	B5判 192ページ
	深尾精一	本体3,000円
執筆	佐藤芳夫	ISBN978-4-87071-228-7
	安藤俊建	
	本多　勉	
	角田　誠	

●木造住宅

監修・執筆	深尾精一	B5判 216ページ
執　筆	福本雅嗣	本体3,000円
	日野壽郎	ISBN978-4-87071-213-3
	栗田紀之	

新版 建築設備工事の進め方

監修	森村武雄	B5判 176ページ
執筆	森村設計	本体2,700円
		ISBN978-4-87071-214-0

建築構法〈第五版〉

内田祥哉 編著	A5判 280ページ
大野隆司 著	本体3,000円
吉田倬郎	ISBN978-4-87071-001-6
深尾精一	
瀬川康秀	

新版 木造住宅構法

坂本　功 編著	B5判 232ページ
片岡泰子 著	本体3,400円
松留慎一郎	ISBN978-4-87071-185-3

対訳 現代建築の造られ方
Bilingual The Culture and Construction of Architecture Today

内田祥哉 著	B5変形 134ページ
渡辺　洋 訳	本体2,500円
	ISBN978-4-87071-194-5

建築生産〈第二版〉

松村秀一 編著	B5判 208ページ
秋山哲一 著	本体2,900円
浦江真人	ISBN978-4-87071-289-8
遠藤和義	
角田　誠	

新版 建築構法計画資料

大野隆司 著	B5判 232ページ
	本体3,200円
	ISBN978-4-87071-280-5

初学者の建築講座 建築施工〈改訂版〉

中澤明夫 著	B5判 208ページ
角田　誠	本体2,800円
	ISBN978-4-87071-121-1

市ケ谷出版社　〒102-0076　東京都千代田区五番町5
TEL(03)3265-3711　FAX(03)3265-4008

出版情報はホームページをご利用下さい。　http://www.ichigayashuppan.co.jp